Svegliatevi Figli Miei!

Conversazioni con
Sri Mata Amritanandamayi

Volume 4

Svegliatevi Figli Miei!

*Conversazioni con
Sri Mata Amritanandamayi*

Volume 4

Traduzione e adattamento a cura di
Swami Amritaswarupananda

Mata Amritanandamayi Center, San Ramon
California, Stati Uniti

Svegliatevi Figli Miei! – Volume 4
di Swami Amritaswarupananda Puri

Pubblicato da:
    Mata Amritanandamayi Center
    P.O. Box 613
    San Ramon, CA 94583
    Stati Uniti

———————— *Awaken Children Volume 4 (Italian)* ————————

Edizione riveduta: aprile 2022

In Italia:
    www.amma-italia.it
    info@amma-italia.it

In India:
    inform@amritapuri.org
    www.amritapuri.org

Questo libro è un umile omaggio ai
Piedi di loto di Sri Mata Amritanandamayi
Fulgida Luce che dimora
nel cuore di tutti gli esseri

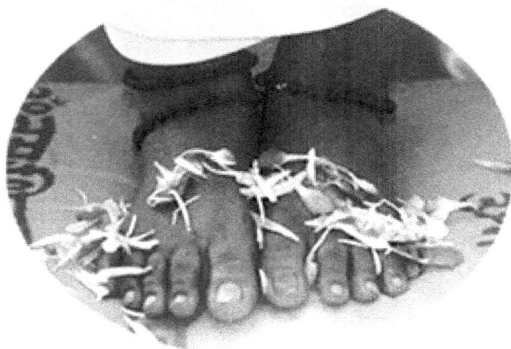

Vandebam-saccidānandam-bhāvatīvam jagatgurum
Nityam-pūrnam-nirākāram-nirgunam-svātmasamsthitam

M'inchino al Maestro dell'universo che è Sat-Cit-Ananda (Pura
Esistenza-Coscienza-Beatitudine), Colui che trascende ogni
differenza ed è eterno, completo, privo di attributi e di forma e
che dimora stabilmente nel Sé.

Saptasāgaraparyantam-tīrthasnāphalam-tu-yat
Gurupādapayōvindōh-sahasrāmsena-tatphalam

Qualunque merito acquisito attraverso pellegrinaggi e bagnandosi
nelle acque sacre, comprese quelle dei sette mari, non eguaglia
nemmeno la millesima parte del merito derivato dal bere l'acqua
dell'abluzione dei Piedi del Guru.

Guru Gita 157, 88

Indice

Prefazione

Rinascita! Morte del vecchio e nascita del nuovo: una nuova vita, una nuova visione! Questa è la vera grazia di un *Mahatma*. Ma questa morte è una rinascita, per vivere davvero non nella morte ma nella vita, una vita traboccante di vitalità, di pace e di gioia. Questo ritorno dalla morte non dev'essere motivo di pianti, preoccupazioni, tensioni, bensì un'opportunità per sorridere con tutto il cuore e ridere di beatitudine di fronte a tutte le situazioni, compresa la morte. I *Mahatma* vorrebbero che tutti sperimentassero questa pace e questa gioia eterne e desiderano sinceramente che tutti diventino come loro e consacrino i propri sforzi a questo scopo.

La nostra amata Madre Amritanandamayi sta dedicando tutta la vita a risvegliare i suoi figli dal loro sonno interiore. Questo è l'unico motivo che la spinge a parlare, ad agire, a vivere in questo mondo di pluralità assumendo questo nome e questa forma. Attenzione però a non essere troppo calcolatori, a non analizzare troppo né ad usare troppo la logica perché in questo modo non riuscireste a cogliere la sua vera natura.

Amma ci insegna a stare nel cuore, non nella mente. Un cuore pieno d'amore è in grado di conoscerla, vederla e fare l'esperienza di ciò che lei è. Quindi, mentre leggete questo libro, ascoltate il vostro cuore. Un giorno qualcuno fece questa domanda: "Amma, che ruolo ha il raziocinio nella spiritualità?". "Porre fine ai ragionamenti è il ruolo del raziocinio nella spiritualità", rispose la Madre.

Amma è amore: l'amore di Dio, quell'amore che è la nostra vera natura. Amma dice che "L'intelletto non può fare l'esperienza dell'amore perché l'amore è silenzio, mentre l'intelletto è sempre rumoroso. Solo la fede può conoscere l'amore. La fede risiede nel cuore, quindi solo la fede che scaturisce dal cuore può impregnarsi del silenzio dell'amore". Restiamo dunque nel cuore per poter almeno intravedere l'oceano d'amore.

L'amore puro e la compassione che si manifestano come un fiume infinito attraverso questa grande Maestra e Madre possono essere percepiti anche in ogni parola che lei pronuncia sotto forma di insegnamenti. Amma continuerà a dialogare con noi finché non smetteremo di parlare, finché la nostra mente non cesserà di chiacchierare. Quando avremo smesso di parlare, capiremo che la Madre non parlava affatto e che è sempre stata calma, immutabile e silenziosa. Prima di allora, ascoltiamo attentamente, con tutto il nostro cuore e con tutta la nostra anima, la voce di questa grande Maestra, con *shraddha* (fede) e *bhakti* (devozione).

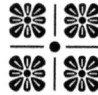

Introduzione

Questo libro è una fedele traduzione degli insegnamenti divini (*divya upadesha*) della santa Madre in lingua inglese. Presentare gli insegnamenti della Madre al mondo occidentale è un'enorme benedizione. Lasciamo ora che sia il lettore a santificare la sua vita leggendoli attentamente e mettendoli sinceramente in pratica nella sua vita quotidiana.

Per comprendere correttamente la traduzione del testo, occorre tenere presente diversi punti.

Innanzitutto, la maggior parte delle conversazioni si tiene in un contesto culturale indiano, tra Amma, capifamiglia e rinuncianti. Inoltre, i consigli della Madre vengono dati secondo il livello di comprensione della persona a cui si rivolge. Spesso la traduzione letterale non riporta fedelmente ed esaustivamente il messaggio che la Madre ha espresso nella sua lingua materna, il malayalam. Bisogna considerare questi fattori mentre riflettiamo sulle parole di Amma per giungere a una comprensione più profonda.

È praticamente impossibile rendere piena giustizia alla grandezza di ciò che è la Madre. Quando diciamo che la Madre è un *Satguru* (Guru supremo), dovremmo capire che non stiamo parlando di un'insegnante comune. Un insegnante trasmette la saggezza che passa attraverso la sua comprensione intellettuale, preferibilmente supportata dall'esperienza personale. Il *Satguru*, invece, parla direttamente dallo stato di Unità. Usa il pensiero logico come uno strumento, anche se il suo pensiero potrebbe essere paradossale. Dal suo stato di pienezza prodotta dall'essere ebbro di Dio e dalla sua unione mistica con il Divino, fluiscono parole di saggezza. A volte queste sue parole e dichiarazioni possono sembrare sconcertanti al lettore non avvezzo. Il fatto è che il Guru non tiene sempre conto del sistema di valori e di proiezioni associato ad alcuni concetti, bensì rivela la verità di quello che vede, spesso con l'intenzione di scuotere il ricercatore spirituale per portarlo ad avere una visione corretta.

Per definizione, il mistico sconvolge, e il darshan della Madre lo dimostra. Che questa "giovane donna", per quanto mistica o Guru, abbracci così teneramente tutti quelli che vengono da lei, inclusi gli uomini, è a dir poco qualcosa di eccezionale e fuori dal comune in una società tradizionale come quella indiana. In questo modo materno, la mistica in Amma si prende la totale libertà di scavalcare le norme socio-culturali ed esprime la sua intima natura attraverso l'azione, l'unità e una compassione infinita per tutte le creature. Quando la stessa mistica fa un'osservazione apparentemente denigratoria sui "piaceri del mondo", non vi è alcun giudizio di valore dietro a questo pensiero. Dallo stato di suprema beatitudine in cui lei risiede, questi piaceri possono apparire riprovevoli. Se alcune affermazioni del Guru risultano sconcertanti, è perché le guardiamo solo filtrandole attraverso i numerosi veli dei valori sociali, dei principi morali, delle proiezioni, dei preconcetti senza fondamento, delle reazioni psicologiche o addirittura dei principi mal applicati. In tutta onestà, possiamo affermare che questo sia "vedere"? Così, la nostra reazione naturale è di proiettare tutti questi veli sul Guru. Quando non riusciamo ad assimilare una delle intuizioni che ci vengono rivelate, diciamo: "Questo Guru è meraviglioso, ma come può parlare in modo così assurdo?".

In quanto ricercatori, è nostro dovere aprirci con pazienza, raccogliere le gocce di saggezza e ricevere gli insegnamenti, meditando su di essi finché non raggiungiamo la maturità per coglierli nella giusta luce.

A volte un mistico può anche pronunciare parole che sembrano incoerenti, o esprimere idee incomplete. Bisogna davvero fare molta attenzione nel tradurre queste parole perché, nella nostra ignoranza, potremmo essere tentati il più delle volte di renderle coerenti. La loro apparente incoerenza rivela il significato più profondo dopo averci meditato sopra profondamente.

In secondo luogo, la Madre utilizza un linguaggio chiaro e diretto. Spesso dimentichiamo che la verità proveniente dallo stato di Realtà senza attributi in cui dimora il Guru è ancora rivestita dal linguaggio che lui utilizza. Il *Satguru* è la Realtà, ma questa Realtà si manifesta in un corpo, nato in un certo luogo e in un particolare momento, con tutte le condizioni culturali che questo implica. Lo stesso lettore è vincolato dal proprio linguaggio, dal suo contesto socio-culturale e dagli sforzi dei suoi simili che cercano di liberarsi dal peso delle proiezioni e dei giudizi di valore. Per esempio, quando la Madre usa il termine "gente mondana", questo termine è privo della connotazione di giudizio morale che ha nel nostro linguaggio. Le sue parole esprimono l'urgenza di trasmettere l'Essenziale e la forza che la anima, in particolare quando parla con i *sadhak* (aspiranti spirituali). Quando si tratta di far capire un punto importante a un ricercatore spirituale, la Madre non ha peli sulla lingua. Quindi, è chiaro che il suo consiglio di rinunciare ai piaceri del mondo è rivolto a chi ha come unico obiettivo quello di realizzare il Sé.

In una conversazione privata con un capofamiglia, i consigli della Madre assumono un altro tono: "Amma non dice che devi rinunciare a tutti i desideri. Puoi goderne, ma non pensare che questo sia l'unico scopo della vita". Ricordate che, nel linguaggio della Madre, la parola "mondo" significa "ciò che è visibile", in contrapposizione con la Realtà invisibile o Dio. Tenerlo presente ci sarà di grande aiuto nell'interpretare il suo uso della parola "mondano". Quando la Madre contrappone ciò che è spirituale a ciò che è mondano, si riferisce all'atteggiamento con cui vengono compiute le azioni. Le azioni spirituali sono quelle che conducono a Dio attraverso l'altruismo e la purezza. Le azioni mondane ci allontanano da Dio perché sono compiute con un intento egoistico.

In terzo luogo, chi ha viaggiato ed è venuto in contatto con culture estremamente diverse dalla propria, sa che le differenze non riguardano solo il linguaggio verbale, ma anche il rapporto con il mondo e il modo di conoscere le cose attraverso la trama dei pensieri e dei sentimenti. Gli insegnamenti che vengono presentati qui sono un estratto dei dialoghi con Amma. A volte lei si ripete per sottolineare un punto particolare o creare una certa impressione negli ascoltatori. Fra queste perle, quindi, potremo trovare alcune idee ripetute.

Assumendo lei stessa un corpo femminile, la Madre mostra la sua attenzione per la sorte delle donne e trasmette un messaggio di grande attualità. In realtà, nessuno meglio di questa grande mistica, intima confidente di decine di migliaia di devote, conosce la condizione femminile, sia in generale che in particolare, come quella delle donne in India, dove il sistema tradizionale, spesso mal interpretato ed applicato, soffoca le loro vite. Amma non solo incoraggia, ma addirittura sprona le donne a servirsi della loro natura innata per crescere spiritualmente.

Infine, la Madre ci parla dallo stato elevato del *sahaja samadhi*, lo stato naturale di un Maestro realizzato che dimora nella Realtà assoluta. Gran parte del suo insegnamento e del suo modo di glorificare il Divino viene espresso attraverso i canti devozionali. Nonostante abbiamo incluso nel testo alcuni di questi canti, non esistono parole in grado di trasmettere la particolarità del suo canto estatico.

Attraverso queste pagine cercheremo di trasmettere le gemme che ci sono state donate, pregando in tutta umiltà che ci vengano accordate la grazia e una giusta comprensione, affinché possiamo rendere piena giustizia alla saggezza di questo Essere che, con tanta compassione, ci tende la mano per portarci a lei. La sfida nel tradurre è quella di rendere, in un'altra lingua, la visione trascendente della Madre in un linguaggio accessibile a tutti. In questo processo, il fattore fondamentale è la mente contemplativa del lettore. Abbandonando ogni superficialità, possano la nostra mente e il nostro intelletto diventare sottili per poter assimilare l'eterna saggezza delle parole della Madre. Ben saldi nella nostra pratica, possiamo noi gioire, senza indugio, nell'esperienza diretta dell'Assoluto.

Swami Amritaswarupananda

Capitolo 1

Al di là della dualità

Nei tropici, lungo la costa sud-occidentale dell'India, spesso il sole estivo arde cocente dall'alba al tramonto. Persino durante il cuore dell'estate in Kerala, l'ashram e i suoi dintorni non sono molto toccati dall'intensità del calore. La volta di fronde delle palme da cocco offre abbondante ombra e dal vicino Mar Arabico soffia incessante una brezza rinfrescante.

Nonostante i primi figli spirituali della Madre fossero andati a vivere con lei molti anni prima, l'ashram fu fondato ufficialmente nel 1981. In quei primi anni, prima che qualcuno immaginasse un ashram o discepoli e devoti da tutto il mondo, i giorni e le notti trascorse con la Madre erano una serie ininterrotta di meravigliose avventure e intimi insegnamenti, di scoperta delle numerose sfaccettature di questa Madre enigmatica e, attraverso di questi, della scoperta del nostro Sé.

Dal 1982 i residenti iniziarono a seguire un programma regolare, mentre il numero degli aspiranti spirituali venuti a vivere nell'ashram continuava a crescere. Con la sveglia alle quattro del mattino per recitare il *Lalita Sahasranama*, i mille nomi della Madre Divina Sri Lalita, i residenti si riunivano per meditare al mattino e nel tardo pomeriggio e per frequentare le lezioni sulle antiche Scritture. Il programma giornaliero terminava con i *bhajan* serali, mentre il crepuscolo permetteva al sole di riposarsi tuffandosi nell'oceano, ad ovest.

Ogni giorno dei visitatori devoti venivano a vedere la Madre. Nonostante non avesse fissato un orario particolare per questi darshan, lei si assicurava d'incontrare tutte le persone che arrivavano. Anche se a volte riceveva ancora i devoti all'aperto sotto le palme, il darshan si teneva generalmente in una capanna costruita appositamente.

16 aprile 1984

Alle nove del mattino l'ashram era immerso nella calma e nella quiete. I residenti stavano ancora meditando nella sala apposita e il canto melodioso di un usignolo aggiungeva un fascino delicato alla quiete del mattino. Amma uscì dalla sala della meditazione dov'era rimasta seduta insieme con i *brahmachari* ad osservare la loro meditazione. Con le mani dietro la schiena, iniziò a camminare avanti e indietro davanti al tempio. C'era qualcosa di maestoso nel suo aspetto. Uno dei residenti le si avvicinò e si mise dietro di lei, come se avesse qualcosa da dirle. Comprendendo il suo desiderio, la Madre si fermò di fronte a lui.

"Amma, le persone sparlano di te e dell'ashram e raccontano tantissime cose senza senso. Dicono che è del tutto inappropriato che Amma abbracci le persone. Come possiamo far loro capire che Amma è uno con l'Essere Supremo?", chiese.

La Madre rispose: "Quelli che sono destinati a sapere sapranno e capiranno. Quanto agli altri, l'idea di una Madre che considera tutti gli esseri suoi figli gli è estranea e quindi, anche se criticano Amma, lei non li biasima. Figlio, essi sono così, non possono essere altrimenti. È la loro natura.

La benzina può essere usata per far funzionare un'auto così come per dare fuoco a una casa. Chi la usa per appiccare incendi vuole solo distruggere, non considera il suo utilizzo positivo. La maggior parte della gente ama spinta da motivi egoistici e non conosce l'amore incondizionato di Amma. Non sa che l'amore può diventare così vasto da abbracciare l'universo intero. Tali persone conoscono solo una capacità d'amare limitata. Amma dedica la sua vita a donare felicità e pace alle persone, ma loro non lo capiscono. Un ago può essere usato per cucire assieme delle cose così come per ferire qualcuno. La gente vive in mezzo a troppi conflitti e divisioni. Lo scopo della Madre è quello di unire a Dio i cuori delle persone, di congiungerli con Lui. Coloro che denigrano l'ashram cercano invece di ferire e di nuocere.

Le persone giudicano secondo le proprie disposizioni mentali e tendenze, che sono limitate. A causa di queste limitazioni, i loro giudizi sono per lo più scorretti e non gli permettono di cogliere l'essenziale.

Una pianta che possiede un grande valore terapeutico agli occhi di un medico ayurvedico è considerata solo foraggio da chi sta cercando dell'erba per le mucche. Allo stesso modo, le persone sono diverse in base ai loro *samskara* (illusioni). È attraverso le lenti delle proprie *vasana* (tendenze accumulate) che ognuno vede e giudica il mondo. Il colore delle lenti cambia a seconda delle proprie tendenze, ma in ogni persona l'identificazione con queste *vasana* è così forte che solo i suoi giudizi le sembrano corretti.

Coloro che vivono nell'ignoranza, privi di ogni conoscenza o tendenza spirituale, non possono vedere né capire quello che fa Amma. Vivendo in una totale ignoranza, non sono consapevoli che possa esistere qualcosa di diverso. Possa il Signore perdonarli. Ma quelli il cui destino è di sapere, verranno qui superando tutti gli ostacoli".

"Amma, cosa li fa vivere nell'ignoranza? Perché sono ciechi? Quale velo copre la loro visione?", chiese il residente.

"Il loro sguardo non è velato da qualcosa che proviene dall'esterno, è la loro stessa mente che fa da schermo", rispose la Madre, "Una mente piena di pensieri è ignoranza e la stessa mente libera dai pensieri è l'*Atman*, il Sé. Le persone sono talmente identificate con il loro corpo da ignorare completamente la Realtà, il Principio essenziale. Vedono le onde, dimenticandosi dell'oceano. Hanno gli occhi fissi sulle nuvole, lasciandosi sfuggire la vastità del cielo. Vedono il fiore e se ne innamorano, incuranti della pianta. Le onde vanno e vengono, appaiono e scompaiono, mentre l'oceano rimane immutato. Lo stesso si può dire delle nuvole nel cielo e del fiore sulla pianta. Le persone perdono di vista la Realtà, il sostrato che è il principio della vita: questa è una perdita immensa. Dimenticarlo è la perdita più grande.

La dualità esiste finché siete identificati con il corpo. Una volta trascesa questa identificazione, ogni dualismo scompare. Nello stato di Unità suprema, il vaso (il corpo) si rompe e lo spazio interno diventa un tutt'uno con l'intero spazio. Non ci sono più condizionamenti: esiste solo l'Uno. Tutte le differenze come uomo e donna, sano e malato, ricco e povero, bello e brutto, puro e impuro, si dissolvono. A questo punto vedrete e farete l'esperienza dell'elettricità invece che della lampadina, del ventilatore o del frigorifero: apparecchi che hanno bisogno dell'elettricità per funzionare. Allora, non sarà più possibile dire: 'Faccio questo e non quello', oppure 'Accoglierò le donne, ma non gli uomini'. In questo stato di totale disidentificazione con il corpo, tutte le differenze scompaiono".

La Madre si sedette sotto il portico del tempio prima di continuare: "Persino la sensazione che esistano gli uomini e le donne dipende solo dal grado con cui viene espressa la loro natura poiché in ogni uomo c'è una donna e in ogni donna c'è un uomo. Le persone sono per metà uomini e per metà donne. Alcuni uomini sono più femminili che maschili e naturalmente è vero anche l'opposto. Le nostre azioni e i nostri pensieri rivelano qualità sia maschili che femminili. Cosa rende tale un essere umano? Un essere umano autentico è colui che è dotato di autocontrollo e di forza mentale. Ma chi non ha debolezze? Persino un dittatore, che potrebbe sembrare una persona dal carattere forte, è un debole perché comanda, tortura e uccide la gente spinto dalla paura, per la propria sicurezza. La paura è la debolezza più grande.

Gli elementi che compongono il corpo degli uomini e delle donne sono gli stessi. Dio ha solo usato un po' più carne per creare le donne, ecco tutto. Di cosa bisogna vergognarsi nel considerare in modo uguale gli uomini e le donne quando si dimora pienamente in questo stato di Realtà non duale?

Figlio, la Madre non ha mai la sensazione di avere di fronte un uomo o una donna. L'unico sentimento di Amma è che tutti sono figli suoi. Bisogna pure che nel mondo ci sia qualcuno che abbraccia tutti vedendoli come propri figli, non è vero? Chi altri lo farà? Amma non può cambiare la sua natura innata per timore di quello che le persone potrebbero dire".

Uno dei *brahmachari* chiese: "Amma, posso andare al tempio di Mukambika e tornare tra qualche giorno?".

Amma lo avvertì dicendo: "Figlio, perché vagare di qua e di là in questo mondo? Questa è un'altra tendenza della mente. Tu pensi che andare a Mukambika o in un altro luogo sacro soddisfi un pio desiderio e che quindi non sia dannoso. Naturalmente non lo è se hai la giusta attitudine e se sei mosso dalla fede. Quando però sorge un simile desiderio, dovresti osservare la mente con cura per assicurarti se è sincera. Probabilmente tale desiderio esprime solo la tua sete di viaggiare e di fare un giro turistico, ma poiché non puoi confessarmi questa tua voglia, essa prende la forma di un pellegrinaggio con una motivazione santa.

In molte persone, l'idea di star compiendo l'azione giusta, mentre in realtà non vogliono che soddisfare gli abituali desideri, è una *vasana* molto forte. Festeggiare, fare giri turistici, viaggiare per il mondo e cercare degli svaghi sono *vasana* comuni e continueranno ad affiorare anche se si lascia uno stile di vita per adottarne un altro. L'unica differenza è che la mente le esprime sotto un'altra forma. La *vasana* di base però rimane la stessa. È come rinunciare al cioccolato per mangiare un gelato. L'oggetto cambia, ma il desiderio è identico. Non sai quanto sia abile la mente a prendersi gioco di te. In queste situazioni, stai in guardia e usa il tuo discernimento.

Una volta che avete accettato un Maestro che ha realizzato il Sé, smettete di girovagare, mentalmente e fisicamente. Rimanete con il Guru e abbandonatevi a lui o a lei. Ecco tutto. Sbarazzatevi delle vostre preoccupazioni, non rimuginate inutilmente su episodi ed esperienze del passato e intraprendete sia mentalmente che fisicamente il cammino che porta a lui, al suo Essere reale. Questo è il vero viaggio.

Quando siete alla presenza di un Essere che ha realizzato il Sé, cercate di essere fermi e imperturbabili, qualsiasi cosa accada. Dovreste abbandonare tutto alla volontà del Guru. Avrete dei problemi se andate in giro e vi allontanate dal Maestro per soddisfare i vostri desideri e voglie. L'abbandono di sé è indispensabile".

Un altro devoto fece questa domanda: "Amma, come mai delle Anime Realizzate, dopo aver lasciato il corpo della vita precedente ed essere rinate, esprimono desideri quali andare sull'altalena o avere dei giocattoli durante la loro infanzia?".

La Madre rispose: "Anche colui che ha realizzato il Sé può esprimere desideri, ma la sua attitudine è molto diversa poiché ne ha l'assoluto controllo. C'è una grande differenza tra il comportamento di un'Anima Realizzata e quello di un comune essere umano. Quando una persona comune sviluppa il desiderio per un oggetto, crea una catena che la vincola all'oggetto. Questa catena di attaccamenti diventa sempre più lunga fino a bloccarla. Avendone perso il controllo, sarà assillata costantemente da ogni genere di desideri, necessari o meno, utili o inutili, leciti o illeciti. La sua mente diventa come la piazza di un mercato.

Anche un Essere Realizzato esprimerà a volte dei desideri, ma di tutt'altro calibro, avendone il pieno controllo. Forse lo vedrete mangiare, dormire o vestirsi come fanno tutti, sebbene non sia attaccato a nessuna delle cose che fa. Può rinunciarvi facilmente.

È proprio come il bambino, che non è attaccato a nulla e passa facilmente da un'attività all'altra abbandonando un oggetto per un altro che trova più interessante. Se un Essere Realizzato rinasce dopo essersi spogliato del corpo della vita precedente, forse esprimerà dei desideri quand'è piccolo e chiederà questo o quello, ma anche allora avrà l'atteggiamento del testimone e sarà completamente consapevole del suo vero Sé. Che male c'è se si comporta come gli altri bimbi? Un bambino dovrebbe agire come un bambino, non è così? Un bambino dovrebbe essere birichino, voler divertirsi, giocare e piangere per chiedere il latte della mamma; altrimenti non è un bambino. È questa innocenza ciò che ci attrae nei bambini.

Si dice che Sri Krishna, l'Onnisciente, quand'era piccolo voleva che il padre catturasse la luna per Lui. Era un bambino molto vivace e, come tutti i piccoli, esprimeva dei desideri, sebbene fosse completamente consapevole della Sua natura reale. È questo che fa la differenza. Una persona comune non ha alcun controllo della mente, mentre un Essere Realizzato, indipendentemente dalla sua età, la controlla al cento per cento. La sua mente e i suoi desideri si piegano totalmente alle sue istruzioni. In un comune mortale, la mente e i desideri fanno ciò che vogliono, senza nessun freno. Che sia un bambino o un adulto, colui che ha realizzato il Sé crea volutamente un desiderio che può eliminare in qualsiasi momento, a differenza degli altri che creano dei desideri, ma sono incapaci poi di distruggerli".

Arrivò un devoto sposato che da poco aveva cominciato a frequentare l'ashram. S'inchinò davanti alla Madre e le offrì i frutti che aveva portato. L'uomo era molto interessato a conoscere meglio l'ashram. Vedendo quanto fossero giovani i *brahmachari*, le domandò: "Bisognerebbe chiedere loro di condurre una vita spirituale a una così giovane età?".

"Figlio", disse la Madre ridendo, "questi figli non hanno scelto la vita spirituale dietro insistenza di Amma. Quando sono arrivati la prima volta, Amma ha detto loro: 'Non ho alcuna fede in voi che venite qui, tratti in inganno da una ragazza comune'. E sai cosa hanno risposto? 'Prima d'incontrare Amma non avevamo mai pensato di condurre una vita religiosa o di diventare monaci, ma crediamo in quel Potere che è in te e che, spontaneamente, ha operato una tale trasformazione in noi'. Quindi, figlio, è stata completamente una loro scelta, non di Amma.

Pensi che si possa costringere qualcuno a condurre una vita spirituale se non l'ha scelta con tutto il cuore? Nessuno può obbligarvi a mangiare qualcosa che non vi piace. Per fare piacere a qualcuno forse lo assaggerete, ma non finirete il piatto. Se mangiate solo se siete costretti, non terrete il cibo nello stomaco e vomiterete. Se questo avviene con le cose ordinarie, cosa dire quando si tratta di scegliere una vita spirituale, rinunciando ad ogni altra opzione? Questa scelta deve avvenire spontaneamente. Nessuno può imporre la spiritualità a qualcuno. Si è spinti da un forte bisogno interiore. Una persona che avverte questo bisogno interiore non può far altro che scegliere la spiritualità. Non c'è una spiegazione. È qualcosa che accade, ecco tutto".

Un altro devoto, padre di famiglia, chiese chiarimenti sulla realizzazione del Sé: "Amma, si dice che l'io scompaia quando si realizza il Sé. Come accade?".

"L'io cessa di esistere quando la mente acquisisce una concentrazione perfetta", rispose la Madre, "È l'ego che crea il senso dell'io e del mio e l'ego non è altro che l'identificazione con il corpo e con la mente. La mente è formata dai pensieri: finché esistono, restiamo un piccolo ego che impedisce qualunque espressione spontanea. Tutto è filtrato da lui. Attraverso la visione limitata di questo piccolo ego vediamo solo le onde del mare. Una volta sradicati i pensieri attraverso una pratica costante e la concentrazione, l'ego – l'io – si dissolve. Quando, grazie alla concentrazione, il nostro piccolo ego viene ridotto in cenere, diventiamo l'Illimitato, l'Impersonale, e possiamo accogliere l'Oceano della Beatitudine. Ciò che rimane sono i resti di quello che appare come ego, privo però di ogni realtà e capacità di agire.

Se chiedete a uno studioso: 'Signore, cosa pensa di questo pianeta e delle persone che lo abitano?', probabilmente risponderà: 'Questo mondo è pieno di sciocchi, di persone inutili!'. Molto probabilmente penserà di essere l'unico saggio su questa Terra. Tale studioso ha gonfiato a dismisura il suo piccolo ego: vede solo le onde. Gli è impossibile gettare anche solo un'occhiata all'Oceano della Beatitudine. Sa vedere soltanto entità separate, individui, differenze e divisioni. Incapace di cogliere l'intero, vede solo le parti e i frammenti.

Ponete la stessa domanda a un *Mahatma* (Grande Anima) e Lui risponderà: 'Esiste solo il Sé, nient'altro. Solo Dio esiste. Tutto è bello e tutti sono buoni e saggi'. Il *Mahatma* vede il Tutto, l'Uno. La sua esperienza è quella dell'unità nella diversità, in tutto e in tutte le circostanze, in qualsiasi momento o luogo. Considera ogni cosa come un'estensione del suo Sé ed è incapace d'incolpare, criticare od odiare. Il suo piccolo 'io' è scomparso ed è diventato il 'grande Io impersonale'. Si perviene a questo stato solo quando l'ego è scomparso. Affinché possa accadere, è necessario che la mente sia perfettamente concentrata. Dio stesso diverrà il servo di colui che è riuscito a raggiungere una concentrazione mentale totale. Figli, ve lo assicura Amma. Provate e vedrete cosa succede".

Questa audace assicurazione meravigliò il devoto. I suoi occhi contemplavano il viso della Madre. Dopo qualche istante disse: "Amma, come possiamo fare il primo passo?".

"Figli, continuate a pensare a Dio e a dedicarvi alle vostre pratiche spirituali persino quando siete in mezzo ai numerosi problemi che incontrate vivendo nel mondo. Questo rende la Madre molto felice".

Ci si sentiva rinfrancati nell'ascoltare la Madre che rassicurava questo devoto.

Venne posta un'altra domanda: "Amma, sembra che Dio non abbia riflettuto prima di creare il mondo. Se l'avesse fatto, non ci sarebbero così tante complicazioni e problemi".

"Dal Suo punto di vista", disse la Madre, "il 'Vecchio' non ha affatto creato il mondo. Lui è perfetto. Siamo noi che abbiamo creato ombre e riflessi e continuiamo a crearli, rendendoli reali. Rincorrendo queste ombre e questi riflessi, immaginiamo e quindi creiamo il nostro mondo di caos e di confusione.

Figli, chi è responsabile di tutte queste complicazioni, di tutti questi problemi? Dio? No, voi. Voi soli siete la causa. Dio ha creato il giorno e la notte per la nostra felicità. Entrambi sono belli, a meno che non ci comportiamo scorrettamente. Il giorno è il periodo di tempo in cui agire e svolgere i propri doveri e la notte il momento di rilassarsi e di riposare. Se qualcuno desidera le ricchezze di qualcun altro e lo deruba durante la notte, o se uno è un terrorista e impiega il suo tempo a costruire bombe di nascosto, chi è il responsabile? Dio o la persona che compie tali azioni? Gli animali, considerati creature meno evolute degli uomini, non hanno i problemi che abbiamo noi, esseri cosiddetti intelligenti. Gli animali vivono molto più in armonia con la natura. Sono gli esseri umani arroganti ed egoisti che continuano a disturbare l'armonia della natura".

Le qualità spirituali delle donne

Intorno alle dieci arrivarono alcuni devoti con la loro famiglia. Alcuni dei bambini frequentavano le elementari, altri le superiori o l'università. Amma li portò tutti nella camera posta sopra la sala della meditazione dove s'intrattenne per un po' con loro, mostrando grande interesse per le loro vicende e il profitto scolastico dei loro figli. Proprio come una madre amorevole molto attenta alle necessità della sua famiglia, la Madre conversava con loro su vari argomenti, colmandoli d'amore e di premure materni. Era evidente che le sue parole affettuose e confortanti li facessero sentire molto felici e a proprio agio. Amma prese un cristallo di zucchero, lo sminuzzò e lo distribuì ai devoti come *prasad* (benedizione sotto forma di dono).

Lentamente la conversazione si spostò su temi spirituali. Il gruppo era per lo più costituito da donne e fu forse per questo motivo che la Madre intavolò il seguente argomento.

"La donna è *Shakti* (energia). La donna è molto più potente dell'uomo. Nonostante possa trovare difficile avere determinazione, una volta che ci riesce nessuna forza può fermarla, nulla la può sconfiggere. È più facile che lei raggiunga la realizzazione spirituale rispetto a un uomo, purché abbia l'adeguato discernimento e sia determinata. Tuttavia, è nella natura femminile cedere e donarsi e questo porta spesso le donne ad essere incostanti. Questa tendenza va superata con la costante ripetizione del proprio mantra e con il ricordo di Dio. Una donna ha spesso poca stima di sé, stima che può però rafforzare e rendere incrollabile. Ci può riuscire perché ha la pazienza necessaria. Un uomo non può crescere un bambino perché non ha pazienza. Gli uomini sono impazienti di vedere i risultati. Le donne hanno sia la pazienza che l'amore, ma in genere non sono risolute e mancano di autostima. Gli uomini, che possiedono di solito queste due qualità, dovrebbero sviluppare la pazienza e l'amore. Poiché la determinazione e l'autostima sono già presenti in loro, le donne dovrebbero sforzarsi di risvegliarle e rafforzarle.

Molti hanno la concezione errata che le donne siano destinate solo a mettere al mondo dei figli e a prendersene cura. Forse costoro sono anche convinti che gli uomini siano gli unici capaci di governare e di comandare. Tali idee sono entrambe sbagliate.

Una donna è in grado di essere una brava dirigente quanto un uomo, se lascia che emergano le qualità maschili assopite in lei. E un uomo può mostrarsi amorevole e affettuoso come una madre se esprime il suo aspetto femminile latente. È però importante ricordare questo punto: mentre sviluppa e pratica la pazienza e l'amore, un uomo dovrebbe mantenere la sua determinazione e autostima, così come una donna dovrebbe serbare la sua pazienza e il suo amore anche dopo avere sviluppato la determinazione e la fiducia in se stessa.

Le donne sono depositarie di un'energia infinita. Sul piano spirituale, possono superare molti uomini in ciò in cui si impegnano. Non pensate quindi che siano inferiori agli uomini.

Le donne dovrebbero risvegliarsi dal loro sonno e destarsi alla consapevolezza spirituale. In loro c'è un potere spirituale infinito. Non sono deboli e devono prendere coscienza di questo fatto. Dispongono di due armi molto potenti: l'amore e la pazienza, le armi più affilate e forti. Avendo queste due qualità, non c'è nulla nel mondo che non possano conseguire".

"Amma, cosa pensi di chi in India imita l'Occidente?", chiese uno dei devoti.

"Figli", rispose la Madre, "è un peccato che l'India cerchi d'imitare l'Occidente. Quella non è la nostra cultura, non ci appartiene. Imitare la cultura occidentale è una tendenza molto pericolosa. Guardate gli occidentali: cercano di seguire il nostro esempio. Sono in cerca della spiritualità, mentre noi abbiamo sete di ricchezze materiali. Se dovete imitare gli occidentali, adottate le loro buone qualità come lo zelo nel lavoro e la disciplina. Noi invece li imitiamo ciecamente. Ogni Paese ha la propria cultura, da cui dipende l'esistenza stessa della nazione. Se questa radice culturale non viene preservata, quel Paese corre verso la sua rovina. Il patrimonio culturale dell'India è la spiritualità, che è l'energia vitale dell'India. Se non ci fosse, la nazione morirebbe. Questa ricchezza va dunque protetta. Per salvare la futura generazione, i genitori dovrebbero svegliarsi. Il futuro dei loro figli è nelle loro mani ed essi possono, in parte, aiutarli cercando di fargli capire il valore di una vita fondata sulla spiritualità. Questo è il tesoro più grande che i genitori possono donare ai propri figli. I beni materiali non sono duraturi, mentre la ricchezza spirituale non svanisce mai.

Nella vita di famiglia sorgono facilmente dei problemi. Quando si sta attraversando un momento di crisi, le verità spirituali preservano l'uomo o la donna dall'inquietudine e dalla sofferenza emotiva, piuttosto frequenti nella società moderna. Mentre nutrite i vostri figli e provvedete ai loro bisogni, non dimenticate di dare loro anche qualche alimento spirituale. Se non lo fate, li rovinerete in nome dell'amore materno o paterno.

In passato, quando le persone avevano dei dispiaceri, intraprendevano *tapas* (intensa pratica spirituale il cui significato letterale è 'calore'), praticavano austerità per ricordare Dio. In tal modo acquisivano la forza necessaria per affrontare le difficoltà. Al giorno d'oggi la gente ricorre all'alcol e alle droghe, incapace di affrontare i momenti difficili della vita. Non riuscendo a fronteggiare i problemi, cerca di sfuggirli. Che tristezza! Chi si comporta così non si rende conto di quello che sta facendo. Ricorrere alla droga per sfuggire alle difficoltà spiana la strada all'autodistruzione.

Una volta che una persona diventa dipendente da sostanze stupefacenti o intossicanti come l'alcol, la marijuana, la cocaina, l'eroina o altre droghe, ne è completamente inghiottita. La sua dipendenza è tale da non essere più in grado di agire normalmente senza consumarle. Inizialmente le droghe o l'alcol procurano sensazioni piacevoli, ma man mano che cresce la dipendenza, la dose necessaria per ottenere l'effetto desiderato e dimenticare i propri problemi è sempre maggiore. Diventa chiaro allora che consumarle non è più una fonte di piacere. L'assuefazione costringe il tossicomane a fare affidamento completamente sulla droga, che a questo punto è diventata un bisogno fisiologico costante, una vera e propria ossessione che lo porta a dimenticarsi dei suoi cari, della sua famiglia e dei suoi amici. Per procurarsi la droga, trascura i suoi doveri e le sue responsabilità e finisce per lasciarsi completamente andare, rovinando la sua salute. Il suo organismo si indebolisce e diventa più vulnerabile alle malattie. La cosa peggiore è che tale persona smette di prendersi cura di se stessa. Le droghe che danno assuefazione provocano un deterioramento cerebrale e danneggiano sia il sistema nervoso che gli altri organi. Se un tossicomane concepisce dei figli, questi potrebbero nascere con ritardi mentali o deformazioni fisiche. Genitori, prendetevi quindi cura dei vostri figli, non lasciate che cadano vittima dell'alcol o della droga. Date loro la necessaria educazione spirituale finché sono ancora giovani".

Una devota si rivolse umilmente alla Madre dicendo: "Amma, ti ho portato qualche *paripuvada* (polpette di lenticchie, fritte nell'olio). Non sono niente di che. Le vuoi assaggiare?".

Con un sorriso smagliante, la Madre rispose: "Certamente. Ad Amma piace tutto quello che le viene offerto con devozione. Anche se fosse veleno, l'innocenza dei cuori dei devoti lo renderebbe innocuo e lo purificherebbe".

Raggiante, la donna tirò fuori dalla borsa un piccolo contenitore di acciaio e lo diede alla Madre che, tolto il coperchio, prese un pezzettino di polpetta per assaggiarlo. Con un largo sorriso rivolto alla devota, esclamò: "Che buona! Davvero deliziosa!".

La Madre diede l'altra metà della polpetta alla donna che traboccava di gioia e poi ne distribuì un pezzettino a tutte le persone presenti. Quando restò solo una *parippuvada*, la Madre la divise a metà, porgendone di nuovo un pezzo alla devota e, allungandole l'altra metà, disse con un sorriso birichino: "Figlia, adesso dai tu da mangiare ad Amma". Seduta di fronte alla devota, aprì la bocca. La donna sembrava essere stata trasportata in un sogno o in un altro mondo, tale erano lo stupore e la gioia che illuminavano il suo volto. Mentre metteva quel bocconcino prelibato in bocca alla Madre, cercava con fatica di trattenere le lacrime. Appena finito, crollò e si mise a piangere, singhiozzando come una bambina.

Tra le lacrime, disse: "Mentre le cucinavo, ho tanto desiderato nutrirti. E questo desiderio è riemerso con forza quando le hai ricevute e ti ho visto distribuirle a tutti. Amma, hai esaudito il desiderio del mio cuore!".

La donna non riusciva a controllare le lacrime. Continuando a singhiozzare, cantò *Ellam Ariyunna Ammayodu*.

Ellam Ariyunna Ammayodu

Inutile dire qualcosa alla Madre onnisciente.
Camminando al nostro fianco,
vede e comprende tutto.
L'Essere primordiale
percepisce tutti i pensieri del Sé.

Impossibile per chiunque fare qualcosa
senza che Lei lo sappia.
Il Signore primordiale dimora in tutti.
Adoriamo con gioia
l'incarnazione della Verità e della Coscienza.

Gli altri devoti risposero in coro[1] al canto, mentre piangevano in silenzio, visibilmente toccati dalla scena a cui avevano assistito. Assorta nel suo mondo, la Madre sedeva, con gli occhi chiusi.

---

[1] I *bhajan* o canti devozionali sono solitamente cantati da una voce solista e da un coro che risponde.

Capitolo 2

Viaggio a Kanyakumari

19 aprile 1984

Dopo i *bhajan* serali, tutti si misero a fare i preparativi per andare a Kanyakumari, luogo sacro e meta di pellegrinaggio situato nel punto più a sud dell'India dove si incontrano tre mari: il Mar Arabico, l'Oceano Indiano e il Golfo del Bengala. Il famoso tempio di Devi è dedicato alla dea come Vergine eterna e attrae centinaia di devoti provenienti da tutta l'India. I devoti della Madre avevano espresso il forte desiderio che lei visitasse quel posto. Da parte loro, non erano molto interessati a vedere Capo Comorin e, se non fosse stato per la presenza della Madre, la maggior parte di loro non avrebbe fatto questo viaggio. La vera intenzione dietro a questo desiderio era passare più tempo con la Madre e un simile viaggio offriva tale opportunità. Inoltre, viaggiare con lei è sempre un'esperienza unica, qualcosa di cui i devoti possono fare tesoro per sempre nel loro cuore.

Al termine dei preparativi si formò il gruppo, composto da oltre cinquanta persone tra residenti dell'ashram e devoti con famiglia. I devoti avevano noleggiato un pulmino turistico e si erano procurati recipienti, sacchi di riso e altri oggetti necessari per cucinare o preparare il cibo, poiché era importante evitare il più possibile di mangiare nei ristoranti e in altri luoghi pubblici.

Dopo aver attraversato le *backwater*, i *brahmachari* collocarono i bagagli sul tetto dell'autobus con l'aiuto dei devoti, e finalmente tutti salirono a bordo. A questo punto, Amma disse improvvisamente: "Figli, questo non è un picnic o una gita. Consideratelo parte della vostra *sadhana* (pratica spirituale).

Potrebbero presentarsi situazioni allettanti che vi tentano, ma siate sempre consapevoli del vostro scopo. Per quanto riguarda Amma, lei non ha un interesse particolare verso questo viaggio, non ha alcun motivo per accettare di farlo se non la felicità dei suoi figli. Cercate di vederlo come uno sforzo che vi porta più vicino al vostro Sé. Parlate poco e sforzatevi di recitare il vostro mantra il più possibile. Ricordate Dio o la vostra amata divinità tutte le volte che avete tempo e non prestate attenzione alle cose o agli eventi che potreste vedere lungo la strada. La mente è già piena di immagini, non appesantitela ulteriormente. Stiamo cercando di rimuovere quelle già esistenti: eliminiamole, non aggiungiamone altre. Se dovete parlare, fatelo, ma a bassa voce e non a lungo. Non parlate di cose inutili, il tempo è molto prezioso per noi. La Madre non si preoccupa affatto se perdete 100.000 rupie (un *lakh*), ma se vede i suoi figli sprecare anche solo un secondo, si preoccupa ed è amareggiata perché non è possibile recuperare il tempo perso.

In viaggio, affioreranno molte *vasana*. Siatene consapevoli e cercate di controllare i vostri pensieri e i vostri sensi. Figli, quando siete soli, lontano dalla folla e dalla possibilità di socializzare, potreste non accorgervi delle vostre tendenze latenti che sono assopite. Potreste anche sentirvi sereni, felici e contenti quando siete soli o in buona compagnia, ma se non potete mantenere quella pace e quell'appagamento quando state con chi non vi piace, quella pace o quell'appagamento non è genuino. Il nostro scopo è godere di tale pace e contentezza in tutte le circostanze. Quindi, figli, cercate di tenere la mente sotto controllo. Praticate l'amore, la pazienza e la tolleranza durante questo viaggio, che vi offre una buona opportunità di esercitare queste qualità. Qualcuno potrebbe non essere d'accordo con voi e qualcun altro potrebbe mettersi a discutere. Non reagite, cercate di restare calmi. La vostra calma disarmerà l'altro. Se avete delle lamentele, riferitele alla Madre, ma non arrabbiatevi. Non parlate in modo brusco né con parole dure.

Se in voi sorge la collera, non esprimetela immediatamente. Allontanatevi e andate a sedervi da qualche parte da soli, riflettendo e meditando. Scoprirete che la causa di questa collera non si trova nell'altra persona, ma dentro di voi. Non è stato l'altro ad averla causata, ma il vostro passato. Il passato è la vostra guida di riferimento. L'ira è dentro di voi e qualcuno l'ha casualmente attivata e voi siete esplosi.

La collera è come una ferita infetta: se toccata, sentite dolore. Se hanno premuto sulla ferita, sgorgheranno il pus e il sangue, provocando maggiore dolore. La collera è una ferita profonda e infetta, un male che va curato e che ha bisogno della vostra compassione ed attenzione amorevole. Quindi, quando qualcuno si arrabbia, ricordate che è una persona malata. Non peggiorate il suo stato, non permettete alla ferita di sanguinare maggiormente e di far fuoriuscire ancora più pus. Non spremetela e non comprimetela con maggiore forza rendendola ancora più dolorosa. Questo significa che non dovremmo rispondere con ira. Adirarsi con chi è adirato con noi non cura, ma rende la ferita più ampia e profonda. Chi è in collera ha bisogno di solidarietà: abbiate compassione di lui e lenite la sua ferita. Figli, la Madre vuole nuovamente ricordarvi che questa è un'opportunità. Sa molto bene che è naturale avere conflitti e discussioni quando si è in gruppo. Nessuno di voi è realizzato e quindi possono sorgere disaccordi; ciò nonostante, sforzatevi di praticare l'amore e la pazienza".

Dopo una pausa, la Madre disse: "Ora cominciamo il nostro viaggio". Mentre l'autista accendeva il motore, i devoti gridarono: *"Jai Bolo Satguru Mata Amritanandamayi Devi!"* (Vittoria al Maestro perfetto, Mata Amritanandamayi Devi). Di nuovo si sentì la voce della Madre: "Cantate un *bhajan* in lode a Ganesha", ed essi cantarono:

Gajanana

Signore dal volto d'elefante,
o figlio di Parvati,
Dimora della compassione, Causa suprema,
Distruttore degli ostacoli, sei servito dai virtuosi.
Pura consapevolezza, la Tua carnagione è blu scuro.

Eterno, sei privo di dolore
e accordi ogni buona riuscita.
Protettore degli afflitti,
Luce del Sé, pura beatitudine,
sei adorato perfino da Indra.

Erano le undici di sera quando l'autobus iniziò lentamente a muoversi, mentre i devoti continuavano a cantare. Tutti erano molto
entusiasti e felici. Sembrava che nella loro mente pregustassero con
gioia ciò che sarebbe avvenuto. Le istruzioni della Madre avevano
infuso lo spirito e la forza di un vero pellegrinaggio nelle menti
dei devoti. Tutti pregustavano un meraviglioso viaggio spirituale.

Per la maggior parte della gente, un picnic offre l'opportunità
di scordare momentaneamente la routine quotidiana e trarre
piacere dalle cose a volontà. In tali occasioni, le persone si dedicano
a mangiare, ballare e gratificare i sensi cercando di essere felici.
Vogliono dimenticare tutto: preoccupazioni, tensioni e stress. Per
poterci riuscire, sviluppano una dipendenza da ciò che pensano
potrebbe soddisfarle. Indubbiamente ottengono un certo grado di
felicità e per un po' dimenticano le preoccupazioni, ma quando
poi riprendono la loro vita quotidiana, sono di nuovo assaliti dalle
preoccupazioni e dai problemi. Non solo, l'indulgenza sfrenata
nei piaceri avrà prosciugato le loro energie e non saranno in grado
di agire con efficacia. Presi in un circolo vizioso, finiranno peggio
di prima, dritti verso il disastro.

Anche questo viaggio assomigliava a un picnic, ma era un picnic spirituale, sotto la guida di un Maestro perfetto, un Conoscitore del Sé. Con una simile guida, non occorreva trovare un posto idilliaco per farlo perché un *Mahatma* può creare onde di vibrazioni spirituali tutt'intorno ed immergere i partecipanti in una beatitudine che scaturisce da dentro. Il Nome Divino era il cibo del picnic. In genere, quando fa un picnic, la gente cerca il piacere negli oggetti esterni dissipando tutta la sua energia poiché dipende da cose esterne per essere soddisfatta e felice. Per contro, il ricercatore spirituale conserva l'energia affidandosi al suo Sé, la fonte della felicità. Mentre le persone s'immergono sempre più nelle cose del mondo fino a crollare e soccombere nel pantano di una vita senza senso, le persone spirituali hanno l'opportunità di elevarsi e approdare infine allo stato di beatitudine e d'immortalità.

La vita è come un picnic. Possiamo scegliere due posti dove farlo: il primo è bello e accattivante per i sensi che percepiscono il mondo esterno, ma procura solo confusione mentale. Il secondo non appare così incantevole o affascinante, ma procura immensa pace e felicità. Siamo liberi di decidere. Sia le persone comuni che quelle spirituali cercano la felicità. Sta a noi scegliere se godere di una felicità temporanea che culminerà in un dolore senza fine, o sopportare per qualche tempo situazioni difficili per infine godere di una beatitudine eterna. Il primo luogo è il mondo esterno, il secondo si trova dentro di noi. Un cammino conduce a una felicità temporanea, l'altro a una beatitudine perenne.

I devoti continuavano a cantare battendo le mani. Nuvole di pioggia velavano la notte e l'oscurità ricordava il colore blu scuro di Madre Kali. La luna faceva capolino tra le nuvole di pioggia sparpagliate dal vento. I devoti smisero di cantare quando la Madre disse a voce alta: "Contate le persone". Un residente le si avvicinò e disse: "Amma, abbiamo l'elenco con i nomi di tutti quelli che viaggiano sul pulmino". "D'accordo, allora chiamate ciascun nome e la persona risponda con 'Om Namah Shivaya'". Il *brahmachari* cominciò a fare l'appello mentre i devoti rispondevano come richiesto dalla Madre. Amma rideva. Sembrava che quella scena le piacesse molto e commentò: "Proprio come a scuola".

Alla fine dell'appello, la Madre intonò

Maname Nara Jivita Makum

O mente, la nascita umana è come un campo:
se non è ben coltivato, diventa arido e sterile.
Non sai né seminare
né coltivare adeguatamente.

Non solo, non t'interessa neppure impararlo.
Se avessi estirpato le erbacce,
concimato e accudito il campo con cura,
avresti potuto ottenere un buon raccolto.

Mentre il canto proseguiva, le nuvole di pioggia scomparvero lentamente. Sia la terra che il cielo furono illuminati dall'intenso chiarore della luna. Immersa in un profondo raccoglimento, la Madre continuò a cantare, gli occhi fissi sul cielo argenteo.

Radha Ramana

Diletto di Radha,
Signore del mio cuore
che distruggi l'infelicità e sei il sostegno di tutti,
non sei Tu, o incarnazione della consapevolezza,
il solo che occupa la mia mente?

20 aprile 1984

Verso le cinque del mattino seguente, il pulmino con la Madre e i suoi figli raggiunse Kanyakumari. Immediatamente tutti si diressero verso un piccolo ashram che apparteneva ad uno *swami* che aveva molto rispetto per la Madre ed era felicissimo di vederla.

Tutti ebbero la possibilità di riposarsi dal viaggio durato tutta la notte.

Alle sei del mattino si recarono in un altro centro spirituale ed affittarono delle camere. Mezz'ora più tardi, andarono con la Madre a vedere il sorgere del sole. Lei stava in piedi su una roccia guardando verso est mentre il sole sorgeva lentamente dal mare. I suoi raggi dorati si fondevano con il rosso bagliore del cielo; questa luce pervadeva lentamente l'orizzonte, riflettendosi nel mare. In piedi su uno scoglio, come una statua, Amma guardava il sole contemplandone la gloria e lo splendore, il volto illuminato da un sorriso smagliante. Alzando le braccia, la Madre intonò *Vandikyunnen*.

Vandikyunnen

Affinché Tu possa danzare in me,
o Madre adorata,
mi prostro e mi abbandono a Te.

Sei la forza vitale
che dimora in ogni anima individuale.
Se dovessi andartene, tutto diventerebbe inerte.

Energia universale, Sé di perfetta beatitudine,
Vieni, vieni!
O Luce suprema, rimani, non abbandonarmi mai.

Atomo degli atomi
che pervadi l'universo
e risiedi nel loto dai mille petali,
vieni, vieni!

Il Tuo splendore è pari a milioni di soli.
Tu dimori dentro di me.
Solo in quella Madre è la mia unica speranza
di potermi fondere in Lei.

I devoti cantavano ripetendo ogni strofa. Infine, sentendosi come immersi nell'eterna gloria della Luce suprema, tornarono lentamente nella loro camera. Tutti serbavano la vista del sole che sorgeva illuminando l'orizzonte, i dolci suoni delle onde dell'oceano che lambivano la riva e la sensazione divina che la Madre aveva creato con la sua presenza fisica e il suo canto. Impossibile spiegare l'incanto e la bellezza di quel momento.

Ricevere il prasad del Guru

Più tardi la Madre andò con il gruppo nella cittadina di Kanyakumari per visitare il tempio dedicato a Devi. Vicino alla spiaggia, sul lato sud di questo tempio, aveva vissuto Mayi Amma, un'*avadhuta* (una persona che dimora in uno stato di beatitudine, incurante dei costumi della società).

Qualche anno prima, quando la Madre aveva visitato questo luogo per la prima volta, un devoto che l'accompagnava ebbe una meravigliosa esperienza con questa *avadhuta* che viveva con il suo branco di cani. Nessuno sapeva molto di lei. Si diceva che avesse più di 150 anni. Parlava molto raramente e anche se diceva qualcosa era difficile coglierne il senso. Si trattava di una figura enigmatica.

Proprio il giorno precedente la prima visita di Amma a Kanyakumari, quel devoto era arrivato ad Amritapuri ed era andato dalla Madre mentre stava pranzando. Erano presenti anche alcuni *brahmachari* e, com'era sua abitudine a quel tempo, la Madre nutriva chi era seduto attorno a lei prima di mangiare. Aveva offerto una pallina di riso a tutti, anche a questo devoto che era rigorosamente vegetariano. Poiché l'ashram si trova proprio al centro di un villaggio di pescatori e i suoi abitanti mangiano abitualmente il pesce, l'uomo era preoccupato che nel riso ci fosse del pesce e quindi si chiedeva se accettare il *prasad*. Non c'era affatto pesce nel riso poiché nell'ashram si cucinava solo cibo vegetariano. La Madre non aveva insistito e così lui non aveva preso il *prasad*.

Il giorno seguente lo stesso devoto si trovava nel gruppo della Madre che era con Mayi Amma mentre stava pranzando. Anche Mayi Amma diede il *prasad* a tutti. Quando toccò a quel devoto ricevere il *prasad*, Mayi Amma mise da parte il riso e le verdure che stava distribuendo e prese un altro piatto, tirò fuori un bel pezzo di pesce fritto e lo ficcò in bocca all'uomo. Un gesto del tutto inaspettato! Nessuno sospettava che ci fosse del pesce nella sua *biksha* (cibo ricevuto in elemosina) e nessun altro aveva avuto del pesce tranne colui che aveva rifiutato il *prasad* dalla santa Madre il giorno prima. Tutti gli altri avevano ricevuto riso con verdure. Il devoto impallidì e si sedette con il pesce tra i denti mentre tutti scoppiavano a ridere. Non riusciva né a inghiottirlo né a sputarlo. Era in un dilemma. Pur essendo un rigido vegetariano, quel pesce era *prasad* e, quindi, sacro. Infine lo inghiottì, chiudendo forte gli occhi.

Più tardi confessò: "Quella è stata la punizione di Dio per avere dubitato di Amma e non aver accettato il *prasad* che mi ha offerto: una bella lezione per me".

Vale la pena raccontare anche l'episodio in cui un'altra persona rifiutò il *prasad* della santa Madre. Avvenne nel 1979, quando i devoti delle case vicine portavano il cibo ad Amma. La Madre non si preoccupava di quello che le offrivano e a volte c'era del pesce come contorno per il riso; sapeva che per gli abitanti del luogo il pesce era alla base della loro alimentazione e uno dei piatti che preferivano. A questo proposito, Amma aveva detto:

"Mentre cucinano, i devoti recitano costantemente il loro mantra e questo cibo è offerto con grande *sankalpa*[2] e devozione. Come può Amma rifiutarlo quando la loro devozione e il loro *sankalpa* sono tanto puri e innocenti?". E così, anche se tutti i residenti dell'ashram erano vegetariani, la Madre accettava di buon cuore il piatto preferito dagli abitanti del villaggio.

Ecco un altro episodio la cui protagonista era una devota venuta per il darshan della Madre. Mentre sedeva accanto ad Amma, un'altra devota del vicinato era arrivata con la *biksha* per la Madre. Aveva portato riso con del pesce e, com'era sua abitudine, la Madre aveva offerto una pallina di riso al curry alla devota vicina a lei. La donna l'aveva preso tra le mani senza mangiarlo. Quando se n'era andata, la Madre aveva commentato con alcuni devoti rimasti: "Che peccato! Quella figlia non ha mangiato il riso". Tornata a casa, la donna aveva iniziato a stare male e a vomitare ogni qualvolta mangiava o beveva qualcosa. Giorno dopo giorno le sue condizioni peggioravano: non riusciva a mangiare nulla e di conseguenza divenne molto debole. Anche se aveva provato diverse medicine, nulla la faceva stare meglio. Trascorse così un'intera settimana. Improvvisamente ebbe l'intuizione che la sua condizione fosse dovuta all'avere rifiutato di mangiare il *prasad* della santa Madre.

Ritornò immediatamente all'ashram e mentre stava entrando nella capanna del darshan udì Amma dire a un altro devoto proprio le parole che aveva bisogno di ascoltare: "Il Guru è Dio. Qualsiasi cosa dia il Guru, dev'essere accettato con la massima riverenza e devozione. Anche se sembra un oggetto insignificante come una pietra o un filo d'erba, bisogna accettarlo come si accetterebbe la cosa più preziosa. Non bisogna rifiutare il *prasad* del Guru, qualunque cosa sia. I comuni esseri umani non possono capire

---

[2] Il potere creativo del pensiero e della volontà che si manifesta come sentimenti, preghiere, atteggiamenti e fermezza.

con quale *sankalpa* il Guru dia il *prasad*. I *Satguru* sanno cosa dare e quando darlo, quindi accettate tutto ciò che vi danno. Non rifiutate mai il *prasad* del Guru".

Sentendo queste parole, la donna era rimasta sopraffatta dall'emozione. Adesso le era chiara la causa della sua malattia. Cadendo ai piedi di Amma, le aveva chiesto perdono per il suo comportamento ignorante. Amma l'aveva consolata e dato un pezzettino di banana che la devota mangiò. Da quel momento, smise di vomitare. Le era occorsa un'intera settimana per capire da dove sorgessero i suoi problemi, ma aveva appreso la lezione. Vale la pena ricordare questi fatti avvenuti con la Madre perché illustrano come comportarsi in presenza di un Maestro perfetto.

Dopo aver trascorso il giorno a visitare il tempio e diversi tratti di spiaggia intorno a Kanyakumari, Amma tornò nell'ashram verso sera, accettando l'invito che lo *swami* le aveva rivolto il mattino. Alle cinque, lo *swami* pronunciò alcune parole sulla Madre prima che cominciassero i *bhajan* serali, dicendo: "In questo Paese, perfino oggi vi sono *jivanmukta* (anime realizzate) e *avatar* (incarnazioni Divine). Amma è una di queste incarnazioni divine, ma le persone non hanno occhi per accorgersene. Chi non ha ereditato dalla nascita la capacità di riconoscerle, solleverà scandali contro i *jivanmukta* e gli *avatar*, renderà così impossibile agli altri venire a conoscere e adorare queste grandi anime. Che tristezza!".

I *bhajan* durarono circa un'ora. Uno dei canti condotti dalla Madre fu *Amme Yennu Loru*.

Amme Yennu Loru

Perché mi si rizzano i capelli
quando ricordo la parola "Amma"?
Perché dimentico tutto il resto
quando penso alla Madre, mia Madre?

La fame e la sete mi hanno abbandonato
e ho anche scordato di fare
il mio bagno quotidiano.
Non so che giorno sia.

Al pensiero della Madre, dimentico tutto.
Per cosa si strugge la mia mente?
Perché il mio corpo freme
quando guardo il mare blu, il cielo blu
e le nubi bianche?

La dolce forma della Madre
è un sollievo per le menti che soffrono.
Ora il mio unico pensiero è
quando la vedrò di nuovo.
Quando la Madre verrà da me?

Dopo i *bhajan*, il gruppo tornò dove aveva prenotato le camere. Anche la Madre andò lì, ma non entrò. Rimase fuori immobile, in uno stato di beatitudine dopo essere entrata in estasi cantando. In quei momenti non voleva nessuno intorno a lei. Tutta sola si allontanò leggermente dall'edificio e si sedette sotto un albero di neem. Alle dieci la quiete regnava in quella struttura e nei suoi dintorni, anche se era piuttosto affollata. Passò mezz'ora. Tutti continuavano ad aspettare fuori dall'edificio, con la speranza di poter rivedere Amma prima che andasse in camera. In risposta ai loro desideri e alle loro preghiere, la voce della Madre emerse dal buio: "Gayatri-*mol*[3]". Tutti rivolsero l'attenzione verso la sua voce, mentre la luce di questa attesa illuminava il loro volto. "Chiama

---

[3] La *brahmacharini* Gayatri ("mol" significa "figlia" in malayalam, la lingua della Madre) è l'assistente personale di Amma. Nel 1984 solo due *brahmacharini* vivevano con lei: Gayatri e Kunjumol. Entrambe si occupavano delle necessità della Madre. C'erano altre donne nell'ashram: alcune venivano per lunghe visite e altre erano residenti.

tutti i figli". Non aggiunse altro. Gayatri non ebbe bisogno d'informarli perché tutto il gruppo si precipitò verso la Madre. Ognuno voleva sederle il più vicino possibile e a spintoni cercava di avvicinarsi. Quando alla fine tutti si furono sistemati, calò il silenzio rotto soltanto dalla voce della Madre: "Figli, se qualcuno di voi è spossato o ha sonno, non deve affaticarsi. Non pensate che, poiché Amma vi ha chiamato, dovete restare seduti qui. Lei voleva solo vedere tutti i suoi figli insieme: è per questo che vi ha chiamati". Nessuno intendeva però andare a letto perché i loro cuori desideravano passare il maggior tempo possibile con lei.

Il cibo sottile del Guru

Un devoto disse: "Siamo figli affamati, Amma. Dacci qualcosa da mangiare. Come puoi chiederci di andare a dormire quando abbiamo così disperatamente bisogno di cibo? Non possiamo dormire mentre sei qui per servire del cibo".

Amma disse: "Questo è cibo sottile, e per gustarlo occorre una lingua sottile. Figli, in realtà il Guru è il vostro cibo. Un vero discepolo dovrebbe cercare di mangiarlo. Il Guru sta aspettando di essere inghiottito da lui, ma la maggior parte dei discepoli è incapace di farlo perché non ha la sottigliezza necessaria e conosce solo il corpo grossolano del Guru".

"Amma", chiese uno dei devoti, "cosa intendi con cibo sottile? E cosa intendi con 'mangiare il Guru'?".

La sua risposta non tardò: "Non significa che dovreste morderlo e mangiarlo". Tutti risero, inclusa la Madre.

Quando le risate cessarono, Amma continuò: "La vera forma del Guru è qualcosa di molto lontano dal piano fisico dell'esistenza; trascende perfino la Trimurti (la triade: Brahma il creatore, Vishnu il protettore e Maheshwara il distruttore). È il Principio supremo. Bisogna sforzarsi di vedere la forma interiore del Guru, quella sottile, attraverso la sua forma fisica. Occorre una mente sottile per capire e fare l'esperienza di questa natura sottile. Bisogna cercare di giungere a questo stato mentale con la *sadhana*. Si tratta di un cibo che non si assume con la bocca, va assimilato con il cuore. Assimilare i più alti principi in cui vive il Guru significa mangiare il Guru. Se vedete solo la forma fisica del Maestro senza cercare di comprendere la sua natura interiore, finirete per trovarvi sempre in pericolo. La Madre vi racconterà una storia per spiegarvi questo punto.

Un Maestro aveva due discepoli sempre in competizione tra loro. Un giorno, mentre stava riposando, il Guru li chiamò chiedendogli di massaggiargli le gambe. Il Guru era sdraiato e i due discepoli sedettero ai suoi lati. Il primo discepolo disse: 'Ascolta, la gamba destra è mia e la sinistra è tua, ok?'. Il secondo discepolo rispose: 'Va bene, ma non invadere il mio territorio. Se devo occuparmi della gamba sinistra non intrometterti'. Il primo rispose: 'Io e la mia gamba destra non interferiremo né con te né con la tua gamba sinistra'. Iniziarono così a massaggiare. Inconsapevole di questo accordo, il povero Guru si addormentò e nel cambiare posizione mise involontariamente la gamba destra sulla sinistra. Questo bastò per far infuriare il secondo discepolo che si alzò e, avvicinandosi al suo compagno, dichiarò: 'Hai rotto l'accordo. Sposta immediatamente la tua gamba destra dalla mia gamba sinistra. Se non lo fai, vedrai chi sono e di cosa sono capace!'. A queste parole, anche il primo discepolo si alzò urlando: 'Stai zitto, sbruffone! Dai, fammi vedere cosa sai fare alla mia gamba destra! Fallo se ne hai il coraggio!'.

Entrambi afferrarono due lunghi bastoni. Il secondo discepolo si accinse a rompere la gamba destra mentre il primo era deciso a vendicarsi rompendo quella sinistra. Sentendoli litigare, il Guru si svegliò, sorpreso di vederne uno da un lato e l'altro dall'altro mentre si guardavano inviperiti e brandivano i bastoni. 'Che succede?', esclamò, 'Cosa state facendo voi due?'. Freddamente, i discepoli replicarono: 'Torna a dormire. Non sono affari tuoi. Risolviamo da soli questa faccenda'.

Questo è ciò che accade se non si cerca di vedere al di là della forma fisica del Guru. Bisogna impegnarsi fino in fondo per vedere la sua vera natura. Tale natura è qualcosa che va oltre la forma fisica. Per percepirne la natura essenziale, occorre avere perspicacia e la sottigliezza che permette di giungere a conoscere profondamente il Guru; altrimenti si potrebbe finire in una situazione simile a quella appena descritta, in cui i discepoli cercarono di spezzare le gambe del Maestro.

Possiamo affinare la mente solo attraverso la concentrazione. L'acutezza mentale è possibile solo quando si è completamente focalizzati sul principio supremo, quando tutte le onde di pensiero sono cessate. In questo stato, la mente si espande, diventa più vasta, come un cielo senza nuvole.

Il Guru è il creatore, il protettore e il distruttore, e allo stesso tempo è oltre tutto questo. Il Guru è il principio supremo che assume la forma di colui che illumina il discepolo. Piantando in lui il seme della spiritualità, lo sveglia dal sonno dell'ignoranza. Esternamente siamo svegli, ovvero dimoriamo nel comune stato di veglia in cui percepiamo gli oggetti. Siamo svegli al mondo materiale della pluralità e profondamente addormentati al mondo reale della coscienza. Da questa prospettiva, ci si potrebbe chiedere: "Come posso risvegliarmi?". Il risveglio reale è il risveglio interiore. Anche se ogni mattino ci destiamo al mondo esterno della materia, internamente dormiamo profondamente. Siamo addormentati, non svegli alla realtà interiore. Il Guru fa capire al discepolo che sta dormendo, che è nell'ignoranza. Per rimuovere qualcosa, bisogna innanzitutto sapere che esiste. Il Guru rende il discepolo consapevole della sua ignoranza e poi, attraverso le pratiche spirituali, il *Satguru* lo fa lavorare su di sé per rimuovere tale ignoranza.

Più precisamente, il Guru risveglia il discepolo dal sonno, gli fa capire che nel profondo sta dormendo e con una rigorosa disciplina spirituale risveglia la sua energia spirituale. Operando al suo fianco, rompe il guscio dell'ego del discepolo diventando il distruttore, il distruttore dell'ego.

Un grande Maestro è l'incarnazione del principio 'più sottile del sottile[4]'. Solo quando il discepolo diventa sottile tanto quanto il Guru, può realizzare la sua unità con un Maestro perfetto".

La Madre fece una pausa. Tutti potevano vedere chiaramente il suo viso mentre le sedevano intorno sotto l'albero di neem. La luna brillava nel cielo e il suo chiarore accarezzava la terra. La luna che impreziosiva quella notte era come la Madre che arricchisce di bellezza i cuori umani. In quell'atmosfera di pace, tutti sembravano assorbiti sia dalla forma della Madre che dalle sue parole. Qualcuno nel gruppo commentò: "Amma, tu sei quel Guru, Tu sei quel principio sottile".

Amma non vi prestò attenzione. Sedeva contemplando la luna. Un altro devoto le ricordò che non aveva detto nulla a proposito di "mangiare il Guru", ma lei non rispose, continuando a guardare la luna. Era in estasi poiché i suoi occhi erano fermi ed immobili. Rendendosi conto che Amma era profondamente raccolta in se stessa, i devoti rimasero tranquilli. Le occorsero alcuni minuti per scendere da quel piano.

La Madre riprese il discorso dicendo: "Mangiare il Guru significa fondersi completamente in lui. Vi dovete dissolvere. L'io o l'ego devono dissolversi e scomparire. La scomparsa del vostro piccolo sé e la totale identificazione con il Sé interiore del Guru è ciò che s'intende per 'mangiare'. Si tratta di una totale unità. Dimenticando tutto di voi stessi, il vostro intero essere deve entrare e scomparire nel suo puro essere. Ecco cosa significa 'mangiare il

---

[4] In sanscrito *Anoraniyan Mahatomahiyan*, ovvero "più sottile del più sottile, più grande del più grande".

Guru'. Questo è possibile solo attraverso l'amore, solo attraverso il cuore, non con la testa. L'amore può facilmente consumare il Guru. L'amore può facilmente consumare il vostro ego. Una volta che l'ego è stato completamente consumato dall'amore, il Guru entra in voi o voi potete semplicemente entrare in lui. Sono entrambe la stessa cosa perché a quel punto non c'è nulla che ostruisce, nulla che blocca il flusso. Questo flusso d'amore scorre in ambo i sensi e diviene un unico flusso. L'amore del Guru fluisce già costantemente, scorre e trabocca. Attraverso l'amore voi fluite in lui.

Nell'amore puro e innocente, l'innamorato ha sempre fame: vuole mangiare la sua amata. Nel puro amore c'è una fame insaziabile. Si può vedere e fare l'esperienza di questa fame intensa anche nell'amore presente nel mondo, ma nell'amore spirituale l'intensità raggiunge il suo apice. Quell'apice è il punto estremo, il limite ultimo che non ha limiti poiché questo amore abbraccia ogni cosa. Per un vero ricercatore, questo amore diventa come un incendio nella foresta perché è ancora più intenso, più divorante. Il suo intero essere arde con l'intensità di quel fuoco d'amore. In quel fuoco ardente lui stesso viene consumato e allora avviene una completa fusione.

Cosa accade quando mangiate? La digestione permette al cibo di diventare parte integrante del vostro corpo. Il cibo viene da voi assimilato interamente, diviene il vostro corpo, la vostra mente e il vostro intelletto. Allo stesso modo, il Guru è il vostro alimento spirituale. Mangiatelo, se potete. Assorbitelo. Lasciate che la sua luce e il suo amore sazino il vostro corpo, la vostra mente e il vostro intelletto. Se lo farete, allora non ci saranno più né corpo, né mente né intelletto. Diventerete amore. Il Guru sta aspettando di essere consumato. Se avete fame, ingoiatelo. Se non avete fame, digiunate per poter avere fame".

Esterrefatto da questa immagine, un devoto esclamò: "Soffrire la fame! Non stai dicendo di non mangiare, giusto? Potresti per favore spiegarti meglio?".

"Figlio, hai ragione", disse Amma, "la Madre non intende la fame fisica. Fate digiunare la mente. Smettete di alimentarla con i pensieri. Continuiamo a nutrirla con desideri e pensieri. Questa è divenuta un'abitudine e adesso la mente pensa che questo sia il cibo migliore. Bisogna perdere tale abitudine. La mente deve sapere che questo cibo provoca mal di stomaco; se non subito, più tardi. La mente deve sapere che questo cibo fatto di pensieri e di desideri è nocivo e che esiste un cibo più gustoso e salutare. Le varie pratiche spirituali sono l'alimento più delizioso e sano. Una volta che ne avete fatto l'esperienza, cominciate a nutrire la mente regolarmente con il nome divino, *japa* (ripetizione del proprio mantra), *dhyana* (meditazione) ed altre pratiche spirituali. Lentamente la fame di avere sempre più di questo cibo spirituale cresce finché diventa tremenda. Allora vorreste ingoiare Dio. Ma per farlo, dovete permettere alla mente di soffrire la fame. Smettete di nutrire la mente con pensieri e desideri terreni".

La Madre si fermò. Dopo qualche momento di silenzio, chiese a Balu di cantare un *kirtan* (canto devozionale): *Katutta Sokamam.*

Katutta Sokamam

O Madre,
non lasciare che io cada in questo fosso oscuro di dolore.
Non sono uno studioso né sono nato sotto una buona stella.

Ciò nonostante, i miei pensieri sono rivolti solo a Te.
Madre, non lanciarmi un semplice sguardo mentre Ti allontani.

Rinunciando a tutte le altre forme di felicità e ricordando Ti sempre come simbolo di purezza, recito i Tuoi Nomi divini.

Questa nascita ci è stata data
per estinguere gli errori delle vite passate.
Eterna Benevolenza,
ricordare queste Tue parole mi dà conforto.

Incarnazione della compassione,
rimuovi la mia ignoranza
e accordami un intelletto puro.

Immerso nei piaceri mondani,
Ti rivolgo infelice il mio sguardo.
Regina di tutti i mondi che doni grandezza,
accendi la lampada della visione equanime
nel mio sé più profondo.

Erano quasi le undici di sera. La Madre disse: "Figli, adesso andate tutti a dormire". Dopo essersi inchinati a lei, tutti si alzarono e si avviarono verso le loro stanze. Accompagnata da Gayatri, la Madre rimase seduta ancora per un po' sotto l'albero di neem. Appoggiò la testa sul grembo di Gayatri e restò lì in silenzio. Era quasi mezzanotte quando infine andò in camera.

Alcuni *brahmachari* e devoti capifamiglia non si coricarono subito, ma si sedettero sul letto e cominciarono a parlare delle conversazioni avute con la Madre durante il giorno. Quella discussione a tarda notte si trasformò velocemente in un litigio, poiché ognuno interpretava a modo suo le parole piene di saggezza di Amma. Poiché la discussione animata continuava, si sentì bussare alla porta. Tutti si chiesero chi potesse essere a quell'ora tarda: era quasi l'una e mezza del mattino. Pensavano che fosse il guardiano notturno oppure il custode e così aprirono la porta, convinti di trovarsi davanti il guardiano notturno. Rimasero sorpresi nel vedere la Madre con Gayatri dietro di lei! Il suo viso aveva un'espressione seria.

Passarono alcuni momenti prima che cominciasse a parlare: "Avete dimenticato così velocemente tutto ciò che Amma vi ha detto prima d'intraprendere questo viaggio? È l'una del mattino; sapete che è sbagliato parlare a voce alta a quest'ora. Non siete gli unici che stanno qui, lo sapete, ci sono molte altre persone. Perché disturbate il loro sonno facendo tutto questo rumore? È bene condividere le vostre idee sul *satsang* (discorso spirituale), ma mettersi a litigare, affermando ripetutamente che quello che avete sentito è la sola interpretazione corretta, è sbagliato, completamente sbagliato. Comportandovi così, state incoraggiando la ristrettezza mentale. Condividere idee è diverso da litigare. Nella condivisione entrambe le parti parlano e ascoltano, prendono e accettano, e questo amplia la visione delle cose, aiuta a crescere. Non vi danneggia facendolo. In una disputa, invece, si parla e non si ascolta, si esprimono le proprie idee senza accogliere quelle degli altri, anche se la loro idea è valida. Quindi vi state chiudendo, restringendo e limitando. E questo è pericoloso. Inoltre, tutto quello che la Madre ha detto deve portarvi a contemplare, non a discutere. Va praticato, non analizzato. Non dev'essere dissezionato con la vostra testa".

Dopo aver pronunciato queste parole, la Madre se ne andò. I devoti e i *brahmachari* erano pieni di rimorso per quello che avevano fatto. Senza dire altro, spensero la luce e andarono a letto, un po' amareggiati per l'accaduto.

Dopo qualche minuto, si sentì bussare di nuovo. Quasi all'unisono, tutti saltarono giù dal letto e accesero subito la luce. Aprendo la porta, videro la Madre, questa volta sorridente. "Amma non poteva restare nella sua stanza dopo aver rimproverato i suoi figli. Era agitata. Figli, siete tristi?", chiese, piena di compassione.

Tutti assieme risposero: "No Amma, per niente". Un devoto aggiunse: "Abbiamo capito il nostro errore. Non avremmo dovuto

farlo. Amma, siamo tutti figli ignoranti, tanto ignoranti!", e
cominciò a piangere.

Con grande tenerezza, Amma consolò lui e gli altri. Spezzettò
una banana verde e ne diede un pezzetto a ognuno di loro e
ancora una volta disse qualche parola di consolazione: "Figli,
non siate tristi. La Madre può agire solo per il vostro bene, fare
ciò che vi aiuta a crescere spiritualmente. Non può comportarsi
in altro modo. Sentendo di avere questa libertà con i suoi figli,
Amma non può non correggervi quando sbagliate perché pensa
che accoglierete le sue parole nel modo giusto. La Madre sente
che voi siete suoi. Figli, anche voi dovreste cercare di sentire che
lei è vostra. La mente, allora, non sarà né triste né agitata".

Tali parole erano così piene di premure e d'affetto che i devoti
e i *brahmachari* non seppero trattenere le lacrime. Quella notte,
ognuno pianse nel proprio letto, serbando nel cuore l'amore
innocente di Amma per i suoi figli. Tutti si sentirono cullati tra
le braccia della Madre.

21 aprile 1984

Alle sette del mattino seguente, l'intero gruppo partì per Marutvamala, una collina sacra. Chiamata anche la collina medicinale,
questa montagnetta è famosa per le erbe ayurvediche che vi
crescono. Gli antichi *Purana* (poemi epici) narrano che Hanuman,
il grande devoto servitore di Sri Rama, fu mandato lì per procurarsi
alcune erbe divine che avrebbero guarito Lakshmana, il devoto
fratello di Rama, ferito a Sri Lanka durante la battaglia contro
Ravana. Ravana aveva rapito Sita, la sposa di Sri Rama, e ci fu
una battaglia per salvare Sita. Ferito da una lancia scagliata da
Ravana, Lakshmana era in coma. Solo le erbe del monte Kailash
avrebbero potuto fargli riprendere conoscenza. Invece di sprecare
tempo a cercare ogni singola erba, Hanuman sradicò un tratto
della montagna e tornò in volo a Sri Lanka. Mentre svoltava

superando la punta dell'India, un pezzo della montagna cadde vicino a Kanyakumari, formando Marutvamala, la collina della medicina sacra. Oggi molti ricercatori spirituali vengono qui in pellegrinaggio per fare offerte al tempio di Hanuman in cima alla collina, disseminata anche di piccole caverne in cui vivono *sadhak* (aspiranti spirituali) che praticano *tapas*.

Nayanar Swami

A poca distanza dalla strada principale, dove inizia il sentiero che porta a Marutvamala, c'era una piccola casa abitata da un vecchio *avadhuta* il cui nome era Nayanar Swami. La Madre lo aveva incontrato tre anni prima, durante la sua prima visita a Kanyakumari.

Nayanar Swami aveva trascorso la sua vita nella stanzetta di una casa che apparteneva a una famiglia tamil di origini modeste. Si dice che non fosse mai uscito da quella camera buia, piena di sacchi, pezzi di legno e ogni genere di altri oggetti apparentemente inutili, usati per creare immagini di dei e di dee. Era un personaggio molto strano, dalle azioni incomprensibili alla maggior parte delle persone. Ciò nonostante, gli si attribuivano molti poteri divini. Nayanar Swami aveva lasciato il corpo un anno prima di questa visita. Infatti, fu proprio dopo averlo incontrato tre anni prima, che la Madre aveva predetto che lui avrebbe lasciato il corpo nel giro di due anni.

Durante quel primo incontro tra la Madre e questo *avadhuta* avvennero diverse cose interessanti. La santa Madre e un gruppo di circa venti devoti stavano tornando a Vallickavu dopo aver trascorso tre giorni a Kanyakumari. Durante quei tre giorni avevano trascorso la maggior parte del tempo partecipando a *satsang*, *bhajan* e alla meditazione sulle rocce presso la spiaggia e nel tempio di Devi vicino all'oceano. Viaggiando in un furgoncino a noleggio, il gruppo si era diretto verso nord. Dopo appena dieci chilometri, un vecchio dall'aspetto strano era balzato improvvisamente davanti al furgoncino, agitando le mani come per segnalare al veicolo di fermarsi. "Fermatevi, c'è Nayanar Swami!" aveva urlato la Madre.

Il furgoncino si era fermato e tutti si erano alzati dai loro posti. Vedendo lo *swami* entrare in una piccola casa, la Madre e tutti i suoi devoti l'avevano seguito. La Madre si era seduta di fronte a Nayanar Swami e tutti si erano radunati intorno. Lo swami *avadhuta* era elettrizzato. Aveva pronunciato parole in hindi e poi, indicando la santa Madre, aveva detto: "Kali! Kali! L'Immortale!" Mentre continuava a urlare queste parole, il *bhava* (stato d'animo) della Madre era cambiato improvvisamente.

Con la lingua in fuori, gli occhi sporgenti, produceva un suono particolare, simile a quello della lettera-seme 'Hrim', che ripeteva incessantemente. Mentre manifestava tutti questi segni, la Madre levitò. Non toccava più il pavimento! Le dita di entrambe le mani eseguivano dei *mudra* (gesti yogici) divini. La Madre stava impersonando l'aspetto feroce di Madre Kali e lo *swami* era davvero elettrizzato e deliziato.

I *brahmachari* e i devoti iniziarono a cantare un *kirtan* (canto devozionale), un po' spaventati e preoccupati nel vedere i cambiamenti inaspettati dell'aspetto della Madre. Alcune donne si misero persino a piangere. Alla fine, Amma tornò sul piano fisico della coscienza e al suo normale sé. Anche lo *swami* si acquietò. A quel punto un devoto della Madre allungò il palmo verso di lui e chiese: "*Swami*, mi concederai *brahmatvam* (lo stato di *Brahman*)? Nayanar Swami spostò con forza la mano del devoto verso la Madre e disse in hindi: "A lei, chiedi a lei. Lei è la persona giusta a cui chiederlo".

Più tardi i *brahmachari* chiesero ad Amma perché avesse manifestato lo stato divino in presenza dello *swami* e lei rispose: "Lui desiderava vederlo". Essi non sapevano cosa intendesse.

Ora, tre anni più tardi, mentre la Madre e il gruppo si allontanavano dal pulmino per risalire la collina sacra, vennero accolti dalle persone del luogo. Vedendo la Madre e i suoi devoti, la famiglia con cui viveva Nayanar Swami corse loro incontro e si prostrò. Espressero il loro desiderio di fare una fotografia con Amma e chiesero l'indirizzo dell'ashram dicendo: "Tre anni fa, quando ve ne siete andati dopo aver visitato lo *swami*, lui disse: "Sapete chi era? Lei è Kali, Bhadrakali!". Raccontarono anche che, mentre il pulmino si allontanava, lo *swami* era uscito di nuovo dalla casa ed era rimasto a fissarlo finché non era scomparso dalla sua vista. Aggiunsero che lo *swami* non era mai uscito prima di allora dalla sua stanza e non lo fece neppure dopo, eccetto quelle due volte: quando era balzato davanti al pulmino per farlo fermare e quando era uscito per guardare la Madre allontanarsi.

Uno dei devoti diede alla padrona di casa una foto di Amma e l'indirizzo dell'ashram, con grande gioia della famiglia. La Madre e il gruppo di devoti si congedarono e iniziarono a salire sulla collina.

Marutvamala era molto bella: aveva alberi ombrosi, rocce e caverne che la rendevano un luogo ideale per una vita ascetica e contemplativa. Tutti salivano la collina con grande entusiasmo, perfino le persone più anziane del gruppo arrivate con un'auto. Tutti erano così contenti di fare questo pellegrinaggio con la Madre che non avvertivano stanchezza né fatica. Di tanto in tanto Amma si voltava e chiedeva agli anziani: "Siete stanchi? Se è così, sedetevi e riposate un po'", ma loro rispondevano sempre: "No, non siamo stanchi. Quando Amma è con noi, come possiamo essere stanchi?". Era davvero sorprendente vedere come quegli anziani salissero la collina, che a tratti era piuttosto ripida.

Lungo il cammino, Amma intonò canti devozionali. Tutti si unirono a lei. Con le braccia sollevate in estasi, la Madre cantava mentre saliva la collina. Un devoto che portava sulla testa un contenitore di latta pieno di banane fritte si sedette di fronte alla Madre che distribuì il cibo a tutti. Di nuovo lei intonò il canto *Hariyude Kalil*.

Hariyude Kalil

Senza cadere ai piedi di Dio,
nessuno può spegnere il fuoco
del dolore della reincarnazione.

Senza prostrarsi per sempre al Guru,
nessuno può ottenere la beatitudine della Liberazione.
Nessuno può raggiungere il Signore
senza lasciarsi assorbire dalla recitazione del Suo nome.

Nessuno può raggiungere lo stato di Liberazione
senza fondersi nella dolcezza della devozione.
Colui che non medita, non fa japa
né altre pratiche spirituali,
non gusterà il nettare della beatitudine.

Senza virtù né compassione,
non si possono compiere buone azioni.
In questo mondo, solo Dio è l'amico del devoto,
il sostegno dell'indifeso.
Quando Dio è con noi,
come potremmo essere senza supporto?

Umiltà

Il gruppo raggiunse un luogo sulla collina in cui c'era un bel tempio e tutti si fermarono lì un po' a riposare. Due monaci del luogo andarono dalla Madre e si inchinarono di fronte a lei. Dissero che avevano sentito parlare di Amma e volevano conoscerla. Lei parlò con loro per alcuni minuti e quando se ne andarono disse: "Uno di loro è un buon *sadhak*. La Madre l'ha capito immediatamente guardandolo negli occhi. È anche molto umile".

Ricordando ai devoti l'importanza dell'umiltà nella vita spirituale, Amma continuò dicendo: "L'umiltà arriverà man mano che si progredisce nella *sadhana*. Umiltà significa vedere Dio in tutto o percepire il proprio Sé ovunque. Umiltà significa accettare la volontà del Supremo; vuol dire abbandonarsi, ovvero abbandonare la propria volontà alla volontà di Dio. Una volta abbandonata, si può solo essere umili, avendo realizzato che qualunque cosa accade nella vita, positiva o negativa, è la volontà di Dio. A quel punto tutte le reazioni scompaiono. Non ci sono più reazioni ma solo accettazione. L'umiltà può quindi anche essere vista come totale accettazione".

La Madre si alzò e disse: "Continuiamo la salita". Durante l'ascesa, la Madre condusse il canto "Shyam Radhe" al quale i devoti rispondevano con gioia "Radhe, Radhe". A volte cambiava il ritornello e cantava "Radhe, Radhe" e il gruppo rispondeva "Shyam Radhe".

Sebbene facesse molto caldo, la brezza mitigava il calore intenso. Amma continuava a cantare "Shyam, Radhe". A un tratto tacque e restò immobile: era in *samadhi* (assorbimento nel Sé o in Dio). Le mani tese verso l'alto formavano un *mudra* divino. Era perfettamente immobile. I suoi occhi erano semichiusi e un bellissimo sorriso ne illuminava il volto. A poco a poco, dopo qualche minuto ritornò al normale stato di coscienza, ma occorse del tempo prima che potesse di nuovo camminare. Il silenzio regnò per un po' di tempo: nessuno parlava.

Fu la Madre a romperlo: "Figli, non dimenticate di recitare il vostro *mantra*. Possiamo paragonare il tempo della *sadhana* allo scalare un'alta montagna: occorre molta forza ed energia. Gli scalatori usano corde per arrampicarsi. L'unica corda che voi avete è il *japa*, perciò, figli, sforzatevi di ripetere costantemente il vostro *mantra*. Una volta raggiunta la vetta, potrete rilassarvi e riposare per sempre".

Faceva sempre più caldo. Qualcuno cercò di proteggerla dai raggi del sole con un ombrello, ma lei rifiutò: "No, no. Amma non ha bisogno di un ombrello. Come può stare sotto l'ombrello quando tutti i suoi figli camminano sotto il sole? Inoltre, lei è abituata. Con la pioggia o con il sole, trascorreva ogni giorno e ogni notte fuori, all'aperto. Sugunanandan-*acchan* (padre) e Damayanti Amma erano così preoccupati che fosse all'addiaccio che costruirono un rifugio per proteggerla dalla pioggia e dal sole, ma lei non l'ha mai usato. Amma aveva fermamente deciso di sopportare il caldo e il freddo e di trascenderli. L'intensità degli ostacoli non tocca chi ricorda costantemente Dio".

Mentre il gruppo continuava l'ascesa, la Madre notò alcune persone che si rilassavano sotto alcuni alberi ombrosi. Seguì un altro suo saggio commento: "Quando sarà il momento, le foglie cadranno anche dagli alberi che fanno ombra e coloro che siedono ai loro piedi dovranno di nuovo sudare e faticare sotto il sole cocente".

Stava alludendo al fatto che solo Dio offre l'ombra eterna e che nessun rifugio terreno è permanente. Un giorno o l'altro questi rifugi temporanei si sgretoleranno, spingendo di nuovo la persona in un dolore profondo.

La Madre continuò: "Solo pochi, pochissimi fra i milioni che si sono impegnati sono arrivati alla meta. Non è certo possibile raggiungerla se ve ne dimenticate sedendo all'ombra lungo il cammino. Alcuni *sadhak* vanno dalla Madre e le chiedono il giorno, la data e perfino l'ora della loro realizzazione. Poveretti, non capiscono che pensare e rimuginare su queste cose li distrae dallo scopo. Figli, ci sono autobus diretti e autobus locali. Una volta che l'autobus diretto è partito dalla rimessa, non si ferma finché non è giunto a destinazione. È facile supporre che un autobus diretto arriverà a destinazione in orario. Invece l'autobus locale si ferma per far salire le persone ad ogni incrocio e nessuno può dire a che ora arriverà. Allo stesso modo, in alcuni *sadhak* la determinazione e l'intenzione di raggiungere l'obiettivo (*lakshya bodha*) sono così forti che li condurranno dritti alla meta. Tali *sadhak* sono come un autobus diretto e un *Satguru* può dire quando raggiungeranno l'obiettivo. Per contro, molti sono come l'autobus locale: mancano di determinazione e di *lakshya bodha* e quindi è difficile dire quando conseguiranno lo scopo. Sono come le persone che si siedono all'ombra dimenticando l'obiettivo".

Un devoto osservò: "Amma, tu stai sempre immobile, non è vero? Siamo noi che camminiamo, non è così?".

"Se Amma si ferma, tutti si fermeranno e allora non ci sarà nessuno che sale", rispose prontamente la Madre.

Tutti ebbero l'impressione che stesse spiegando che la ruota della creazione si arresterebbe se Dio smettesse di agire.

Alcuni *sannyasin* (rinuncianti) erano seduti ai lati del sentiero. La Madre chiese ai devoti capifamiglia di far loro la carità e poi disse: "Per sostenere il corpo, questi *sannyasin* hanno bisogno di cibo. Facendo loro la carità, i capifamiglia acquisiscono merito. Per vivere felicemente nel mondo, un capofamiglia ha bisogno di ottenere questo merito. Fare la carità a chi ne è degno è un modo di acquisire merito, ma un vero ricercatore spirituale si sforza di andare oltre il merito e il demerito e quindi non si preoccupa se perde o guadagna".

Infine, la Madre e tutto il gruppo raggiunsero la cima chiamata Pillattadam, un luogo particolarmente incantevole dal quale si poteva vedere l'area circostante. C'era un rifugio con una roccia naturale che fungeva da tetto e alcuni massi piatti e larghi su cui sedere comodamente. Appena sotto la cima vi era una caverna naturale occupata da un *sannyasin*.

Mentre la Madre e tutti i suoi figli sedevano sulle rocce, lei fissò l'orizzonte verso est per lungo tempo. L'atmosfera era calma e serena poiché questo luogo era completamente isolato dal mondo esterno. Un vento forte soffiava da ovest, ma dopo un po' diminuì lentamente. Sembrava che la Madre si dilettasse nel suo mondo interiore e tutto il gruppo rimase in silenzio. Dopo un po', lei cantò *Kodanukodi*.

Kodanukodi

O Verità Eterna,
l'umanità Ti cerca
da milioni di anni.

Rinunciando a tutto, gli antichi saggi
hanno intrapreso austerità per innumerevoli anni
al fine di poter unire con la meditazione
il loro sé al Tuo flusso divino.

O Inaccessibile, la Tua fiammella
che brilla come un sole sfolgorante
rimane ferma e non vacilla
neppure nell'occhio del ciclone più furioso.

Poi la Madre chiese a Balu di cantare. Egli cantò un brano che aveva composto quando era dovuto stare lontano dalla Madre per alcune settimane: *Sokamitentinu Sandhye*.

Sokamitentinu Sandhye

O tramonto, perché sei triste?
Stai anche tu vagando sulle rive
delle memorie passate?
O crepuscolo fiammeggiante,
il fuoco del dolore brucia anche dentro di te?

O tramonto, tua madre è come la mia?
Oppure hai visto mia Madre,
che, come la luna piena, irradia la bellezza
e la frescura della purezza?

O crepuscolo, se dovessi vederla, Ti prego,
porta il messaggio di questo figlio inerme
che non può parlare
per la profonda tristezza
del dolore della separazione.

O tramonto, per favore, offri
questi petali di fiori ai suoi piedi
e gentilmente dille che mi prostro umilmente a lei.
Quando torni, ti confiderò
le storie strazianti dei miei giorni passati.

Seguirono altri canti. Al termine, la Madre chiese a tutti di chiudere gli occhi e di meditare. Anche lei li chiuse, restando profondamente assorta. Molti devoti preferirono rimanere a guardarla perché la maggior parte di loro l'aveva scelta come la propria divinità prediletta. Indotti però dalle parole di Amma, tutti volsero il proprio sguardo all'interno.

Dopo aver trascorso circa un'ora in cima alla collina, la Madre iniziò a scendere. Era l'una e mezza. Non si scambiarono molte parole durante la discesa ma i *bhajan* riempivano l'aria. La Madre cantava principalmente dei *Namavali*, canti semplici in cui si recitano i nomi divini. Battendo le mani con gioia e gustando il nettare dei canti devozionali, tutti seguirono la Madre giù dalla collina.

La sofferenza dei poveri

Quando giunse ai piedi della collina, la Madre si diresse verso alcune capanne in cui vivevano delle famiglie tamil estremamente povere e trascorse un po' di tempo con ciascuna di loro. Con affetto, chiese loro come si guadagnavano da vivere, se ricevevano supporto dal governo e, in particolare, quali erano i loro problemi. La Madre sembrava molto preoccupata e riversò tanto amore e tanta compassione su queste persone, abbracciò e baciò ciascuna di loro e distribuì personalmente alcuni dolci e altro cibo.

Mentre si allontanava, disse: "Poveri figli! Amma è molto addolorata nel vedere la sofferenza di queste persone. Chi si prenderà cura di loro? La gente parla di aiutare i poveri, ma sembra che poi nessuno faccia qualcosa. Figli, le nostre sofferenze non sono nulla in confronto alle loro. Dio ci ha dato cibo, vestiti e riparo, ma questi figli non hanno nulla. Usiamo le facoltà che Dio ci ha dato con il più grande discernimento. Non dobbiamo imbrogliare il Signore usandole nel modo sbagliato. Questi figli potrebbero avere usufruito di tali doni scorrettamente nelle loro nascite precedenti ed è per questo che adesso soffrono. Ciò nonostante, è nostro dovere provare compassione per loro. Dio ha infatti creato il ricco per aiutare il povero, chi gode di buona salute per assistere l'ammalato e le persone normali per aiutare e servire coloro che hanno deficit mentali e fisici".

Un devoto chiese: "Amma, perché Dio resta in silenzio quando le persone soffrono così? Non può fare qualcosa per rimuovere la loro sofferenza?".

"Sì, Lui ha fatto qualcosa, figlio", fu la risposta della Madre, "ci ha creati, con la speranza che noi facciamo qualcosa per aiutarli. Dovremmo pensare a loro. Dovremmo cercare di sentire la loro sofferenza. Per riuscirci, sforziamoci di metterci nei loro panni. Nella nostra vita non abbiamo mai sofferto e quindi non abbiamo idea di cosa sia la sofferenza. Noi consideriamo i nostri problemi personali grandi e importanti, ma, figli, ci sono cose più importanti in questo mondo, problemi molto più grandi da risolvere. Noi, invece, siamo focalizzati solo sulle nostre difficoltà, non consideriamo quelle altrui e non proviamo compassione per chi soffre. Questo è il nostro più grande problema. Solo chi ha davvero sofferto può capire la sofferenza degli altri. Non ci siamo mai immersi profondamente per cercare le perle sul fondo del mare e non sappiamo quanto sia difficile farlo, essendo abituati a comprarle nei negozi. Ignoriamo quindi l'enorme impegno richiesto".

Il gruppo era arrivato al pulmino. La Madre fu la prima a salire. Quando tutti si furono seduti ai loro posti, Amma continuò: "Ci sono due momenti in cui la maggior parte degli esseri umani è felice o infelice: è felice quando il suo nemico o qualcuno che detesta è triste o soffre. Ed è infelice nel sapere che costui sta attraversando un buon periodo o vive felicemente. La Madre vi racconterà un aneddoto.

C'erano due vicini che erano nemici. Un giorno uno di loro andò a comprare del legno per alcuni lavori di ristrutturazione nella sua casa. Mentre stava rientrando, si rese conto che sfortunatamente le assi comprate erano marce all'interno e quindi si sentì molto triste per avere buttato via del denaro. Con questo stato d'animo uscì di casa, ma quando ritornò gongolava. Incuriosita, la moglie gli chiese: 'Perché stai ridendo così? Cos'è successo?'. L'uomo rispose: 'Come potrei non ridere? Sai, comprando le due assi marce non abbiamo perso tantissimi soldi come invece ha fatto il nostro vicino. Lui ha subito una perdita enorme, avendo acquistato venti assi dallo stesso negozio, inutilizzabili come le nostre!'". Tutti scoppiarono a ridere.

"Figli, questo è il nostro atteggiamento", disse Amma quando le risate cessarono. "Il nostro cuore non sente il dolore degli altri. Siamo contenti nel vedere i nostri vicini infelici e ci rammarichiamo quando sono contenti. Invece i *Mahatma* riflettono sia la felicità che l'infelicità degli altri e ne sono partecipi. Questa è la differenza tra i comuni mortali e un *Mahatma*: il suo cuore avverte la tristezza e la sofferenza degli altri. Il loro dolore è il suo dolore e la loro gioia, la sua gioia. Le persone comuni sono interamente centrate su di sé. Figli, sforzatevi di sentire le grida di chi soffre e di conoscerne le pene".

L'autobus si fermò di fronte alla struttura che ospitava il gruppo. Erano quasi le tre. La Madre si diresse immediatamente nella sua stanza, mentre gli altri andarono prima a pranzo e poi a riposare nelle loro camere. Due ore più tardi, si ritrovarono per andare a camminare sulla spiaggia guidati da Amma.

Tra i devoti c'era uno studioso ottantacinquenne, un'autorità nella grammatica sanscrita e nella logica. Parlava costantemente, introduceva un argomento e poi chiedeva alle persone di fargli domande a riguardo. Era molto irrequieto ed era chiaro che volesse mostrare la sua vasta conoscenza: discuteva, litigava e controbatteva. Mentre il gruppo stava per giungere in spiaggia, la Madre lo chiamò: "*Pandit mon* (figlio studioso)". Anche se si vantava di fronte agli altri, l'erudito era come un bambino di tre anni di fronte ad Amma. Aveva per lei una devozione fortissima, incrollabile. La sua età non aveva compromesso affatto la sua salute. Praticava *hatha yoga* da tantissimi anni e quindi era molto forte, allegro e atletico.

Sentendosi chiamare dalla Madre, corse verso di lei. Amma lo guardò e fece un sorriso birichino perché aveva ascoltato tutto quello che lui aveva detto. Il *pandit* si prostrò davanti a lei. Con una mano, Amma afferrò quella dell'uomo e con le dita dell'altra mano si mise a battere scherzosamente sulla sua testa pelata come se fosse un tamburo. "Figlio", disse, "hai sprecato ottanta lunghi anni con il tuo sanscrito e la tua logica. Dopo tutti questi anni di studio, dovresti cercare di andare dalla testa al cuore. È troppo tardi per te riuscire a farlo da solo e così la Madre sta cercando di accordarti, almeno intellettualmente, strimpellando sulla tua testa".

Tutti risero, tranne il *pandit*, che impallidì e rispose: "Amma, perdona la mia ignoranza". L'uomo sembrava un po' turbato. Le parole della Madre lo avevano evidentemente indotto a riflettere sulla sua vita.

Dopo aver camminato per un quarto d'ora, arrivarono in spiaggia. Amma non cominciò subito a camminare, si mise ad osservare la grande vastità del mare, e poi chiese a tutti di sedersi e meditare. Prima che iniziassero, diede le istruzioni: "Visualizzate sull'oceano un fiore di loto completamente aperto e immaginate che la vostra divinità beneamata vi sia seduta. Immaginate che vi stia guardando, vi sorrida, vi dica di avvicinarvi e vi benedica. Cercate di vedere distintamente la sua forma: gli occhi, le sopracciglia, il naso, le labbra, le guance, la fronte, i capelli, la corona, tutto. Se questo non vi piace, concentratevi semplicemente sul suono delle onde dell'oceano".

Dopo aver dato questi suggerimenti, la Madre s'immerse nella meditazione. Tutti meditavano con lei seduti di fronte all'oceano, mentre le onde continuavano ad infrangersi sulla spiaggia, creando un suono ritmico. Man mano che il bagliore del tramonto sfumava nel crepuscolo, la luce della sera divenne soffusa e i gabbiani emisero un ultimo grido per segnalare la fine del giorno.

Sadhana, abbandono di sé e amore

Tornati dalla spiaggia, la Madre e i suoi figli cantarono i *bhajan* nella sala principale della struttura che li accoglieva. Una discreta folla venne ad ascoltarla e a ricevere la sua benedizione. Alle nove, i *bhajan* e il darshan erano terminati e la Madre tornò nella sua stanza. Alcuni *sadhak* sinceri e altri devoti che desideravano incontrarla privatamente andarono da lei. Amma si sedette sulla veranda davanti alla sua stanza e li invitò a sedersi davanti a lei. Essi si inchinarono e si sedettero.

Dopo alcuni minuti di conversazione, uno dei *sadhak* fece una domanda: "Amma, come bisognerebbe svolgere la *sadhana*?".

La Madre rispose: "Figli, potete scegliere qualunque cammino preferite, non se ne può consigliare uno per tutti. La *sadhana* dovrebbe essere prescritta tenendo presente le inclinazioni e la costituzione mentale di ciascuno. È come prescrivere varie medicine a persone con malattie diverse. Non si può somministrare a tutti lo stesso farmaco: il farmaco e il suo dosaggio dipendono dal male del paziente. Lo stesso vale per la *sadhana*. Ogni persona ha una sua propria natura e quindi va guidata affinché possa progredire spiritualmente. La pratica spirituale è una medicina capace di guarire tutti i mali prodotti dalla natura dell'esistenza [5], ma se non viene prescritta correttamente, può diventare dannosa come raccomandare un farmaco inadatto.

Sono necessari *lakshya bodha* e l'impegno assieme alla pazienza. Inizialmente si può meditare su un aspetto personale di Dio, ma poi bisognerebbe andare oltre la forma. Per riuscirci, la lettura e lo studio delle Scritture non sono sufficienti, bisogna anche fermarsi a riflettere e chiedersi: 'Per quale motivo leggo, qual è il mio vero scopo nella vita e come raggiungerlo?'. Qualunque cosa stiate facendo, sforzatevi di mantenere la mente su Dio. Solo se diventiamo mentalmente maturi possiamo restare calmi anche se qualcuno ci rimprovera.

Quale cammino seguire dipende dalla disposizione spirituale ereditata dalla nascita precedente, che è la continuazione di quella ancora prima. Qualunque sia il vostro sentiero, la mente dovrebbe fluire spontaneamente in quella direzione. È necessario l'amore. Un altro modo per trovare il proprio cammino è rivolgersi a un Maestro perfetto.

---

[5] *Bhava roga*: il male dell'esistenza terrena.

Per quanto riguarda la *sadhana*, è fondamentale preservare lo spirito della pratica e svolgerla finché non si è raggiunto l'obiettivo. All'inizio il nostro sforzo è intenzionale: bisogna ricordare e praticare con estrema regolarità. Attualmente, in noi *maya* (illusione, potere illusorio) è molto più potente di Dio. Questo significa che le qualità negative sono più forti di quelle positive e, di conseguenza, vi sono più probabilità di perdere l'entusiasmo, smettere di praticare o di farlo con meno intensità rispetto alle probabilità di continuare. Dovete quindi voler perseverare nelle vostre pratiche, facendo del vostro meglio finché non diventano un atto spontaneo".

"Come giungere al completo abbandono?", fu un'altra domanda.

"*Saranagati* (completo abbandono di sé) non è qualcosa che si può insegnare a parole", spiegò la Madre, "Ne sarai capace se coltivi l'amore e la fede. Sono necessari un amore puro e innocente per Dio. La mente dovrebbe voler diventare tutt'uno con Lui.

Come l'amore, anche questo abbandono non può essere studiato o appreso dai libri, da qualcuno o all'università. L'abbandono di sé giunge man mano che aumenta l'amore. In realtà, crescono di pari passo: più amate qualcuno, più vi abbandonate a lui. Possiamo vedere questo atteggiamento perfino in una comune relazione amorosa tra un uomo e una donna, in cui gli innamorati rinunciano reciprocamente ai propri desideri e volontà man mano che l'amore tra di loro cresce in pienezza. I desideri di lui diventano quelli di lei e viceversa. Abbandonarsi non è altro che rinunciare alla propria individualità, mettere da parte ciò che può piacere o non piacere per uno scopo più alto. Perfino nell'amore comune, sia l'innamorato che l'innamorata rinunciano alle proprie attrazioni e avversioni, ovvero alla loro individualità, per il loro amore. Nella spiritualità, l'aspirante rinuncia a tutto ciò che ha per il Principio supremo, Dio. Tutto quello che può rivendicare come proprio, tutti gli attaccamenti e le avversioni che ha sono il prodotto dell'ego; un altro loro nome è *vasana* o tendenze accumulate. Tutto ciò che accampiamo come nostro non appartiene di fatto a noi perché non è in nostro controllo. La reputazione, la fama, la posizione, la nostra casa, moglie, marito, figli – nulla di tutto questo potrà rimanere con noi per sempre. Adesso potremmo avere tutte queste cose, ma chi sa cosa accadrà tra un momento? Ma non è così con le tendenze accumulate, con l'ego. L'ego appartiene a noi. Nessun altro può rivendicarlo come suo. Il vero abbandono di sé, quindi, è abbandonare o deporre il proprio ego ai piedi del Sé Supremo".

A quella risposta seguì un'altra domanda: "Amma, hai detto che non è possibile apprendere l'amore all'università o leggendo dei libri, ma noi traiamo ispirazione leggendo o sentendo parlare dell'Amore divino, non è così?".

"È vero", rispose la Madre, "ma se osservate più attentamente, vi accorgete che chi si sente ispirato dopo aver letto o sentito parlare dell'Amore divino, dimentica velocemente la cosa e può facilmente provare l'opposto, se provocato. Puoi immergerti in questo sentimento di Amore divino? Sei capace di mantenere viva questa ispirazione nel tuo cuore? Se sì, allora quello che dici è corretto, ma nella maggior parte dei casi è vero l'opposto. Le persone leggono, si sentono ispirate, e poi dimenticano. Amma non sta insinuando che leggere e ascoltare chi parla dell'Amore divino non abbia importanza. No. Quello che intende dire è che leggere ci fornisce una comprensione intellettuale dell'amore, ma l'amore non appartiene all'intelletto. L'amore è nel cuore, non è associato alla logica, ma alla fede. L'amore è religione, la logica è scienza. L'amore unisce, la logica taglia e divide. L'amore è unità, la logica molteplicità. L'amore è profondo, la logica superficiale. Si può insegnare la logica perché ha a che fare con la testa, mentre l'amore non può essere insegnato perché è il linguaggio del cuore.

Questo linguaggio non può essere espresso attraverso le parole, è un sentimento spontaneo. Si può esprimere qualcosa che riguarda l'intelletto verbalmente, ma i sentimenti del cuore non possono essere tradotti in parole. Chiedete a un innamorato: 'Quanto ami la tua innamorata?' e lui risponderà: 'Tantissimo!', o forse dirà: 'L'amo con tutto il cuore, con tutta l'anima'. Quale sentimento ti suscita tale affermazione? Nessuno".

Di nuovo le posero un'altra domanda: "Amma, come sviluppare allora amore?".

"Figlio", disse la Madre, "per sviluppare amore bisognerebbe trovarsi in un ambiente favorevole alla sua crescita. Vivere alla presenza di un Maestro perfetto è il modo migliore per svilupparlo. Il Guru ti aiuta creando le circostanze che riempiranno d'amore il tuo cuore. Tali circostanze non sono solo esterne, ma anche interne. Il Maestro le crea entrambe, lavora direttamente sulle tue *vasana*, che sono l'ostacolo principale sul sentiero dell'amore. Attraverso queste situazioni, il Guru inizia con l'attrarre e legare a sé il discepolo e poi, una volta che si accorge che il discepolo prova un completo attaccamento per lui, passa ad eliminarne l'ego. Il Maestro crea così situazioni che lavorano sia sull'ego sottile che su quello grossolano. Una volta eliminato il guscio dell'ego, l'interno è vuoto. Tutte le vecchie cose sono state smantellate e adesso l'amore può riempirti. Rimuovere ciò che è vecchio e riempire con il nuovo avviene simultaneamente.

Le circostanze create dal Guru sono così potenti, così preziose e incantevoli, che il discepolo comincia a fare tesoro e a serbare ogni momento che trascorre con lui e inizia ad amare il Maestro con il corpo, la mente e l'intelletto. Questo amore fluisce sia verso la forma fisica del Guru che verso quella spirituale. Quando il discepolo capisce che il suo Guru è la stessa coscienza che splende all'interno e attraverso tutti gli oggetti, comincia ad avere amore per ogni cosa.

Le parole e le azioni del Maestro sono piene di bellezza. Attraverso queste parole ed azioni incantevoli, il Guru crea momenti ed eventi memorabili nella vita del discepolo. L'amore del Maestro strega il discepolo, il cui desiderio di amare e di essere amato dal Guru diventa simile a una fiamma viva. Il Guru rimuove gradualmente il desiderio del discepolo di essere amato *da* lui inducendolo a coltivare, a tempo debito, il desiderio di essere *al* suo servizio per amore. Di nuovo, per fargli capire che non è il corpo ma il Sé onnipervadente, il Maestro produce situazioni che portano il discepolo a vederlo in ogni cosa e a servirlo con ogni sua azione. Affinché questo amore possa realizzarsi, il discepolo deve svuotare la mente da ogni desiderio. Questo è il motivo per cui i Maestri perfetti sottolineano ripetutamente l'importanza della *sadhana*".

Preso dall'entusiasmo, uno dei *brahmachari* presenti urlò: "Questo è proprio quello che Amma fa con noi!". Tutti apprezzarono la spontaneità e l'innocenza del suo commento e si volsero verso di lui sorridendo. "Sapete", rispose Amma, "i figli che sono qui erano sopraffatti dall'*Amma bhrant* (brama della Madre) quando l'hanno incontrata. Ma Amma si chiede sempre perché questi figli siano così pazzi per questa 'folle Kali'". Un devoto rispose: "Amma, è questa 'follia' che ci attrae e ci lega a te".

Poiché erano quasi le dieci e mezza di sera, la Madre si alzò. Tutti i presenti si prostrarono a lei. Dopo aver espresso il suo amore e affetto ai *sadhak* e agli altri visitatori, si diresse da sola verso l'albero di neem.

In direzione dell'albero, si poteva sentire la Madre cantare *Ennude Jivita*.

Ennude Jivita

Madre, la mia barca
sta per affondare
nell'oceano di questo mondo.
L'uragano dell'illusione
infuria violento da ogni lato.

Maldestro è il mio timoniere, la mente,
Ribelli i miei sei rematori, le passioni.
Ho fatto salpare la mia barca
con un vento impetuoso
e ora sta per affondare.

Il timone della devozione si è spezzato.
La vela della fede è a brandelli.
Torrenti d'acqua si riversano sulla mia barca.

Dimmi, cosa devo fare?
Ahimè! Con questi deboli occhi
vedo solo buio attorno a me.
Nuoterò qui, tra queste onde,
o Madre, aggrappato alla zattera del Tuo Nome.

Sembrava che la Madre stesse camminando mentre cantava. La notte era fresca e la presenza della sua voce melodiosa e incalzante riempiva l'aria. Alcuni ospiti del centro uscirono dalle loro stanze per vedere chi stesse cantando e rimasero sulla veranda delle loro camere ad ascoltare il canto ispirante di Amma. Quando terminò, ci fu una pausa, ma la vibrazione spirituale che aveva creato era così potente che nessuno si accorse che in effetti era finito, tanto erano stati presi dall'incanto.

Poi la Madre si librò fino a raggiungere le vette dell'ebbrezza spirituale. Dalle loro verande, i devoti e i *brahmachari* potevano sentirla ridere. Era come se fosse così lontana, oltre i sentimenti umani, che gli unici suoni che poteva emettere erano queste risa delicate. La sua beatitudine era talmente traboccante e incontrollabile che il canto si arrestò spontaneamente quando era solo a metà.

La Madre era sotto l'albero di neem con Gayatri e Kunjumol[6], due delle discepole più anziane e vicine che si prendevano cura dei suoi bisogni personali, in particolare in momenti come questo, quando si dimenticava completamente del suo corpo. Come ebbra, la Madre vagava con passi vacillanti. Gayatri e Kunjumol la seguivano da vicino per evitare che cadesse o inciampasse.

Trascorse così mezz'ora. Poi, mentre Gayatri e Kunjumol la tenevano per le mani e la guidavano, venne accompagnata nella sua stanza. Presto anche i *brahmachari* e tutti i devoti rientrarono in camera. L'ultimo giorno di visita a Kanyakumari giunse così al termine. Il giorno successivo il gruppo ripartì per l'ashram cantando *bhajan* nel pulmino e vi arrivò alle due del pomeriggio.

---

[6] Pronunciato 'Kunyumol', significa "piccola figlia".

Capitolo 3

Il lavoro come lode a Dio

25 aprile 1984

Quel giorno, tutti i residenti e alcuni visitatori devoti erano occupati a pulire il terreno dell'ashram fin dalle nove del mattino. Inutile dire che anche la Madre era presente e, come gli altri, trasportava la sabbia e i mattoni, spazzava, raccoglieva la spazzatura e puliva gli scarichi intasati. Qualunque lavoro facessero i suoi figli, lo faceva anche lei. La sua presenza infondeva vigore ed entusiasmo a tutti quelli che partecipavano.

A un certo punto, quando alcuni si misero a chiacchierare, la Madre li ammonì dicendo: "Non parlate. Questo non è un semplice lavoro fisico, ma spirituale, un lavoro che Dio vi ha affidato. Anche se non ricevete denaro compiendolo, Dio vi ripaga effondendo la Sua grazia. Per poterla ricevere, bisogna ricordarLo mentre lavoriamo. Quel 'Vecchio' è spilorcio e non darà nulla a chi è pigro. È molto egoista e non si cura di quelli che non pensano a Lui. Dovete compiacerLo, pregarLo e adorarLo. Adora essere lodato e non si sveglierà a meno che non Lo preghiate. La preghiera che però ama non è una preghiera comune, non è come quando vi complimentate con qualcuno o qualcuno si complimenta con voi. Quando elogiate una persona, lo fate perché desiderate piacerle, e quindi l'ego è presente, e quando qualcuno vi loda, il vostro ego si gonfia.

Quando l'ego è presente, vi allontanate da Dio e la distanza tra voi e Lui aumenta. Cantare le Sue glorie, invece, vi avvicina a Lui, vi avvicina al vostro vero Sé. Lodando il Signore, diventate innocenti e puri perché glorificandoLo non glorificate un'altra

75

persona ma il vostro vero Sé. Non c'è nessun'altra 'persona' da glorificare. Dio non accetta né rifiuta le vostre lodi perché non c'è nessuno ad accettarle o rifiutarle. Il puro Sé, l'Assoluto, è privo di nome e di forma. La forma a cui vi rivolgete e le preghiere che innalzate sono per il vostro beneficio personale e quindi nel magnificare la gloria di Dio state magnificando il Sé o l'*Atman*, che non è diverso dalla vostra vera natura.

Per dimenticare di essere colui che agisce ed andare oltre l'atteggiamento di 'io compio il lavoro e desidero i suoi frutti', dovremmo elevare la mente rivolgendola al Principio Supremo. Non parlate mentre lavorate. Parlare non ci aiuterà a pensare a Dio né a svolgere meglio il nostro compito, ma sarà solo uno spreco di tempo e di energia. Invece di parlare, recitate il nome divino: in tal modo potrete mettere a tacere il chiacchierio interiore. Glorificare o pregare Dio è infatti il processo di risveglio del vostro Sé interiore.

Di nuovo, quando lodate qualcuno o quando qualcuno vi loda, il vostro o il suo ego si gonfia, ma nel pregare Dio, il vostro ego si sgonfia fino a sparire. Poiché Dio trascende ogni cosa, nulla può toccarLo. Dio rimane com'è".

Come trasognati, tutti smisero di lavorare e si diressero verso Amma che, mentre parlava, continuava a spazzare per terra. Mentre tutti i devoti avevano dimenticato il loro lavoro, la Madre era così intenta a pulire da non avere nemmeno notato la folla intorno a sé. Improvvisamente sollevò lo sguardo e, vedendoli, esclamò: "Ehi, cosa fate qui? Andate a lavorare, fannulloni!". Un devoto disse: "Amma, le tue parole piene di nettare ci hanno impigriti".

Senza prestare molta attenzione a questo commento, la Madre disse: "Su figli, cantiamo insieme mentre lavoriamo" e intonò il canto *Thirukathukal Padam Nan*.

Thirukathukal Padam Nan

Lascia che canti la gloria
delle Tue azioni divine.
Esaudisci questo mio desiderio:
quando canto le Tue glorie,
Ti prego, vieni nel mio cuore.

Rimuovi la cattiva sorte, dea Durga.
O Kali, ogni giorno prego di poter vedere la Tua forma.
Non so come meditare
e la mia musica manca di melodia.

Abbi pietà di me,
lascia che m'immerga nella beatitudine,
o Essenza dei Veda.

E poi un altro

Chitta Vrindavanam

Il suono melodioso del flauto
sta sgorgando dalla Vrindavan della mia mente.
O Signore che risiedi come coscienza
nel santuario del mio cuore,
o dolce amante della musica del flauto,
Signore del mondo, figlio di Yadu.

I pavoni della mente pura
danzano eternamente al Suo servizio.
Nell'udire il suono incantevole di quel flauto
sono stato rapito,
immerso in una profonda meditazione
su Colui che trova diletto nel suonare il flauto.

Tutti traboccavano di gioia. Dimentichi del mondo esterno e perfino di se stessi, i devoti lavoravano e cantavano le glorie di

Dio. Era evidente che la loro mente era interamente concentrata sulla Madre che guidava il canto. Questa scena mostra in modo esemplare il vero *karma yoga*: lavorare senza aspettarsi nulla, la mente fissa nel Divino.

Al termine dei canti, la Madre gridò: "*Hari Bol!*" (che più o meno significa Lode a Dio!). L'attimo dopo lasciò cadere la ramazza e si mise a correre esclamando ad alta voce: "Figli, continuate a lavorare! Amma tornerà presto", ma non appena partì, i devoti si sentirono svuotati di ogni vitalità e si bloccarono. Come se sapesse che avevano smesso, la Madre si volse dopo qualche passo e disse: "Non preoccupatevi, Amma tornerà tra pochi minuti. Dovremmo cercare di completare questo lavoro prima di pranzo. Su, su, adesso continuate".

Rassicurati dalla Madre che sarebbe tornata presto, tutti contenti ripresero la loro attività con lo stesso entusiasmo di prima. Difatti, dopo mezz'ora Amma tornò con in mano un secchio pieno di caffè zuccherato e un pacchetto di rondelle di banana fritta.

Li posò accanto a chi stava lavorando e dopo avere chiesto a qualcuno di portare dei bicchieri, chiamò tutti i suoi figli e cominciò a servire tutti i residenti e i devoti. Per essere certa che ognuno avesse avuto la sua parte, li chiamò uno per uno chiedendo: "Figlio", oppure "Figlia", "ne hai avuto?". Un devoto domandò: "Amma, tu non ne prendi?". "La Madre è sazia quando vede i suoi figli mangiare e bere", rispose lei.

C'era ancora un po' di lavoro da compiere: bisognava trasportare un mucchio di sabbia per livellare una zona in cui il terreno era più basso. La Madre si alzò e, senza chiamare nessuno, camminò verso il mucchio di sabbia portando con sé una pala e un secchio. A quella vista, i devoti e i *brahmachari* balzarono in piedi e corsero verso il mucchio di sabbia, dicendo: "Amma, no, no, lo facciamo noi", ma lei non vi badò. Ignorandoli, cominciò a riempire di sabbia il secchio, poi se lo mise sulla testa e si diresse verso l'avvallamento. I devoti seguirono l'esempio e dopo pochi minuti il lavoro fu completato. A quel punto la Madre andò nella sua stanza e i devoti furono liberi di andare a lavarsi e darsi una sistemata.

Amma scese di nuovo alle tre del pomeriggio e si sedette di fronte alla sala della meditazione. I devoti e i *brahmachari* residenti le si radunarono attorno, ma poiché non c'era spazio a sedere per tutti, Amma si spostò nella capanna del darshan. Vedendo che alcuni *brahmachari* avevano occupato un posto accanto a lei, disse: "Lasciate che qui siedano i padri di famiglia. Andate in fondo. Voi vivete qui e avete sempre occasione di vedere la Madre, ma questi figli hanno tale possibilità solo una volta ogni tanto". I *brahmachari* obbedirono immediatamente facendo spazio affinché i padri di famiglia si sedessero vicino a lei.

Amma cominciò a dare il darshan ricevendo i devoti arrivati quel giorno e chiese ai *brahmachari* di cantare. Essi cantarono accompagnati dall'armonium e dai tabla.

Nell'ascoltare un *bhajan*, la Madre entrò in *samadhi*, e al devoto che si stava avvicinando per il darshan fu chiesto di spostarsi di lato. La Madre era chiaramente in estasi, trasportata in un altro mondo. La mano destra formava un *mudra* divino ed era a mezz'aria, mentre l'altra poggiava sul petto. Il suo viso splendeva mentre sedeva immobile come una statua, distante e tuttavia misteriosamente vicina.

Brahmachari Pai recitò alcuni *sloka* (versi) tratti dal *Devi Mahatmyam*, un testo sanscrito in lode alla Madre Divina.

> *A quell'Ambika*
> *degna di essere adorata da tutti i deva e i saggi,*
> *che pervade questo mondo con il Suo potere*
> *e che è l'Incarnazione di tutti i poteri propri*
> *delle schiere dei deva, ci prostriamo con devozione.*

Possa concederci tutto ciò che è di buon auspicio.
O Devi, ci prostriamo a Te,
che sei la buona sorte
nelle dimore dei virtuosi,
e la mala sorte in quelle degli empi.

Sei l'intelligenza nei cuori degli eruditi,
la fede nei cuori dei buoni
e la modestia nei cuori dei nobili di nascita.
Possa Tu proteggere l'universo!

Immersi nella devozione e inondati dal potere spirituale della Madre, i devoti fremevano trepidanti, gli occhi fissi sul suo volto radioso. Dopo circa quindici minuti, Amma riprese conoscenza e aprì gli occhi esclamando "Shiva, Shiva...", mentre creava cerchi con la mano destra, un gesto familiare ai devoti, eppure incomprensibile.

Una famiglia in difficoltà

Il darshan riprese e la Madre continuò a ricevere e a benedire ognuno individualmente. Poco dopo, entrò nella capanna un gruppo di persone. Appena entrarono, fu piuttosto evidente che si trattava di una famiglia. Senza prendere in considerazione chi era il primo nella fila per il darshan, la Madre invitò questa famiglia ad andare subito da lei. Sembravano tutti molto tristi. Mentre stava andando verso Amma, una delle due ragazze piangeva in maniera incontrollabile. "Figlia mia, non piangere," le disse Amma, "non affliggerti per quanto è successo. Datti pace. Dopotutto le fiamme non hanno distrutto tutta la casa. Un grande pericolo che avrebbe potuto colpirvi è stato soppiantato da uno minore. Inoltre, non l'hai fatto di proposito".

Alle parole della Madre, i membri della famiglia si guardarono tra di loro stupiti. Era piuttosto chiaro che, ancora prima che gliene parlassero, lei si stesse riferendo al tragico incidente che era capitato loro. Tenendo in grembo la ragazza che piangeva, la Madre cercò di consolarli dicendo: "Figli, quello che è successo è successo. È passato. Il passato è passato e non c'è più. Non tornerà mai più. Anche se vi preoccupate, tutto quello che è perso non ritornerà. Abbiate fiducia, coraggio, e non perdete l'equilibrio mentale. Se li perdete, perdete tutto. Se però mantenete il controllo di voi stessi, la Madre vi dice che nulla è davvero perso". Mentre parlava, Amma strofinava la schiena dell'uomo che sembrava essere il padre, inginocchiato davanti a lei, con il capo sul suo grembo.

Guardandola con questi devoti, sembrava che la Madre fosse più dispiaciuta per i loro problemi di quanto non lo fossero i membri della famiglia. Esprimendo la sua solidarietà e preoccupazione materna per il loro dolore, li stava chiaramente aiutando a superare la loro sofferenza mentale e lentamente essi si calmarono. "Tu sei onnipotente e onnisciente. Amma, ti prego, salvaci da questo grande dolore", supplicò il padre. Poi la famiglia si sedette intorno alla Madre ed ebbe una lunga conversazione con lei. La Madre confortò e accarezzò nuovamente ciascuno di loro. Mentre gli porgeva il *prasad*, li assicurò dicendo che sarebbe andato tutto bene. "Non preoccupatevi. Il matrimonio si farà sicuramente". Quando se ne andarono, non solo sembravano sollevati e rilassati, ma addirittura felici.

Dopo la loro partenza, Amma si volse verso la prima persona in fila per il darshan. Sorridendo a questo uomo, gli disse: "Figlio, non pensare male di Dio né di nessuno. Non ti devi arrabbiare senza sapere e avere capito il motivo e il vero scopo dietro un'azione. La collera chiuderà il tuo cuore, lo spazio in cui dovrebbe dimorare Dio. Arrabbiandoti, sbatti la porta del tuo cuore in faccia a Dio. Figlio, non farlo. Quei figli stanno attraversando un periodo molto difficile ed è per questo che Amma li ha chiamati prima di te".

Amma raccontò poi il motivo del profondo dolore di quella famiglia. Qualche giorno prima, i genitori delle due ragazze erano usciti per occuparsi di alcune questioni legate al matrimonio della figlia maggiore. Entrambe le ragazze erano in casa e la più giovane voleva prendere qualcosa dal comò in legno situato nella camera dei genitori. La camera era piuttosto buia e poiché non c'era la corrente aveva preso la lampada a cherosene e aperto il comò con la lampada in mano. Mentre cercava quello che le serviva, la lampada si era rovesciata, era caduta nel cassettone e il cherosene si era sparso su tutto ciò che conteneva. Sfortunatamente, i genitori tenevano anche i vestiti e tutte le cose di valore nel comò. Imbevuti di cherosene, i vestiti avevano preso fuoco. La ragazza era in stato di shock. Urlando, era corsa fuori dalla stanza. Lei e la sorella maggiore, la futura sposa, si erano messe a gridare a squarciagola e, nel sentire le grida, i vicini erano arrivati correndo. Erano riusciti a spegnere il fuoco ma non prima che il comò fosse completamente distrutto dalle fiamme. Il fuoco aveva bruciato parte della camera, ma fortunatamente non si era diffuso in nessun'altra zona della casa.

I genitori erano costernati perché tutti i soldi messi da parte per il matrimonio della figlia si trovavano nel cassettone. Poiché il matrimonio era previsto per quel mese, proprio il giorno prima avevano prelevato dalla banca la somma necessaria per la dote ed altre spese. Ora avevano perso tutto il denaro. A peggiorare le cose, quando i genitori dello sposo avevano saputo dell'incendio, si erano opposti alle nozze perché consideravano l'incendio un cattivo presagio. Quindi, l'intera famiglia era affranta dal dolore.

Per tutto il tempo in cui la Madre raccontò la storia della famiglia, il giovane ammonito era rimasto seduto con il capo chino senza dire una parola. Alla fine alzò la testa e in tono di scuse disse: "Mi dispiace Amma. Per favore, perdonami. Non solo sono un ignorante, ma anche uno sciocco, per avere pensato che la Madre potesse avere delle attenzioni speciali per qualcuno senza un particolare motivo. Ho anche pensato di poterti nascondere i miei pensieri, ma mi hai scoperto. Perdonami Amma, perdonami". Era molto dispiaciuto perché, quando la Madre aveva chiamato la famiglia invece di lui che era primo nella fila del darshan, aveva provato molta rabbia verso la Madre. Gli sembrava che fosse ingiusta, che avesse dei favoritismi verso quella famiglia. "È il mio turno per il darshan. Come può Amma chiamarli ignorandomi? Sto aspettando in fila da tanto tempo e loro sono appena arrivati. Amma non è imparziale".

Più tardi si venne a sapere che le parole rivolte da Amma a quella famiglia si erano avverate. Anche se i genitori dello sposo erano contrari al matrimonio per via dell'incendio, ritenuto un cattivo presagio, il giovane amava così tanto la promessa sposa che insistette per sposarla nonostante l'incendio. Non pensava infatti che l'accaduto fosse un brutto segno. Credeva così tanto in quel matrimonio che aveva persino minacciato di restare celibe per sempre se i genitori non gli avessero dato il consenso. Fu talmente irremovibile che alla fine i genitori cedettero.

Tuttavia, anche se questa questione era stata risolta, la famiglia della sposa aveva ancora il problema dei soldi. L'intera famiglia continuava a pregare la Madre. Quasi il 75% della cifra persa era destinata alla dote richiesta dai genitori dello sposo, secondo la tradizione. Passavano i giorni senza che accadesse qualcosa di nuovo. I genitori della ragazza erano molto preoccupati perché il loro denaro bastava a coprire solo le spese per i primi preparativi.

Tre giorni prima delle nozze, un amico della famiglia dello sposo portò una lettera firmata dallo sposo e dai suoi genitori in cui si dichiarava che lo sposo era fortemente contrario alla tradizione della dote e che i suoi genitori avevano agito segretamente, a sua insaputa. Quando l'aveva scoperto, si era infuriato per non essere stato consultato su questa faccenda. Rendendosi conto della ferma decisione del figlio riguardo a questo matrimonio, i genitori non solo avevano rinunciato all'idea della dote, ma offerto qualsiasi aiuto necessario, economico o di altra natura, affinché le nozze avessero luogo felicemente e senza intoppi nel giorno stabilito. Tutti questi cambiamenti miracolosi avvennero dopo che la famiglia della ragazza era andata dalla Madre. Nel frattempo, dopo che Amma aveva avvertito di come la collera possa chiudere il cuore a Dio, il darshan riprese mentre i *brahmachari* cantavano.

Il darshan terminò intorno alle cinque. Amma uscì dalla capanna e si sedette sulla veranda di fronte alla sala della meditazione. Poiché l'orario per la meditazione era dalle 4:30 alle 6 del pomeriggio, la Madre guardò dentro la sala e vedendo che c'erano solo alcuni *brahmachari* chiese: "Dove sono gli altri?".

Un ritardatario stava proprio fuori dalla porta, sperando di riuscire ad entrare senza che lei lo notasse. Mentre cercava di intrufolarsi, la Madre si alzò all'improvviso dal posto in cui era seduta e camminò verso la porta. Guardandolo con serietà, disse: "Non sai che la meditazione inizia alle 4:30?". Lui provò a rispondere: "Sì, Amma, ma...". La Madre lo interruppe: "Non ci sono 'ma'. Se la meditazione inizia alle 4:30 devi arrivare in tempo, a meno che tu non stia svolgendo altri lavori importanti. Dov'eri? Cosa stavi facendo?". Il *brahmachari* rispose esitante: "Stavo leggendo e mi sono addormentato". La risposta della Madre arrivò veloce: "Ehi, cosa stai dicendo? In quanto *brahmachari*, non ti vergogni di dire che ti sei addormentato mentre leggevi un libro? Questo mostra una mancanza di consapevolezza. Non sei vigile. Se non riesci a leggere senza addormentarti, come puoi sperare di meditare? La meditazione richiede molta attenzione! Se sei vigile, puoi stare sveglio anche se non dormi da giorni".

Sopraffatto dall'espressione e dal tono serio della Madre, il *brahmachari* era un po' spaventato. Rendendosene conto, Amma scoppiò a ridere, lo chiamò a sé e gli diede una leggera pacca sulla spalla, ribadendo però quello che gli aveva detto: "Hai paura di tua Madre? Era solo uno scherzo. Non pensare che Amma sia arrabbiata con te, figlio. Tuttavia dovresti cercare di osservare il programma che include la meditazione, il *japa* e le pratiche di yoga. È molto importante. Per un *sadhak*, la disciplina è necessaria. Se non consideriamo importante la disciplina, non prenderemo sul serio la vita spirituale".

La Madre si sedette a meditare con i *brahmachari* per un po'. Spesso lo fa per ispirarli e anche per osservarli. In queste occasioni, tiene sempre in mano alcuni sassolini: ogni volta che vede un *brahmachari* sonnecchiare o perdere la concentrazione, gliene lancia uno e dice qualcosa che lo aiuti a recuperare la concentrazione.

La santa Madre ritornò nella sua stanza intorno alle 17:30 e un'ora dopo uscì di nuovo per i *bhajan* serali. Il suo canto estatico riempiva l'atmosfera.

Ambike Devi Jagan Nayike Namaskaram

O Madre, Dea dell'universo, mi prostro a Te.
O dispensatrice di felicità, mi prostro a Te
la cui forma è la pace. Sei onnipresente,
sei la Maha Maya, la Grande Illusione,
e non hai inizio né fine.

Mi prostro a Te, la cui forma è il Sé.
L'intelligenza, la conoscenza e la parola sono Tue
manifestazioni.
Sei Tu, Devi, che governi la mente.

Amma intonò un canto dopo l'altro, creando un crescendo d'intensa devozione. Tutti i cuori si aprirono senza alcuno sforzo ed avvertirono una grande ondata di grazia divina. Nessuno riuscì a resisterle, tanto grande era il potere creato dal suo canto. Amma stessa permise al canto di portarla al culmine. Come una barca che ha perso il controllo e viene sballottata con forza dalle onde, la Madre permise all'estasi del canto del nome divino di portarla ovunque volesse. Il torrente della devozione tracimò quando lei cantò *Devi Saranam Saranam Amme*.

Devi Saranam Saranam Amme

Donami rifugio, o Dea,
donami rifugio, Madre!
Gli esseri celesti esaltano la Tua forma divina.
Omaggi a Te, la suprema Energia primordiale.

Omaggi alla Madre che è la fonte di ogni prosperità
ed esaudisce ogni desiderio,
la perfezione stessa e l'origine della Natura.
Sei la causa della creazione, della conservazione
e della dissoluzione dell'universo.

Distruttrice dei malvagi,
mi prostro ai Tuoi piedi,
che sono la forma della pura Esistenza
e della pura Coscienza.

Ad un certo punto la Madre smise di cantare, si alzò e cominciò a danzare inebriata con entrambe le mani sollevate a mezz'aria. Le dita formavano un *mudra* divino. Un bellissimo sorriso illuminava il suo viso e di tanto in tanto Amma scoppiava in una risata misteriosa.

Tutti continuavano a cantare, bevendo il nettare della pura devozione, affascinati dai movimenti aggraziati della Madre che scivolava leggera sul pavimento nella sua danza di estasi divina. A poco a poco la danza terminò, ma Amma continuò ad ondeggiare avanti e indietro a ritmo di musica finché non si sdraiò sul pavimento di cemento. Anche i canti cessarono e regnò un silenzio assoluto, un silenzio bellissimo e profondo, e i presenti scivolarono con facilità in meditazione, sperimentando una concentrazione molto potente.

Passò più di un'ora prima che Amma tornasse al normale stato di coscienza. Tenendo le mani sulle spalle di Gayatri, si diresse verso la sua stanza lasciando tutti in questo stato d'animo elevato. Nessuno voleva guastare il sentimento d'amore divino e la concentrazione che stava provando, nemmeno dopo la partenza della Madre. La maggior parte dei devoti e dei residenti restò a meditare nel tempio e nel portico del tempio. Alcuni *brahmachari* andarono nella sala di meditazione. Nessuno si preoccupò di cenare prima delle 23:45.

Ogni momento con la santa Madre è un'occasione per imparare ad amare, per impregnarsi e vivere nell'amore. Cantare con lei offre la rara opportunità di fare l'esperienza del Divino dentro di noi, dell'amore puro e innocente che è in noi.

Capitolo 4

Quel mattino la Madre iniziò a ricevere i devoti nella capanna del darshan verso le undici. Poiché era giorno di Devi Bhava, c'era molta gente. Una devota stava cantando un incantevole *bhajan* sulla bellezza di Krishna. La prima metà del canto tradizionale descriveva le marachelle della Sua infanzia, come rubava il burro e il latte dalle case delle *gopi* (pastorelle) per poi condividerlo con i Suoi amici. Il *bhajan* proseguiva raccontando di quando un giorno la madre Yashoda legò Krishna a un grande mortaio sperando di tenerLo lontano dai guai e di come Lui non smise di combinarne trascinandoselo dietro. Mentre continuava a dare il darshan, Amma rideva e si godeva il canto, facendo dei commenti di tanto in tanto. Ad un certo punto disse: "Che ladruncolo! Con quanta abilità ha saputo conquistare il cuore di ogni persona! Che birbante! Era un bravo ladro, un ladro che ha rubato tutto da tutti, ma per uno scopo più alto".

La donna cantava con estrema devozione. Dopo aver narrato i giochi d'infanzia di Krishna, descrisse la bellezza del Suo aspetto. La seconda metà del canto raccontava l'amore di Radha, lo struggimento del suo cuore e infine il dolore straziante che provò quando Krishna lasciò Brindavan.

Sebbene avesse un devoto in grembo, la Madre divenne perfettamente immobile mentre era assorbita dal canto. Improvvisamente iniziò a gridare: "Krishna! Krishna!" per lungo tempo. La sua testa era rovesciata all'indietro e gli occhi semichiusi erano rivolti verso l'alto. Un *brahmachari* chiese al devoto di spostarsi di lato. Infine, la Madre smise di chiamare il nome di Krishna ed entrò in un profondo stato di *samadhi*, la mano destra con il *mudra* divino mostrato solitamente durante il Krishna Bhava. Il grido culminò in un sorriso di beatitudine che la faceva apparire molto simile a com'era durante il Krishna Bhava. Aveva gli occhi semichiusi e il viso illuminato da una luce indescrivibile. I devoti presenti erano elettrizzati e quasi tutti scivolarono in profonda meditazione o versarono lacrime d'amore e di beatitudine. Tutti sentivano che Amma era completamente identificata con Krishna e poterlo vedere rappresentava una vera e mirabile gioia per gli occhi. La donna, il cui canto era stato lo strumento che aveva provocato quanto stava accadendo, intonò un altro *bhajan* in lode a Krishna. Al termine, i *brahmachari* recitarono alcuni *sloka* dal *Narayaneeyam*, un'opera che tesse le lodi di Krishna:

> *Adoro la forma del Signore*
> *dal capo incoronato da un diadema*
> *e il cui fulgore compete con il sole.*
> *La bellezza della Sua fronte*
> *viene esaltata dal segno verticale della pasta di sandalo.*
>
> *La compassione trabocca dai Suoi occhi*
> *e un sorriso benevolo Gli illumina il volto.*
> *Il Suo naso è grazioso e proporzionato*
> *e le Sue orecchie sono adorne di orecchini a forma di pesce*
> *che aggiungono, con il loro bagliore, lustro alle guance.*
>
> *Indossa la sfavillante gemma Kastubha*
> *e il Suo petto risplende per i tanti ornamenti:*
> *ghirlande di fiori, fili di perle*
> *e il simbolo di lieto auspicio chiamato "Srivatsa".*
>
> *Questa Tua forma, Signore,*
> *è pura Coscienza e Beatitudine.*
> *Il dolce nettare della Tua squisita bellezza*
> *si riversa in ogni dove e rapisce le menti di tutti quelli*

che con devozione ascoltano la narrazione
delle Tue gesta e delle Tue glorie,
inebriandoli di beatitudine.

Le loro membra sono percorse da brividi
e fiumi di lacrime scaturiti dall'estasi
della gioia bagnano i loro corpi.

Questo stato d'animo divino della santa Madre durò circa venti minuti. Pareva non essere completamente tornata su questo piano, perciò continuò a ricevere le persone con molta difficoltà. Chiese un bicchiere d'acqua, forse un modo per scendere nel mondo delle forme, dei pensieri e delle azioni. Interessandosi agli oggetti, può tenere la sua mente sul piano empirico. Gayatri le offrì dell'acqua. Amma ne bevve alcuni sorsi, richiuse gli occhi per qualche istante e poi fece ruotare l'indice destro in aria un po' di volte, un gesto che fa spesso ma di cui non ha mai dato una spiegazione perché non appartiene al regno delle spiegazioni. Riprese il darshan e dopo poco tornò al suo stato abituale.

Non ridete degli altri

27 aprile 1984

I *brahmachari* stavano pranzando e due di loro parlavano e ridevano assieme mentre mangiavano. Improvvisamente si sentì la voce della Madre: "Ehi, ragazzi! State parlando e ridendo mentre mangiate? Vergogna! Come potete fare una cosa del genere? Vivete in un ashram, sforzandovi di realizzare Dio. Non siete forse dei ricercatori spirituali? Eppure state parlando di qualcuno, ridendo delle sue debolezze e burlandovi dei suoi difetti, non è così?".

I due *brahmachari* furono presi alla sprovvista. Mentre la Madre si avvicinava a loro, si alzarono dalla sedia a capo chino. Lei continuò a rimproverarli: "Non abbassate la testa: questo dimostra che avete commesso un errore. Le persone innocenti non guardano mai in basso ma sempre dritto davanti a loro. Non hanno paura. Coloro che non hanno commesso alcun errore non hanno paura di nessuno, ma voi avete chinato la testa, dimostrando così di avere fatto qualcosa di sbagliato e che adesso temete di essere puniti. Amma non vuole punirvi, vuole semplicemente correggervi. Quindi, guardatemi e dite la verità: chi stavate prendendo in giro?".

Guardandola in viso, i *brahmachari* fecero il nome di un altro *brahmachari*. Uno dei due disse a voce bassa: "Lo stavamo prendendo in giro perché stona mentre recita il *Lalita Sahasranama*".

La Madre scoppiò in una risata. Voltandosi verso gli altri *brahmachari* disse: "Avete sentito? Stavano prendendo in giro (e disse il nome dell'interessato) e il modo in cui recita il *Sahasranama*". Poi aggiunse, ammonendo i due *brahmachari*: "Che razza di figli siete! Non vi vergognate? Questo è il più grande peccato: farsi beffe degli altri. Voi siete forse perfetti? Quando canzonate qualcuno, ricordate questa verità: qualcun altro vi sta canzonando e ride dei vostri errori e difetti. Se lo ricorderete, non prenderete più in giro nessuno.

Figli, tutti sapete che il primo mantra del *Lalita Sahasranama* è 'Sri Matre Namah', ovvero 'Rendo omaggio alla Grande Madre': la Madre, la Madre di tutti. Quali sono le qualità più grandi di una madre? L'amore, il perdono e la pazienza. La nostra Madre (la Madre divina) è dotata di tutte e tre queste qualità nella loro forma più pura. Quindi, anche se commettete degli errori, vi perdonerà. Nessuna madre insegna ai figli a chiamarla mamma solo dopo che hanno studiato gli *Saptaswara*[7]. Per chiamare la propria mamma non è necessaria una voce musicale". Amma si fermò un attimo e poi disse: "Figli, adesso sedetevi e mangiate".

---

[7] Note ascendenti e discendenti della musica classica indiana.

Prima di lasciare la sala, disse a tutti i *brahmachari* di andare nella sua stanza dopo avere pranzato.

Al termine del pasto, i *brahmachari* salirono nella stanza della Madre. La porta era aperta perché lei stava aspettando i suoi figli. In segno di devozione e reverenza, ogni *brahmachari* toccò, in segno di saluto, il pavimento della camera mentre oltrepassava la soglia[8] e si prostrò alla Madre prima di sedersi. Lei aspettò che arrivassero tutti. Quando ci furono tutti, incluse le *brahmacharini* Gayatri e Kunjumol, chiese di recitare per tre volte l'"Om e poi di meditare sulla forma della loro divinità prediletta per un po'. Anche Amma si sedette in meditazione. Infine unì le sue mani in preghiera e rimase così per un po' di tempo. Il silenzio era tale che si sarebbe potuto sentire cadere uno spillo. La Madre guardava i suoi figli e sorrideva, il viso pieno di compassione e amore per loro. L'espressione seria e il tono di voce severo che a volte usa è solo una facciata esteriore, una delle maschere che indossa per disciplinare i suoi figli mentre, dentro di sé, la Madre prova sempre amore e compassione.

La Madre riprese a parlare: "Figli miei, voi siete la ricchezza e la salute di Amma. Amma non vuole nulla da voi se non la vostra crescita spirituale e quando scopre che non state crescendo interiormente come si aspetta, è molto triste. La vita è un gioco per quelli che hanno raggiunto lo stato della perfezione; per loro non è più una cosa così seria. Ma per voi questo non vale: bisogna che prendiate le cose sul serio. Per il momento, questa è la disciplina che dovete osservare. Per un *sadhak* non è bene vedere e prendere le cose con troppa leggerezza.

---

[8] In India è pratica comune, per chi ha inclinazioni spirituali, fare un gesto di saluto sulla soglia quando si entra in un tempio o in una stanza in cui si trova un *Mahatma*. Questo gesto consiste nel toccare il pavimento con la mano destra che poi si porta alla fronte o al cuore.

Figli, un *sadhak* è colui che si impegna duramente per raggiungere l'obiettivo. Come può qualcuno prendere le cose con leggerezza mentre si impegna a fondo per raggiungere la libertà eterna? Solo dopo la liberazione le sue risposte agli stimoli saranno spontanee. Nel vostro caso, attualmente nulla è spontaneo in voi se non le vostre vecchie *vasana* che state cercando di eliminare e di sostituire con i valori più alti della vita. Quindi tutto è un test, un duro test per voi. Prendete seriamente questi test. Quando la Madre dice 'seriamente', non fraintendetela pensando che stia chiedendo di avere un'espressione seria sul viso. Non è così. È il vostro atteggiamento che dev'essere serio e questa serietà dev'essere qualcosa d'interiore, e per questo occorre un acuto discernimento.

Prendete l'esempio di qualcuno che si arrabbia con voi senza motivo. Per una persona normale è difficile restare calma e impassibile in tale situazione, ma voi dovreste usare il discernimento per mantenere la mente sotto controllo. Affinché questo accada, è necessaria l'introspezione. Per accettare la collera come una benedizione che Dio vi manda per mettere alla prova la vostra pazienza o affinché riusciate a ignorare l'ira e a mantenere la calma, dovete esercitare un acuto discernimento. In entrambi i casi, il *sadhak* deve costantemente e coscientemente compiere degli sforzi verso l'obiettivo finale. Non si tratta di qualcosa di poco conto, non consideratelo un gioco da ragazzi. Questo è lo stile di vita che avete scelto e avete dedicato la vostra esistenza a raggiungere questo scopo. Una volta conseguito, sarete capaci di percepire il mondo intero e tutto ciò che avviene intorno a voi come un gioco da ragazzi e potrete essere spontanei. Ogni paura scomparirà automaticamente e sarete capaci di giocare, ridere ed essere felici come un bambino. Prima di allora dovete prendere la vita come una cosa seria.

Gli ostacoli e le difficoltà sono sfide da affrontare e da vincere. Una sfida non va presa con leggerezza a meno che non siate degli esperti. Poiché non lo siete, prendetela sul serio.

Per un maestro nell'arte della guerra, combattere sul campo di battaglia è un gioco, ma per un soldato semplice ed inesperto, è una lotta tra la vita e la morte. Per Krishna e Arjuna, la guerra del Mahabharata fu un gioco da ragazzi perché entrambi erano maestri nell'uso di tutte le armi e avevano il controllo di ogni arma divina. Per i soldati semplici, questa guerra fu una vera sfida da prendere seriamente. Se l'avessero presa con leggerezza, le loro teste sarebbero ben presto cadute a terra.

Figli, allo stesso modo, chi è stabilito in Dio vede tutto quello che gli accade intorno come un gioco. Tutto il mondo è un gioco. I maltrattamenti, le critiche, gli insulti, l'odio e la rabbia riversati su di lui ritornano non accettati a quelli da cui sono venuti. Tutto ciò che non viene accettato è restituito al mittente. Si potrebbe anche dire che un'anima realizzata accetta ogni cosa. Accetta, ma le cose non le rimangono attaccate perché è come una zona di passaggio: tutto, semplicemente, la attraversa. Nulla vi può restare. Oppure possiamo dire che è come il fuoco: ciò che si getta nel fuoco viene consumato dalle fiamme e scompare. Chi dimora nel Supremo è sempre spontaneo. Per lui, accettare è qualcosa di spontaneo. Per voi, invece, accettare non è un atto spontaneo ma una vera lotta, e una lotta non può essere presa sottogamba. Quello che in realtà state affrontando è una battaglia contro la vostra negatività. Il combattimento è una sfida da considerare seriamente.

Figli, alla fine questo sforzo si trasformerà in 'non-sforzo' e la lotta in 'non-lotta'. Quando ciò accadrà, le vostre azioni e la vostra accettazione delle cose saranno spontanee".

La Madre si fermò per un attimo e guardò i suoi figli. Tutti stavano ascoltando le sue parole molto attentamente, ammirando la sua saggezza e conoscenza. Prima di arrivare da lei e adottare la vita dei rinuncianti, la maggior parte di questi ragazzi aveva eccelso in molti campi di studio e nel lavoro. Adesso sedevano di fronte a questa giovane di umili origini e dall'aspetto comune che aveva quasi la loro età e ne ascoltavano le parole come bimbi obbedienti. Ad un osservatore esterno, la Madre appariva come una delle tante ragazze di quel villaggio di pescatori, ma nei loro cuori, questi aspiranti spirituali sapevano di sedere di fronte all'Incarnazione della saggezza.

Il discorso continuò: "Questo pomeriggio, Amma ha visto due suoi figli prendere in giro qualcuno facendosi beffe delle sue debolezze. Figli, prima di giudicare un'altra persona, cercate di osservare la vostra mente, i vostri pensieri e le vostre azioni. Sforzatevi di vedere i vostri errori e le vostre debolezze. Diventatene consapevoli. Se riuscirete a farlo in modo sincero, non noterete gli errori altrui perché vi renderete conto che la vostra mente è messa ancora peggio della loro. A quel punto non riderete più degli altri.

Ridere delle mancanze altrui è una delle azioni più basse che si possano compiere. Se dovete ridere, ridete delle vostre debolezze, ridete delle vostre stupidità. Questo è molto meglio che ridere di qualcun altro. Se siete capaci di ridere dei vostri errori, state almeno prendendo coscienza della vostra natura inferiore o falsa. Se riuscite a ridere della vostra natura inferiore, significa che state progredendo e questo è motivo di sollievo; sarete idonei a diventare immortali o almeno vi ci starete avvicinando. Ridere di voi stessi indica che vi state lentamente accorgendo della vostra ignoranza e questo è un buon segno. Una volta che avrete capito di essere ignoranti, sarà facile per il Guru lavorare su di voi. Molti discepoli o devoti dicono di essere ignoranti, anche se non lo pensano veramente. Nel profondo di se stessi, ritengono di sapere molte cose. In realtà, non riconoscono la loro ignoranza. Chi ride delle proprie debolezze e dei propri errori capisce e riconosce la propria ignoranza, e può progredire facilmente ed elevarsi allo stato supremo della risata estatica. Presto potrà ridere e guardare l'universo intero come un gioco di Dio. Perciò, figli, non prendete in giro gli altri. È molto doloroso per la Madre vedere i suoi figli comportarsi in modo così squallido".

Di nuovo ci fu una lunga pausa. La Madre chiese ai *brahmachari*: "Figli, il lungo discorso di Amma vi annoia? Se è così, Amma si fermerà". Nessuno rispose. C'era silenzio assoluto. Amma riprese: "Il silenzio significa sì, non è vero?" .

Immediatamente uno dei *brahmachari* che aveva creato il problema a pranzo disse: "No, Madre, no. Il tuo meraviglioso *satsang* ci ha fatto rimanere senza parole. Ora ci rendiamo conto della nostra stupidità e ci sentiamo di ridere della nostra stoltezza. Amma, per favore, illuminaci con altri *satsang* come questo. Fai in modo che il nostro parlare, interiore ed esteriore, venga interrotto dal contemplare le tue parole". Mentre chiedeva perdono per il suo errore, le lacrime scendevano dagli occhi del *brahmachari*.

Amma lo consolò dicendo: "Figlio, non preoccuparti. Dio ti ha perdonato nel momento in cui hai compreso il tuo errore e ti sei pentito".

Poi continuò: "Figli, forse avete già letto questa storia sulla vita di Krishna quando viveva a Brindavan. Un giorno, questo figlio birichino di Nanda s'intrufolò con i Suoi compagni di giochi, i *gopa*, nella casa dei due maestri che avevano insegnato loro l'alfabeto. Entrambi erano strani personaggi. Gli insegnanti stavano dormendo profondamente quando Krishna e i Suoi amici diedero inizio alle loro marachelle. Come deciso, usarono i colori che avevano portato con loro per dipingere le facce degli insegnanti e farli sembrare dei pagliacci e poi uscirono ad aspettare che i maestri si svegliassero sperando di potersi divertire un po'. Presto il divertimento ebbe inizio. Quando il primo si svegliò, guardò la faccia dell'altro ancora addormentato e cominciò a ridere di lui. Desideroso che il suo compagno vedesse com'era buffo con la faccia piena di punti e linee multicolori, lo scosse con forza. L'amico si svegliò, si sfregò gli occhi e cominciò a ridere, indicando la faccia del compagno. Entrambi continuarono a ridere l'uno dell'altro finché, guardandosi allo specchio, smisero di farlo e corsero a lavarsi il viso.

Figli, noi ci comportiamo nello stesso modo. Anche se questa sembra una storiella insignificante, una delle tante birichinate di Krishna, in realtà ha un profondo significato: illustra la tendenza umana a ridere delle debolezze altrui. Quando ridete di qualcuno, ricordate che qualcun altro sta ridendo delle vostre debolezze. Nessuno è perfetto. Guardate nel vostro specchio interiore e vedrete i segni neri che ci sono. Una volta che li avrete visti e ne sarete divenuti coscienti smetterete di ridere e correrete a toglierli. Prima di allora, prendersi gioco degli altri continuerà a chiudere il vostro cuore. Figli, non ridete degli altri restando chiusi nel vostro cuore. È autodistruttivo. Siete qui per liberarvi delle vostre vecchie abitudini interiori, assai profonde e radicate. Non diventatene vittime. Prendere in giro e ridere dei difetti degli altri è tipico degli studenti che frequentano ancora la scuola o l'università, ma non di un ricercatore spirituale. Essendo tuttavia una tendenza molto forte, è facile per voi cadere preda di un simile comportamento. Farlo, andrà contro il vero scopo per cui siete qui: rimuovere le vecchie *vasana* e smettere di crearne altre".

Improvvisamente l'espressione del viso della Madre mutò. Con uno sguardo compassionevole, disse in tono di supplica: "Smettete di aggiungerne, figli; smettete di aggiungerne!".

La Madre di nuovo si fermò per un po'. Chiuse gli occhi e delle lacrime rigarono il suo viso. Vedendola piangere, i cuori di tutti erano pieni di tristezza e i loro occhi erano colmi di lacrime.

"Figli, Amma non era triste quando tutti gli abitanti del villaggio erano contro di lei", aggiunse, "e non si disperò neppure quando i genitori e gli altri membri della sua famiglia le voltarono le spalle. Non provava tristezza nemmeno quando gli scettici e i miscredenti l'accusarono di dare scandalo, ma ora i suoi stessi figli la rattristano. Nel profondo del cuore, Amma è completamente distaccata, non ha nessun attaccamento, ma in superficie ha creato un attaccamento per il vostro bene".

Per qualche minuto rimase seduta in meditazione. Tutti seguirono il suo esempio. Quando aprì gli occhi, riprese a parlare: "Cantiamo insieme un *bhajan* prima di concludere. Figli, pregate il Supremo affinché vi benedica infondendo amore nei vostri cuori. Solo l'amore può purificare. Pregate perché ciò accada. Pregate affinché venga rimosso tutto quello che ostacola il flusso dell'amore".

La Madre intonò un cantò e i *brahmachari* cantarono la risposta.

Ente Kannunir

Pur vedendo le mie lacrime, o Madre,
perché non Ti sei mossa a compassione,
perché non Ti sei mossa a compassione?

Pur essendo giunto ai Tuoi piedi da molti giorni
in cerca di rifugio
perché non ne sei lieta,
perché non ne sei lieta?

O Madre, perché non Ti curi di donare
la pace a questo Tuo servitore devoto,
perché non te ne curi?

I Tuoi piedi sono l'unico rifugio di quest'anima infelice.
Concedimi quindi rifugio,
benedicimi, o Madre,
concedimi rifugio e benedicimi.

Il cuore della Madre traboccava d'amore divino che si riversava sui suoi figli. Al termine del canto, tutti rimasero assorti in meditazione. Dopo essersi trattenuta ancora un po' con i *brahmachari*, si alzò e uscì sulla terrazza. Come sempre, Gayatri stava per seguirla quando lei disse: "No, Amma vuole stare un po' da sola'". Rimase sulla terrazza mentre i *brahmachari* s'inchinavano uno ad uno davanti al suo letto prima di uscire. Erano le tre del pomeriggio e tutti ritornarono alle loro occupazioni pomeridiane continuando a riflettere sulle parole della Madre.

Capitolo 5

28 aprile 1984

Erano le otto del mattino, l'ora della meditazione per i *brahma-chari*, e tutti sedevano nella sala della meditazione. Alcuni di loro avevano già iniziato a meditare ed altri si stavano preparando quando, improvvisamente, dalla camera della Madre al piano di sopra, giunse il suono melodioso del tambura, uno strumento a corde. Sapendo che era lei a suonarlo, nessuno riuscì più a meditare. Tutti sedevano molto attenti e con gli occhi aperti ascoltando assorti il suono del tambura.

Alcuni *brahmachari* che non si accontentavano di ascoltare uscirono, sperando di riuscire ad intravedere la Madre attraverso le fessure del balcone, ma rimasero delusi non riuscendo a vederla e si sedettero con lo sguardo rivolto alla sua stanza. Dopo pochi minuti, si sentì la voce della Madre che cantava un *bhajan* a Krishna, accompagnata dal tambura.

Ini Oru Janmam

O Krishna, non darmi un'altra incarnazione
affinché non cada nel profondo pantano dell'illusione.
Se me la darai, concedimi la grazia
di rinascere servo dei Tuoi servi per sempre.

O Krishna, che riempi la mia mente
con il Tuo santo nome,
concedimi la visione luminosa e nitida
dei Tuoi piedi di loto.
Fa' che mantenga sempre una mente equanime
così da percepire tutto come la Tua manifestazione.

O Krishna, fonte di compassione,
Ti saluto a mani giunte.
Umilmente Ti porgo i miei saluti.

Sentendo la Madre cantare, alcuni devoti capifamiglia andarono sotto il balcone della sua casa. Stavano immobili, in piedi o seduti, come statue scolpite nella pietra. Il canto pieno di beatitudine di Amma aveva creato un'atmosfera che favoriva lo scivolare in uno stato di raccoglimento interiore. La Madre continuò con un altro canto pieno di pathos: *Karunya Varidhe Krishna.*

Karunya Varidhe Krishna

O Krishna, oceano di compassione,
la sete di vivere continua a crescere
e la mia mente non trova pace.

Ahimè, quanta confusione!
Perdona tutti i miei errori,
asciuga il sudore dalla mia fronte.

O Kanna, ora il mio unico sostegno
sono i Tuoi sacri Piedi di loto.
O Krishna, la mia gola si sta seccando,
gli occhi vedono sempre meno, i piedi sono stanchi,
sto crollando a terra, Krishna!

Il canto e il suono del tambura si interruppero bruscamente. Sembrava che la Madre fosse entrata in estasi. A questo punto, tutti avrebbero voluto solo salire e stare con lei, ma la porta era chiusa. Ciò nonostante alcuni *brahmachari* fecero un tentativo per entrare, ma non riuscendoci, scesero le scale. Lo sguardo rivolto in alto, verso la sua stanza, tutti visualizzavano Amma in questo stato di ebbrezza divina. Così, l'ora della meditazione del mattino trascorse ascoltando il canto della divinità amata, nello sforzo di vederne la forma fisica ad occhi aperti invece che chiusi.

Ogni volta che qualcuno guarda la Madre, scopre qualcosa di nuovo. Ogni momento passato con lei prelude a una nuova esperienza, ad un aspetto sconosciuto del Divino. Vivere e stare accanto ad un *Mahatma* dà sempre un senso di freschezza.

L'insaziabile sete dei suoi devoti e discepoli di stare costantemente in sua presenza, di guardare il suo viso per ore e ore, è certamente dovuta a questa qualità di eterna freschezza propria della consapevolezza suprema. Per quanto a lungo stessero con Amma, i suoi figli non erano mai soddisfatti, mai appagati, e quindi incapaci di continuare a meditare ad occhi chiusi sperando al tempo stesso di poter intravedere la forma della Madre. Mentre quello che è nuovo diventa obsoleto e quello che è vecchio si logora velocemente, la realtà suprema, senza inizio né fine, resta perennemente nuova, sempre fresca. Si può dunque solo fare l'esperienza di questa freschezza costante alla presenza di coloro che risiedono nel Sé Supremo. Essi non sono solo sempre pervasi di freschezza, ma anche di antichità senza tempo.

Credenti e non credenti

Quando la Madre scese alle dieci, molti devoti stavano aspettando di ricevere il suo darshan. La seguirono nella capanna e lei si sedette sul lettino per alcuni istanti con gli occhi chiusi. Quando li aprì, chiamò una persona che era seduta in fondo alla capanna. "Figlio…". Nessuno rispose e così chiamò di nuovo: "Figlio…". Questa volta un uomo alzò la testa e guardò dietro di sé, pensando o forse fingendo che Amma si stesse rivolgendo a qualcuno dietro di lui. "No, no, *pandit-mon*. Tu. Figlio, la Madre ti sta chiamando", e con la mano destra gli fece segno di avvicinarsi. Con aria sorpresa, l'erudito si alzò e le andò vicino. Di nuovo fu invitato a sedersi. L'uomo era stupefatto. Non appena si sedette di fronte a lei, Amma colpì scherzosamente la sua testa alcune volte, sorridendo e cantando ritmicamente "Hanuman" ad ogni colpetto. A questo punto, costui cadde ai suoi piedi e scoppiò in lacrime. A voce alta disse piangendo: "Amma, perdonami per averti messa alla prova. Perdonami, perdonami per averti messa alla prova". La Madre lo fece alzare, asciugò le sue lacrime e lo confortò. Gli chiese di sedersi al suo fianco e continuò a dare il darshan ad altri devoti.

Quest'uomo era evidentemente uno studioso di testi sacri e di letteratura sanscrita e quello era il suo primo incontro con Amma. Più tardi spiegò la sua esperienza ai residenti: "Avevo sentito molte storie su Amma da diverse fonti. Volevo vederla, ma dubitavo della sua onniscienza. Quando finalmente ho deciso di venire, ho stabilito queste condizioni: se è una vera santa, deve chiamarmi per primo, indipendentemente da dove sarò seduto o da quante persone ci saranno in quel momento. Volevo anche che dicesse il nome della mia *upasana murti* (la mia divinità) quando l'avrei incontrata. Amma ha fatto entrambe le cose e riempito il mio cuore di fede e d'amore per lei. Ancora prima che mi presentassi, sapeva che ero un dotto ed è per questo che mi ha chiamato '*pandit-mon*'.

Mentre il darshan proseguiva con lo studioso seduto accanto a lei, i *brahmachari* continuavano a cantare su richiesta di Amma. Quando finirono, l'uomo espresse il desiderio di cantare per la Madre uno *sloka* sanscrito tratto dal *Ramayana*: la preghiera di Hanuman al Signore Rama.

> *Ti prego, benedicimi affinché*
> *il mio amore per Te non diminuisca mai.*
> *Non permettermi di pensare a nient'altro*
> *né di dividere il mio amore*
> *tra Te e chiunque altro.*

*Voglio vivere fin quando il Tuo nome sublime
sarà custodito tra i figli dell'uomo.
Fa' che io sia Tuo devoto per sempre.*

Dopo aver cantato questa strofa, l'uomo confidò umilmente alla Madre: "Amma, questa preghiera di Hanuman a Rama è anche la mia preghiera a Te".

Lei rise e rispose: "A questa pazza? Shiva! Amma è folle, è fuori di testa!".

Lo studioso rispose: "Sì, hai ragione, Amma. Per gli ignoranti come noi, i *Mahatma* sono folli. Noi non abbiamo la vostra follia, la follia di Dio. Manchiamo della follia di amare tutti equamente. Questo è il nostro problema. Amma, abbiamo bisogno di un po' della tua follia per risolvere i nostri problemi".

La Madre non aggiunse altro e intonò il *namavali Krishna Vasudeva Hari*. I *brahmachari* ripresero a cantare e quando terminarono, un giovane fece questa domanda: "Amma, in questo mondo ci sono i credenti e i non credenti, non è vero? Cosa ricava il credente dalla sua fede nell'esistenza di Dio? Ottiene forse qualcosa che i non credenti non ricevono?".

"Figlio", rispose Amma, "la fede in Dio dà la forza mentale necessaria per affrontare i problemi della vita. La fede nell'esistenza di Dio è una forza protettrice che fa sentire le persone al sicuro e protette da tutte le influenze negative del mondo. La religione consiste nel credere nell'esistenza di un potere supremo e vivere in modo coerente con questa fede. Quando diventiamo religiosi seguiamo maggiormente i principi morali, che a loro volta ci aiuteranno a stare lontani dalle influenze maligne. Non berremo, non fumeremo, e smetteremo di dissipare la nostra energia in pettegolezzi e discorsi futili. La moralità o purezza d'animo è il primo passo verso la spiritualità. Svilupperemo anche qualità come amore, compassione, pazienza, equilibrio mentale ed altri tratti positivi che ci aiuteranno ad amare e servire tutti allo stesso modo. La religione è fede. Quando c'è la fede, sono presenti l'armonia, l'unità e l'amore. Chi non crede dubita sempre, non ha fede nell'unità e neanche nell'amore. Gli piace tagliare e separare, ogni cosa è cibo per il suo intelletto. Incapace di trovare pace, è inquieto, mette tutto in discussione e quindi la base su cui poggia la sua vita è traballante e disomogenea poiché manca la fede in un principio superiore.

Per contro, chi possiede una vera fede è determinato. Una persona religiosa può trovare la pace. L'origine di questa pace è il cuore, non la testa. Chi ha fede crede nell'unità, nell'amore e nella pace, non nella divisione e nella disarmonia. La Madre non sta parlando della religione in senso stretto, ma in un senso più ampio".

"Ma Amma", chiese ancora il giovane, "queste qualità si possono trovare anche in qualcuno che non crede, non è vero?" .

La Madre rispose: "Forse, ma essendo privo di fede in un potere supremo, non avrà nulla a cui aggrapparsi e affidarsi completamente nelle avversità. Per un credente, Dio è il Signore Supremo, è un'esperienza. Dio vive in noi attraverso l'amore disinteressato, la compassione, la tolleranza, la rinuncia e qualità simili. Se un non credente ha dentro di sé una qualsiasi di queste qualità nella sua forma più pura, avrà tutti i benefici di un credente. Quando Amma parla di un 'credente' non si riferisce a una persona che ha fede in un dio o in una dea, ma a chi dà valore ai principi più alti e per i quali è disposto a sacrificare tutto. Se queste qualità diventano i principi che il non credente osserva nella sua vita, costui sarà equiparato a un credente. Se invece queste qualità sono solo ostentate, superficiali e non profonde, non riceverà i benefici di cui gode un vero credente. Spesso chi non crede ama parlare senza però mettere in pratica ciò che dice. È superficiale e parla solo per pavoneggiarsi. Non ha nulla a cui aggrapparsi poiché non ha fede in un Essere Supremo che governa l'universo e lo salva nelle prove della vita.

Se una persona basa la sua esistenza su un unico ideale o principio, potrebbe perdere la sua stabilità mentale quando attraversa particolari momenti di debolezza e decidere così di abbandonare i valori in cui ha creduto fino ad allora. Questo però non accade se la sua devozione è sincera. Un vero devoto è sempre ottimista e ciò che lo caratterizza è un atteggiamento di accettazione: qualunque cosa accada nella sua vita, si tiene stretto a Dio e considera tutto come *prasad* del Signore.

Chi ha posto la sua fede nel Supremo, si aggrappa a quel Principio nei momenti di crisi. È questa fede che infonde forza ed equilibrio nella sua mente, permettendogli di affrontare qualsiasi difficoltà. Dovremmo integrare nelle nostre vite qualità come l'amore, la compassione, la tolleranza e la rinuncia. Una persona davvero religiosa vive credendo nell'esistenza di un Principio Supremo; per lei, queste virtù sono più importanti della sua stessa vita. Potrebbe rinunciare alla propria vita ma non ai valori in cui crede ed è disposta a morire per i suoi principi spirituali".

La Madre proseguì con un racconto che illustrava questo punto.

La storia riguarda i Pandava e il cavallo che venne scelto per vagare in lungo e in largo per tutta l'India. Dopo aver completato l'*ashwamedha yagna*, i Pandava lasciarono libero il cavallo prescelto. Secondo il costume vigente, chiunque avesse osato fermare il cavallo e se ne fosse impadronito avrebbe lanciato un segno di sfida alla supremazia del re Yudhisthira, che aveva compiuto la speciale cerimonia culminata con la liberazione del cavallo sacro.

Il re Mayuradhwaja, grande devoto di Krishna, possedeva ogni virtù ed era soprattutto un uomo di profonda compassione e abnegazione; la sua saggezza e conoscenza dei *Veda* (sacre Scritture) erano note in tutto il Paese. Il sovrano si impadronì del cavallo sacrificale dei Pandava e quindi Arjuna, il grande eroe Pandava, ritenne suo dovere affrontarlo in battaglia. Krishna però lo dissuase perché voleva dimostrare all'eroico Pandava il potere, lo spirito di sacrificio, la sincerità e la devozione di questo re. Il Signore desiderava anche impartire una lezione all'orgoglio di Arjuna.

Krishna escogitò un piano: assieme ad Arjuna si travestì da bramino ed entrambi andarono alla corte del re Mayuradhwaja, che li accolse con molta cordialità e offrì loro una generosa ospitalità. La sera stessa, durante il banchetto in loro onore, il Signore Krishna si alzò in piedi e cominciò a narrare questo doloroso racconto di fronte ai presenti:

'O re saggio e virtuoso, mentre stavamo attraversando una foresta al confine del tuo impero per venire da te, una tigre catturò il bambino del mio compagno. Prima che riuscissimo a raggiungerla, aveva già ingoiato il povero piccolo per metà. Vedendo il nostro dolore, la belva fu mossa a pietà e promise di restituire il bambino vivo a patto di...'. Fingendosi riluttante nello svelare qual era la condizione, Krishna fece una pausa, ma il re era impaziente di ascoltare il resto della storia e lo invitò a continuare.

'O grande re, la tigre chiese in dono la metà destra del corpo benedetto di Mayuradhwaja, il santo e puro imperatore della Terra. Ora dicci, come possiamo mangiare in pace con questa angoscia che ci attanaglia il cuore? Solo se prometti di dare alla tigre metà del tuo corpo, il bambino del mio compagno sarà salvo. Ma come possiamo chiederti una simile cosa, grande re?'.

Senza la minima esitazione, il sovrano accettò con gioia di dare metà del suo corpo alla tigre. Alla fine del pasto, quindi, si sedette a terra e istruì la regina e il figlio su come segare il suo corpo a metà. Tenendo ognuno una estremità della sega, la regina e il figlio cominciarono a tagliare in due il corpo del re. Mentre i due bramini (Krishna e Arjuna) guardavano la scena, notarono che l'occhio sinistro del re era pieno di lacrime. Immediatamente, Krishna intervenne e disse: 'Stai offrendo il dono promesso tra le lacrime: questo significa che ti spiace lasciare il corpo, che vi rinunci a malincuore. Non posso accettare nulla che sia donato piangendo. Un vero dono si dà con tutto il cuore'. Come risposta, il re Mayuradhwaja disse: 'Signore, se io fossi riluttante o esitassi, entrambi gli occhi sarebbero pieni di lacrime, non è così? Ma solo l'occhio sinistro sta piangendo. Piange perché non potrà servire una giusta causa. La metà destra del corpo servirà il nobile scopo di salvare la vita di un ragazzo inerme, ma la parte sinistra verrà gettata e sarà mangiata da cani e avvoltoi e quindi sta protestando poiché non potrà contribuire a uno scopo più alto. Per contro, la parte destra esulta: sarà sacrificata per uno scopo così nobile'.

Quando ebbe finito di parlare, Krishna rivelò al re Mayuradhwaja la Sua vera forma e lo benedì accordandogli una beatitudine e una contentezza eterne. L'orgoglio di Arjuna fu mortificato, mentre l'umiltà e il sacrificio di sé del re vennero adeguatamente ricompensati dal Signore.

In risposta alla storia, un devoto commentò: "Amma, questo va ben oltre il modo di pensare di una persona comune, non è vero?".

"Amma stava proprio per dire la stessa cosa", disse la Madre, che poi spiegò: "Ovviamente, questa storia non va presa alla lettera, ma in senso figurato. Certamente vi sono state Grandi Anime che potevano agire in questo modo, ma oggigiorno ci si ferma alle parole senza passare ai fatti. In questo caso il re era disposto a sacrificare la propria vita in nome dei principi secondo cui aveva vissuto e questo va molto al di là del pensiero e della comprensione di una persona comune. Dovreste però cercare di cogliere lo spirito e il principio che stanno dietro a questa storia, ecco perché Amma afferma che la fede e la spiritualità non vanno prese alla leggera. I principi spirituali dovrebbero diventare parte integrante delle nostre vite. Solo quando vengono praticati nella vostra vita quotidiana, potete sperimentare i benefici della fede e dei principi spirituali nella loro pienezza.

La vita è piena di sofferenza e della paura di morire. Nessuno può sfuggirvi, sono inevitabili, ma una persona coraggiosa può vivere una vita felice, mentre chi teme la morte, le perdite e il dolore, non potrà mai essere felice. È solo attraverso la pratica religiosa che si supera la paura. Chi è realmente religioso non ha paura né della morte né delle perdite: è veramente coraggioso. Vive per la Verità, respira per l'Amore e si consacra interamente a questi ideali. A differenza dell'uomo religioso, un non credente ha paura: prima di tutto teme i credenti e il concetto di Dio. Vive nel timore che il Signore vincerà. Ha paura che i credenti prevarranno, che lui perderà, e questo gli toglie forza. Chi ha invece fede in Dio non teme chi non crede, né chi potrebbe scandalizzarsi per le sue convinzioni. La fede del credente è così solida e profonda che non ha alcun dubbio che Dio si prenderà cura di tutto e che la Verità alla fine trionferà. Questo è proprio quello che sta accadendo ovunque: bisogna essere abbastanza audaci da aprire gli occhi e rendersene conto. Un vero credente è pieno di forza, una forza immensa: nulla può fargli del male. Tutti gli ostacoli della vita, creati dagli esseri umani o dalla natura, crolleranno quando si scontreranno con la sua fede solida e stabile.

Mentre chi non crede spreca la sua vita e la sua energia parlando contro o diffondendo falsità su qualcosa di cui si ostina ad affermare la non esistenza, il credente vive seguendo fino in fondo i suoi principi e acquisisce maggiore forza ed energia grazie alla fede in Dio. Non spreca tempo ed energia nel cercare di provare né confutare nulla. Se Dio non c'è, perché questi non credenti vanno in giro sforzandosi di provare la sua non-esistenza? Non è sciocco questo comportamento? Quante vite sprecheranno in questo modo? Un giorno saranno costretti ad alzare le mani ed accettare

Dio come potere supremo. La natura gli farà riconoscere l'esistenza di Dio, se non in questa vita, sicuramente nella prossima. Infatti, più Lo negano, più Gli saranno vicini. I pensieri negativi su Dio sono comunque rivolti a Lui".

La differenza tra un devoto e un discepolo

Uno studioso chiese alla Madre: "Amma, che differenza c'è tra un devoto e un discepolo?".

"Figlio, a rigor di termini, un vero devoto e un vero discepolo sono la stessa cosa", rispose lei, "Un vero devoto è un vero discepolo e viceversa. Entrambi hanno devozione, entrambi cominciano con la devozione, per così dire.

Un discepolo è colui che ha devozione per il Guru e desidera sottoporsi alla sua disciplina. Tuttavia, all'inizio, persino questa devozione sarà incompleta e, non avendo ancora una fede assoluta, potrebbero sorgere in lui domande o dubbi. Inizialmente, il discepolo ha sete di essere amato dal Guru ed è geloso delle attenzioni che il Maestro dà ad altri discepoli. In questa fase prova attaccamento e amore per il Guru, ma questo amore è macchiato di egoismo. Dapprima c'è sempre una lotta. Ciò nonostante, per quanto incompleto, questo attaccamento e l'amore gli impediranno di lasciare il Guru. Il Maestro lo legherà a lui con il suo amore e poi gradualmente lo aiuterà ad evolvere. A tempo debito, come conseguenza della pratica e dello sforzo costanti sotto la guida del Maestro, l'amore dell'allievo crescerà e la sua devozione diventerà genuina. L'unico scopo del discepolo sarà servire e amare il Guru senza aspettative. Quindi, da uno stato in cui non è radicato e manca di discernimento, il discepolo approda a uno stato in cui ha acquisito fermezza e capacità di discernere, ovvero da devoto egoista si eleva allo stato di devoto puro e altruista. Quando per lui non esiste che il Guru, allora è un vero discepolo.

Un vero discepolo desidera abbandonare tutto a Dio o al Guru ed aspira solo a raggiungere la conoscenza suprema. Vuole essere disciplinato dal Maestro. Qualunque cosa accada, un vero discepolo non lo abbandonerà mai finché non avrà ottenuto lo stato supremo. Forse dovrà affrontare molte prove, difficoltà fisiche e mentali che lo ammansiranno e forgeranno, ma si abbandonerà con gioia a queste prove per ottenere la grazia del Guru. Il suo unico desiderio sarà quello di servire altruisticamente e compiacere il Maestro, che potrebbe cercare di confonderlo comportandosi e parlando in modi strani e contraddittori, oppure accusandolo di errori che non ha commesso. Ma un vero discepolo sarà dotato di forza mentale, determinazione e discernimento che gli faranno superare tutti questi ostacoli.

Un vero discepolo rinuncia al suo ego, alla sua individualità. Il fiume del Guru lo trasporta ovunque voglia poiché si è abbandonato completamente alla sua corrente. Perdendo ogni diritto sul suo corpo, il discepolo diventa come un cadavere: lascia, semplicemente, che il Guru o Dio lo conducano dove vogliono. Costui non giudica il Guru, vede anche il suo lato interiore, non solo quello esteriore. Per lui, ogni cosa è il Maestro: non ha più nulla di suo, è come se andasse in bancarotta. Non dipende da nessun altro e non ha nulla da rivendicare come suo. Fortemente legato al Maestro in questo totale abbandono, non ha altra scelta se non cercarne la grazia. Del tutto consapevole che la perfezione non può essere raggiunta senza la grazia del Guru, sa che occorre svuotare completamente la mente per riceverla e in ogni momento si sforza di riuscire ad ottenerla. Cerca di assorbire il silenzio, che è la vera natura del Guru. Sa che deve innanzitutto sforzarsi di acquietarsi per poter fare l'esperienza di quel silenzio interiore. Il Guru o Dio è il suo amato. Una volta che è vicino a lui, si sforza di stare tranquillo per assorbire o ascoltare quel silenzio.

Un vero devoto, inoltre, considera tutto come la volontà del Signore. Tutto il suo essere è costantemente in uno spirito di preghiera. Per lui, ogni parola ed ogni azione sono una preghiera, un atto di adorazione al suo amato. Avendo abbandonato tutto per il suo Diletto, un vero devoto è sempre felice perché in lui non trovano spazio l'odio o la collera. Quando tutto è il suo Signore, come può odiare o essere arrabbiato? È sempre ben disposto e sereno. Tutti i conflitti e le divisioni interiori cessano. Coloro che lo odiano e coloro che lo amano sono per lui sullo stesso piano. Non solo l'amore, ma anche la collera e l'odio sono per lui *prasad*. Per un vero devoto, non solo il bene, ma anche il male è *prasad*. Per lui, non solo i credenti ma anche i non credenti non sono altro che il suo Signore.

Per quanto riguarda un vero discepolo, sebbene possa scegliere una certa forma di Dio come divinità prediletta, nessuna di queste sarà superiore al suo Maestro. Per lui, il Guru è sia il mezzo che il fine, il solo obiettivo da realizzare. Per contro, un devoto considera la sua amata divinità come tutto ciò che esiste. Resta comunque il fatto che per avere pieno beneficio della sua *sadhana*, egli ha bisogno dell'aiuto e della guida di un *Satguru* (Maestro perfetto)". Lo studioso fece un'altra domanda: "Molti vengono qui per vederti, ma ce ne sono molti altri che amano rendere culto nei templi. Anche loro vengono considerati devoti, non è vero? Le qualità che hai menzionato non si notano però nella maggior parte di quest'ultimi. Che differenza c'è tra queste due categorie?".

La Madre rispose: "Anche se tutti i fedeli sono generalmente considerati 'devoti', a differenza di un vero devoto, non hanno abbandonato ogni cosa a Dio. Questi fedeli potrebbero essere ancora coinvolti nelle faccende del mondo e compiere azioni indotte dal desiderio; hanno ancora desideri, ambizioni e preoccupazioni e sono alla ricerca di emozioni forti. Ciò nonostante amano Dio, Lo pregano, cantano la Sua gloria e Lo lodano sebbene non abbiano abbandonato l'ego, l'individualità, le *vasana*. A seconda delle circostanze in cui si troveranno nella vita, le loro azioni saranno motivate dall'ego piuttosto che dall'abbandono a Dio".

"Questo vale anche per i discepoli?" chiese lo studioso.

"Sì", disse la Madre, "ma non per quelli che si sono abbandonati completamente al Guru. Alcuni desiderano ancora condurre una vita di piaceri materiali anche dopo aver incontrato il Guru. Non comprendendo la vera natura del Maestro, ovvero, vedendo solo l'aspetto esteriore e non quello interiore, possono avere dubbi su di lui. Poiché colgono solo ciò che vedono all'esterno, esprimono giudizi su di lui.

Incapaci di comprendere la natura del Guru apparentemente contraddittoria o sconcertante, non sono in grado di sopportare la sua disciplina. L'attaccamento per il Maestro è privo di collante e la loro determinazione a raggiungere lo scopo non è così forte come quella di un vero discepolo o di un vero devoto. Realizzare il Sé non è l'obiettivo principale e forse nemmeno quello secondario. La loro priorità è soddisfare i propri desideri nel modo migliore e considerano persino il Guru o Dio un mezzo che li aiuti in questo.

Un simile devoto o discepolo è parzialmente devoto, mentre un vero discepolo o devoto è dedito completamente al Guru o a Dio. La vera devozione implica l'aver abbandonato tutto al Guru o a Dio. La volontà del Guru diventa ciò che lui desidera, le parole del Guru diventano il suo stile di vita e le azioni del Guru il sentiero da seguire. Il senso di 'io' e 'mio' scompaiono completamente. Per chi è in questo stato esistono solo 'lui' e 'suo'. Si tratta di uno stato senza ego, come un cielo senza nuvole. Così, in questa completa devozione, il vero devoto o discepolo non ha altra scelta che non quella di essere disciplinato o istruito dal Guru, perché la disciplina lo rende uno strumento idoneo per il Guru o Dio.

Un vero devoto o discepolo è uno strumento perfetto nelle mani del Guru o di Dio. Questo percorso inizia con l'avere devozione per il Maestro. Tale devozione può essere interpretata come un amore che crea attaccamento alla forma del Guru. Quando tale attaccamento è forte, completo, comincia la disciplina. La disciplina non è altro che un'opera di demolizione e ricostruzione, necessaria per trasformare la vecchia persona in una nuova. Questo significa operare, tagliare, rimuovere il superfluo e gli ostacoli, per poi cucire e unire in modo che si possa riprendere a funzionare senza 'note stonate'. Questa parte del processo è un po' dolorosa, ma una volta conclusa possiamo metterci a nostro agio e rilassarci mentre percepiamo la musica del Guru risuonare in noi con fluidità, liberamente. Siamo diventati il suo strumento e il Guru può suonare attraverso di noi come vuole perché gli siamo completamente devoti. Avendo perso la pesantezza dell'ego, ora siamo più leggeri e quindi è più facile per il Maestro portarci allo stato finale dell'unità.

A volte le persone si definiscono devoti o discepoli, ma il fattore che determina se uno è un devoto o un discepolo dipende dal grado di abbandono verso il Guru o Dio. In realtà, la devozione al Guru o a Dio è la stessa cosa, perché Dio e il Guru sono la stessa cosa. Per pura compassione, il principio supremo assume una forma, quella del Guru. La devozione alla forma del Guru ci porta al suo aspetto senza forma, che chiamiamo Dio o *Paramatman*".

Le parole della Madre vennero tradotte ad alcuni devoti occidentali presenti. Uno di loro fece questa domanda: "Amma, come possiamo sviluppare questo tipo di devozione per il Guru così da essere disciplinati da lui?".

"In alcuni questo avviene spontaneamente, per altri si tratta di un processo lento", rispose la Madre, "Per accelerarlo, dovremmo porci sotto la guida diretta di un Maestro perfetto. L'amore non può essere insegnato da qualcuno o appreso da qualche parte, ma in presenza di un Maestro perfetto è possibile percepirlo e, con il tempo, svilupparlo. Un *Satguru* crea le circostanze favorevoli affinché l'amore cresca dentro di noi. Le situazioni create dal Guru saranno così belle e indimenticabili da diventare per noi momenti preziosi, dal valore inestimabile, che serberemo per sempre come dolci ricordi. Episodi di questo tipo susciteranno un'ondata d'amore in noi. Altri avvenimenti simili creati dal Guru produrranno una catena di ricordi inebrianti che provocheranno in noi ondate d'amore finché rimarrà solo l'amore. Attraverso queste circostanze, il Guru rapirà il nostro cuore e la nostra anima e ci colmerà d'amore puro ed innocente.

Ad ogni modo, tutto dipende dal senso di urgenza che si prova. Bisogna sentirne la necessità. Un bisogno urgente non può essere ignorato, faremo di tutto per appagarlo. Se un bisogno impellente non è soddisfatto, non riusciamo a riposare. La maggior parte di noi non sente però l'urgenza di sentire devozione per Dio. Pensiamo che sia possibile vivere senza essere devoti a Dio e costruiamo la nostra esistenza sul mondo materiale invece che su di Lui.

In questo momento, Dio è in fondo alla nostra lista, mentre dovrebbe essere in cima. Se Lo mettiamo al primo posto, tutto il resto andrà al posto giusto nella nostra vita. Una volta che Lui fa parte della nostra vita, il mondo seguirà di conseguenza. Se però mettiamo prima il mondo, Dio non seguirà come conseguenza. Se abbracciamo il mondo, Dio non ci abbraccerà. Per avere Dio dentro di noi bisogna inizialmente lottare, ma se perseveriamo, Lui ci condurrà alla felicità eterna. Tutti i conflitti cesseranno. È facile abbracciare il mondo: all'inizio le cose arrivano senza difficoltà, ma alla fine tutto culminerà in una sofferenza e in un dolore immensi. Siamo liberi di scegliere fra le due opzioni.

Amma sa che per voi occidentali è un compito molto difficile, ma se riuscite a rendervi conto della natura effimera degli oggetti mentre vivete nella società occidentale, in mezzo a così tante tentazioni, vi accorgerete di quanto siano futili i piaceri che danno. Non cadrete nella tentazione dei piaceri materiali e, qualunque sia la circostanza, capirete che non vi possono rendere interiormente felici. Quando riuscite a mettere in pratica questo principio, diventate persone più forti di quelle che vivono qui. Però, figli, non dovete preoccuparvi di questo: ci arriverete stando in presenza di Amma e grazie al vostro desiderio di abbandono".

Questa conversazione avvenne durante una pausa del *darshan*. C'erano ancora alcune persone da benedire, così la Madre riprese a dare il darshan mentre i *brahmachari* cantavano alcuni *sloka* tratti dal *Devi Mahatmyam*:

O Devi, che rimuovi le sofferenze
di coloro che Ti supplicano, sii gentile,
sii benevola, Madre del mondo.
Sii gentile, Madre dell'universo.

O Devi che regni
su ogni essere animato e inanimato,
i miei saluti a Te, Devi Narayani.

Risiedi come intelligenza
nei cuori di tutte le creature
e concedi il piacere e la liberazione.

I miei saluti a Te, Narayani.
Nella forma di minuti, attimi
ed altre unità di misura del tempo
provochi il cambiamento nelle cose.

Tuo è il potere di distruggere l'universo.
I miei saluti a Te, Narayani.

Sei l'Essenza del Bene,
la Devi benevola che realizza ogni cosa
e dà rifugio, o Gauri dai tre occhi!

I miei saluti a Te, o Narayani.
Hai il potere di creare, proteggere e distruggere.
Sei eterna, il sostrato
e l'incarnazione dei tre guna.

Una devota venne da Amma per il darshan e scoppiò in lacrime quando fu tra le sue braccia. Il marito, anch'esso devoto della Madre, era morto recentemente. Mentre la Madre le asciugava le lacrime, la donna disse: "Amma, mio marito è stato fortunato perché è morto in pace: ha avuto la grazia di Amma. Persino quando ha esalato il suo ultimo respiro, stringeva nella mano la foto di Amma. È stato coraggioso e fiducioso fino alla fine. Con la tua grazia, Amma, anche tua figlia (riferendosi a se stessa) ha mantenuto la calma. Ho recitato il *Lalita Sahasranama* mentre sedevo al suo fianco e gli ho messo la sacra cenere di Amma sulla fronte. Per tutto il tempo, lui ha recitato il suo mantra. Dopo che è spirato, mentre sedevo vicino al suo corpo ho pensato: 'Perché dovrei essere triste? È tornato da Amma. Dopotutto era figlio di Amma'. Mi sono sentita molto in pace e tranquilla. È con te, Amma, non è vero?".

Mentre la donna raccontava la sua storia, i devoti notarono che la Madre si stava asciugando le lacrime. La Madre la guardò e disse dolcemente: "Sì figlia, sì. È con Amma". La donna si calmò, come se avesse sentito quello che voleva sentire. Si asciugò le lacrime e si tranquillizzò.

Più tardi la Madre spiegò: "Quella donna voleva la conferma che suo marito fosse con Amma. Piangeva perché era preoccupata".

La fede innocente e come studiare le Scritture

Al termine del darshan, lo studioso fece un'altra domanda: "Amma, le Scritture dicono che chi ha raggiunto lo stato di *Brahman* è oltre ogni dualismo, come felicità e infelicità, successo e fallimento, ma io ho visto Amma piangere mentre quella donna piangeva la morte del marito. So che dev'esserci una ragione e uno scopo per tutto quello che fai. Sii gentile, Amma, dammi una spiegazione".

Sorridendogli, la Madre rispose: "Figlio, quello che hai visto era solo un riflesso della sua tristezza. Amma poteva sentire il suo dolore. Le lacrime di Amma riflettevano le sue lacrime. Se stai di fronte allo specchio, che tu sorrida, rida o pianga, tutto verrà riflesso. Lo specchio, però, non ne è toccato: è, semplicemente. Si limita a riflettere. Non fa nulla, non compie nessuna azione e non prova emozioni. È quindi per i suoi devoti che il *Mahatma* agisce ed esprime sentimenti. Anche se quella donna era triste e piangeva, il suo atteggiamento innocente ha reso Amma molto felice. Quindi, le lacrime di Amma erano anche di felicità. Ma in realtà, non erano nessuna delle due cose: sia le lacrime di tristezza che quelle di gioia erano puri riflessi. Figlio, Amma non ha nulla di suo, tutto è in funzione dei suoi figli: se sono felici, Amma è felice; se sono tristi, Amma è triste, sebbene lei non sia nulla di tutto questo".

Lo studioso rimase soddisfatto da questa spiegazione. Prostrandosi davanti a lei, disse: "Ora mi rendo conto di avere sprecato la mia vita immergendomi nello studio dei testi. Svolgo alcune pratiche spirituali, ma qualunque cosa acquisisca grazie ad esse è certamente rovinato dallo studio e dal costante chiacchiericcio interiore. La mia testa è piena, ma il mio cuore è pressoché vuoto. Se avessi svolto pratiche spirituali dedicandovi il tempo e l'energia utilizzati per studiare e apprendere le Scritture, avrei almeno ottenuto qualcosa. Amma, mi hai insegnato una lezione molto importante e il tuo esempio vivente di amore e di compassione per gli altri mi insegna più di tutte quelle letture. Ora vedo quanto sia stato sciocco seppellirmi nei libri, dicendo a me stesso, stupidamente, 'Io sono *Brahman*', senza preoccuparmi di svolgere una vera *sadhana*".

"Figlio, non parlare così", rispose Amma, "Anche lo studio delle Scritture è necessario perché ti darà più chiarezza e comprensione e ti aiuterà anche a discernere correttamente quando incontri un ostacolo. La conoscenza che hai acquisito dalle Scritture ti ha aiutato a capire Amma e le sue parole, non è vero?".

A mani giunte, l'uomo rispose: "No Amma, no. Per favore, non dire che ti ho capita. No, non ho capito per niente Amma. La mia comprensione di te è pari a zero".

"Figlio", disse la Madre, "quello che Amma intende è che ora tu hai una visione relativamente chiara. Figli, chi ha studiato le Scritture in modo adeguato cogliendone il vero significato non diventerà egoista. Un tale studio non è uno spreco di tempo o di energia; al contrario, può aiutare una persona durante i tempi difficili, a condizione che venga usato il discernimento.

La teoria può aiutare, ma è valida fino a un certo punto, dopodiché le parole e i discorsi diventano un ostacolo, un grosso ostacolo. Dovrete infine rinunciare alle parole, ma non potete farlo se non avete studiato con un atteggiamento corretto. Non fermatevi alle parole delle Scritture: studiatele assumendo l'atteggiamento di 'Queste non sono la realtà, perciò non devo fissarmi sulle parole, che sono solo la piantina della casa. Non posso vivere nella piantina, devo lavorare sodo per costruire la casa e poterci abitare. Quindi, non devo farmi intrappolare da mere parole'. Un tale atteggiamento vi aiuterà a distaccarvene quando volete. Altrimenti, come dice *pandit-mon*, il chiacchericcio interiore non cesserà.

È un peccato che la maggior parte degli studiosi di testi sacri aspiri ad acquisire una conoscenza intellettuale senza applicare nella propria vita quello che ha appreso. Pensano di aver raggiunto l'obiettivo ma, a giudicare da come agiscono, non sono migliori di chi non crede ed è in balìa delle attrazioni e delle avversioni. Tali persone possiedono un ego molto grande e non si rendono conto che le parole che hanno studiato e ripetuto mentalmente hanno in realtà eretto un alto muro tra loro e Dio.

Bisognerebbe sforzarsi di coltivare una fede innocente. L'innocenza è propria del cuore. La testa non può essere innocente perché è piena di domande e di dubbi. Una comprensione superficiale delle Scritture è pericolosa. Molte persone che le studiano senza averle comprese correttamente amano inoltre intavolare discussioni".

Questa spiegazione portò a un'altra domanda: "Amma, cosa intendi per fede innocente?".

"Figlio, lascia che Amma ti racconti una storia". La Madre illustrò il significato di fede innocente con questa storia sul Signore Shiva e la Sua sposa Parvati: "La dea Parvati era molto preoccupata: anche se si diceva che tutti quelli che si immergono nel sacro Gange venivano purificati dai loro peccati, non l'aveva visto accadere.

'Perché non è così?', chiese al Signore Shiva.

Il Suo Signore disse: 'Perché lo fanno meccanicamente. Nessuno di loro ha una fede innocente; s'immergono nel sacro Gange senza credere fino in fondo nel suo potere purificatore'.

Nel notare l'incredulità di Parvati, il Signore le fece questa proposta: 'Scendiamo sulla Terra a vedere di persona'. Lasciarono quindi la loro dimora celeste e scesero sulla Terra. Scelsero di recarsi in un posto vicino alla riva del Gange e assunsero la forma di due vecchietti. Dopo averle detto cosa doveva fare, Shiva si gettò in un fosso profondo e buio.

Ubbidendo alle istruzioni ricevute, la dea iniziò a battersi il petto e a piangere a voce alta chiedendo aiuto. Dopo avere fatto il bagno nel fiume sacro, molti pellegrini passavano di lì. 'Ascoltate, brava gente", li implorava Parvati, 'mio marito è caduto in questo fosso infernale a causa di una maledizione che lo ha colpito molto tempo fa. Se non verrà salvato prima del tramonto, morirà. È già tardo pomeriggio. Per l'amor di Dio, salvate mio marito!', supplicava, come impazzita.

Provando pena per lei, alcuni si fecero avanti per salvare suo marito che, piangendo, gridava aiuto dal fondo del fosso. Ma come se improvvisamente avesse ricordato qualcosa, la vecchietta aggiunse: 'Solo una persona pura e senza peccato può salvarlo. Questo è quello che ha dichiarato chi gli lanciò la maledizione quando lo pregai di darmi un antidoto contro di essa. Se un peccatore cercherà di salvare mio marito, la sua testa si frantumerà in cento pezzi e anche lui morirà'. A queste parole, tutti quelli che si erano fatti avanti tornarono sui loro passi e scomparvero.

Tuttavia, poco dopo, una persona si propose di aiutare il Signore Shiva a uscire dal fosso. Parvati ripeté le condizioni della maledizione. Senza esitare, costui rispose: 'Non sono più un peccatore, sono puro e senza macchia poiché mi sono immerso nelle sacre acque del Gange. Madre Gange ha lavato via tutti i miei peccati'. Non c'era nemmeno un'ombra di dubbio nella sua mente mentre diceva queste parole. Questa assenza di paura proveniva da una fede innocente. La sua fede nel Gange era così solida e incrollabile che non aveva alcun timore della morte. L'uomo era davvero convinto che tutti i suoi peccati fossero stati lavati via e adesso fosse senza macchia. Si poteva inoltre vedere la sua grande umiltà. Così, grazie a questa fede innocente, era assolutamente puro.

Le persone che si erano proposte prima di lui non avevano fede, nutrivano dubbi, e così i loro peccati non erano stati rimossi. Si erano immerse nel fiume solo per rispetto delle parole dei santi e dei saggi che dicevano che le acque del Gange erano purificatrici e sacre. Il loro credo era confinato nella testa; non essendoci fede nel cuore, si erano immerse meccanicamente, per rispetto dei *rishi* (saggi). Solo quest'uomo aveva una fede autentica e completa nel potere purificatore del Gange.

Figli, una fede innocente è una fede priva di dubbi; significa non avere dubbi su ciò che si prova e non porsi domande. Semplicemente, si accettano le parole del Guru come verità, proprio come fa un bambino: se puntate il dito verso una porta chiusa e dite a un bambino che in quella stanza c'è una dea, lui accetterà quello che avete detto senza fare domande. Questa fede verso Dio o il Guru è una fede innocente. Ciò di cui abbiamo bisogno è una fede arricchita dall'innocenza di un bambino.

L'innocenza appare quando c'è l'amore. L'amore divino vi rende come bambini, vi fa accettare tutto. L'amante fa tutto quello che dice l'amata: possiamo vederlo anche nell'amore comune. Quando l'amore è sincero, l'amante salterà anche dal terzo piano se l'amata glielo chiederà. Il suo amore per lei è così intenso che costui si comporterà come un pazzo. Quando si ama veramente, l'intelletto si svuota e si smette di pensare. Non c'è nessun pensiero, nessuna mente, nulla. Rimane solo l'amore. Questo tipo di amore dimentico di ogni altra cosa culmina nell'innocenza".

Dopo aver parlato della fede innocente, la Madre restò seduta con gli occhi chiusi per un po', poi li riaprì e recitò il suo mantra preferito: "Shiva… Shiva…". Infine chiese di meditare per qualche minuto.

Poiché era circa mezzogiorno e mezza quando si alzò dal lettino, disse: "Figli, non andate via senza aver pranzato" e diede istruzioni a un *brahmachari* di accompagnare i visitatori nella sala da pranzo e di servire loro il cibo. Prima che si allontanassero, la Madre vide un casco di banane che aveva portato un devoto. Ruppe le banane in pezzetti dandone uno ad ogni devoto. Erano tutti felici. "Un pezzettino di banana dalle mani di Amma è sufficiente a placare la nostra fame. Ora non abbiamo più bisogno di mangiare", commentò qualcuno. Molti furono d'accordo con lui. La Madre uscì dalla capanna e andò nella sua stanza.

Alle quattro e mezza, Amma scese nella sala della meditazione e si sedette per circa un'ora con i *brahmachari*, poi si diresse verso la cucina. Mentre entrava, chiese: "Cosa c'è di nuovo qui?". Kunjumol, Gayatri, le donne e le ragazze che lavoravano in cucina erano alle sue spalle mentre lei iniziava un'altra delle sue ispezioni inaspettate. Sapevano per esperienza che le avrebbe colte in fallo scoprendo anche la più piccola cosa fuori posto o una mancanza di pulizia perché Amma trovava sempre qualcosa che non andava. Sebbene aspettassero con timore che scoprisse uno dei loro errori, sapevano che ad ogni ramanzina sarebbe seguito un bellissimo *satsang*[9].

La Madre si diresse subito verso la dispensa, guardò in ogni contenitore e ispezionò le mensole. Quando ritornò in cucina, le donne tirarono tutte un sospiro di sollievo pensando che tutto fosse a posto, ma la Madre proseguì guardando in ogni pentola, controllando ogni piatto, ogni tazza e tutti gli utensili finché notò un pentolone in un angolo della cucina. Lo strofinò delicatamente e vi guardò dentro. Senza dire una parola o mostrare scontento, cercò di sollevarlo. Vedendo il suo tentativo, tutte si avvicinarono per darle una mano, ma lei le fermò dicendo: "No, nessuno di voi deve toccarla. Questa pentola è rimasta qui abbandonata per più di due settimane. Quando Amma è venuta in cucina l'ultima volta era esattamente nello stesso posto. Volevo vedere se qualcuna l'avrebbe pulita senza che le venisse chiesto". E mostrò il palmo della mano annerito dallo sporco della pentola.

---

[9] Discorso spirituale o consiglio dato da un saggio o da uno studioso della religione. Può indicare anche la compagnia di un saggio o di una persona virtuosa.

"Guardate", continuò, "è lurida dentro e fuori. Questo mostra la vostra mancanza di attenzione. Se qualcuno di voi avesse avuto *sraddha*[10], non l'avrebbe lasciata così. Ricordate: servire nell'ashram e prendersi cura delle cose che appartengono all'ashram equivale a servire Amma. Questo servizio rivela l'amore che avete per lei. Dovreste cercare di prendervi cura delle cose con tanto amore quanto ne avete verso voi stesse, come se fossero vostre. Chi è negligente non può essere un ricercatore spirituale.

La mancanza di attenzione per le cose esteriori porta a trascurare quelle interiori. Dio è la bellezza, la purezza, l'armonia dietro a tutto. C'è un'armonia dietro ad ogni oggetto, ad ogni posto, a prescindere da quanto possa apparire insignificante. Le Scritture dicono che il cibo è Dio. La cucina è il luogo in cui si cucina il cibo e quindi dovrebbe essere tenuta pulita e in ordine. Si tende a lasciare la cucina in disordine e questo è sbagliato. Non permettete a voi stesse di seguire le vecchie abitudini. Siamo qui per cambiare, non per continuare con i vecchi modi".

Poi la Madre portò il pentolone fuori, dov'erano i rubinetti dell'acqua. Di nuovo le donne le corsero dietro, questa volta per pulire, ma lei non glielo permise. Lo lavò da sola e dopo averlo strofinato e sciacquato lo riportò in cucina e lo rimise nello stesso posto, capovolgendolo dopo aver spazzato il pavimento. Così, questo episodio era stato una preziosa lezione per tutte le donne e le *brahmacharini* che lavoravano in cucina.

Anche se i *bhajan* serali delle sei e mezza erano una routine giornaliera, nessuno si stancava di cantarli con la Madre. Amma aveva cominciato a comporre e a cantare canti devozionali a Dio quand'era molto piccola. Il suo canto era un torrente di devozione suprema e di amore che abbraccia tutto. Per coloro che si riunivano insieme per i *bhajan* ogni sera, la presenza di Amma era sempre

---

[10] Fede. Amma usa questa parola ponendo l'accento sull'attenzione unita alla cura amorevole del lavoro manuale come offerta a Dio o al Guru.

un'esperienza inebriante. Per la mente, era facile rivolgersi al proprio *Ishta Deva* (divinità amata) mentre il cuore traboccava d'amore divino. Quella sera in particolare, mentre Amma cantava, tutto il suo essere irradiava la gloria e lo splendore spirituali.

Pakalantiyil

Il giorno è giunto al termine,
ma mia Madre non è ancora qui.

O Madre mia, ho paura di sedere tutto solo.
Per quanto tempo questo cuore affranto deve piangere
disperato?

O Madre mia, chi sarà con me
mentre erro nelle tenebre?

Mentre continuava a ripetere alcuni versi, Amma si librò su un altro piano, rapita. Le fortissime vibrazioni del *bhajan* pervadevano il crepuscolo. Alla fine, continuò a cantare mentre le lacrime le rigavano le guance.

Consideri tutto questo un gioco?
In tal caso, non ne comprendo il senso.
Perché mi è stata riservata tale sorte?
Forse perché non ho recitato il Tuo Nome sacro?

Con il cuore gonfio di dolore,
quest'anima cerca sempre i Tuoi piedi di Loto.
Lascia che gusti nel mio cuore
il dolce nettare della devozione.

Vederla piangere, commosse profondamente tutti i presenti. Quasi nessuno riusciva a controllare le lacrime e qualcuno addirittura piangeva ad alta voce come lei. La beatitudine spirituale permeava ogni cosa mentre tutti erano trasportati in un regno interiore pieno di gioia. Improvvisamente la Madre fece un lungo e profondo respiro e smise di piangere. Il suo corpo era immobile. Tutti si spaventarono vedendola trattenere il respiro così a lungo. Rimase in una perfetta posizione di meditazione con gli occhi semichiusi. La beatitudine interiore traspariva dal viso che brillava come la luna piena. Non vi era ancora nessun segno che avesse ripreso a respirare. Mentre questo stato persisteva, alcuni *brahmachari* sentirono che il canto avrebbe potuto aiutare la Madre a tornare ad uno stato di coscienza normale e così intonarono un canto con un ritmo lento.

Sita Ram Sita Ram Sita Ram Bol
Radhe Shyam Radhe Shyam Radhe Shyam Bol

Gradualmente, la cadenza aumentò finché il ritmo divenne molto veloce. Tutti i presenti cantavano e cantavano dal profondo del cuore. Mentre il *bhajan* era in pieno svolgimento, la Madre proruppe in una risata estatica. Alzò le mani, che avevano formato *mudra* divini, e a un certo punto le portò sopra il capo. I suoi occhi erano sempre chiusi mentre continuava a ridere estasiata. Questo stato divino della santa Madre durò qualche minuto prima di sfumare lentamente. I residenti cantarono l'*arati* mentre uno dei *brahmachari* faceva ondeggiare nel tempio la fiamma prodotta dalla canfora e poi recitò le preghiere finali.

Amma era sempre seduta nello stesso posto con gli occhi fissi verso il cielo. Dopo un po' si alzò, ma poiché non era completamente uscita dallo stato di estasi, fece alcuni passi incerti quando cercò di camminare. Aiutata da due devote, andò nella sua stanza.

Erano passate tre ore dall'inizio dei *bhajan*, erano le nove e mezza di sera. Tutti si inchinarono prima di alzarsi e la guardarono finché non scomparve dalla loro vista. Poi i residenti si dispersero. Alcuni andarono nella loro capanna a meditare, altri si diressero verso le *backwater*, all'estremità del boschetto di cocchi, ripetendo il mantra mentre camminavano avanti e indietro lungo la riva. Alcuni devoti padri di famiglia rimasero seduti nella veranda del tempio a meditare, mentre qualche *brahmachari* andò a sedersi nel tempio. Così si era concluso un altro giorno indimenticabile con la Madre, un giorno che ci aveva regalato un grande tesoro di esperienze da ricordare per l'eternità.

Capitolo 6

Concentrazione e meditazione

29 aprile 1984

Poiché era domenica, un altro giorno di Devi Bhava, molti erano arrivati la sera prima per trascorrere l'intera giornata all'ashram e ricevere la benedizione della santa Madre in Devi Bhava. Alle sette del mattino, l'ashram era già pieno di devoti. La *puja* del mattino si stava svolgendo nel tempio: un *brahmachari* conduceva il *Lalita Sahasranama* e altri recitavano il mantra di risposta. Alcuni devoti si erano radunati sulla veranda del tempio e si erano uniti alla preghiera.

Un'ora dopo, conclusa la recitazione, Amma venne nella sala della meditazione ad osservare i *brahmachari* mentre meditavano. Al suo arrivo, tutti si alzarono, in segno di rispetto e riverenza. Appena Amma si sedette al suo posto, essi si prostrarono completamente davanti a lei e poi si rimisero a sedere. Amma chiuse subito gli occhi e cominciò a meditare. I presenti seguirono il suo esempio.

Dopo un po' la Madre chiamò un *brahmachari* per nome. Sorpreso, costui aprì gli occhi, palesemente un po' spaventato. Un sorriso birichino aleggiava sul viso della Madre. Tutti i *brahmachari* avevano aperto gli occhi udendo la voce di Amma e guardavano sia il suo volto sorridente che quello spaventato del giovane che aveva abbassato la testa per la vergogna.

"Hai finito di recitare la parte?", chiese lei, "Sì, l'hai interpretata bene. Adesso è ora di uscire dal tuo dolce sogno. Svegliati".

Quel sorriso birichino era sempre sul suo viso e tutti continuavano ad ascoltare e a guardare, sgranando gli occhi, senza capire cosa stesse succedendo. Prontamente la Madre disse: "Perché voialtri avete aperto gli occhi? Vi ho forse chiamati? Questo dimostra la vostra mancanza di concentrazione: se le vostre menti fossero state concentrate sulla forma della vostra amata divinità, non avreste aperto gli occhi, né sentito chiamare. Ecco un chiaro esempio di mancanza di *sraddha*. Come potrete realizzare Dio se siete così attratti dall'esterno? Solo chi possiede una forte determinazione può raggiungerLo. È bastato un semplice suono per risvegliarvi dalla meditazione e non era nemmeno diretto a voi. La concentrazione e la determinazione di un vero ricercatore spirituale dovrebbero essere tali che neppure un elefante impazzito che sta per caricarlo potrebbe disturbarlo.

Amma ha chiamato uno di voi, ma tutti voi avete aperto gli occhi, curiosi di vedere cosa stesse succedendo. Vergognatevi. Amma sarebbe stata felice se almeno uno fosse rimasto immobile, se uno di voi avesse continuato a meditare. Ma no, era troppo aspettarselo".

Un *brahmachari* osò dire: "Abbiamo aperto gli occhi perché abbiamo sentito la tua voce. Se fosse stata quella di qualcun altro non vi avremmo prestato attenzione. Dopotutto, noi tutti meditiamo sulla tua forma".

A quest'affermazione, lei rispose: "Che sia la voce di Amma o quella di qualcun altro, se foste davvero stati assorbiti nella meditazione, non l'avreste nemmeno sentita. Una volta concentrati, siete in contatto con la Madre interiore, ovvero il vostro Sé. Persino quando meditate sul nome o sulla forma di un dio o di una dea o della Madre, in realtà state meditando sul vostro Sé, non su un qualche oggetto esterno. Nella meditazione profonda non c'è un mondo esterno; in quello stato focalizzato non sentite, non odorate, non toccate e non vedete. Amma sa che nessuno di voi ha raggiunto questo stato di totale unità, anche se sarebbe stata estremamente felice se uno di voi avesse almeno finto di restare in meditazione. Ora chiudete gli occhi e riprendete a meditare. Cercate d'impedire alla mente di vagabondare. Immaginate che la forma della vostra amata divinità occupi completamente il vostro cuore".

Alla fine della meditazione, quando Amma tornò nella sua stanza, tutti si riunirono intorno al *brahmachari* "vittima", ansiosi di sapere cosa fosse successo. "Mentre sedevo in meditazione", spiegò, "sono stato trascinato via dal ricordo di una recita in cui avevo preso parte ai tempi del college. Il mio pensiero è andato al modo meraviglioso in cui avevo interpretato il mio personaggio". Tutti scoppiarono a ridere nel sentire questa confessione.

Tra i mille nomi della Madre Divina nel *Lalita Sahasranama*, recitato giornalmente nell'ashram, uno dei mantra è *Sadachara Pravrattikayai Namah,* ovvero "Colei che fa osservare la giusta condotta". Dopo aver ascoltato l'interessante esperienza del *brahmachari* attore, un altro residente interpretò questo mantra in un modo diverso. Disse che in genere *Sadachara* è considerata un'unica parola, ma se la si divide in due, assume un significato diverso perché *sada* significa "costante" e *chara* "spia". *Pravrattika* significa "colui che lo fa". Quindi, secondo questo *brahmachari*, la Madre è colei che è costantemente impegnata a spiarci. "Dimorando in noi, Amma ci spia sempre ed estrae da noi tutte le informazioni, qualunque esse siano", disse.

La Madre arrivò nella capanna verso le dieci del mattino e cominciò a dare il darshan, chiedendo ai *brahmachari* di cantare. Brahmachari Pai cominciò con qualche *sloka* dei versetti 4 e 5 tratti dal *Sri Guru Paduka Panchakam*:

Infiniti omaggi ai sandali di Sri Guru,
che sono come Garuda,
il mantra contro il veleno
degli innumerevoli serpenti del desiderio:

accordano le preziose gemme del discernimento e del
distacco, conferiscono la vera conoscenza
e concedono prontamente la liberazione.

Infiniti omaggi ai sandali di Sri Guru,
la barca con cui attraversare lo sconfinato oceano del mondo,
che donano una devozione incrollabile
e sono come un fuoco ardente
che prosciuga l'oceano dell'ignoranza spirituale.

Poi seguì il canto *Amme Ulakam.*

Amme Ulakam

Madre, questo Tuo universo,
è invero un manicomio.
O Madre divina, mi è impossibile
descrivere il Tuo amore divino.

Ti prego, nutrimi ogni giorno
del nettare dell'amore
con la Tua bellissima mano.
Rimuovi il mio orgoglio
che nasce dall'identificazione del Sé
con il corpo e infiammami di quell'amore.

O Madre, essenza delle Scritture,
se i miei occhi versassero lacrime di devozione
quando pronuncio il nome di Kali,
allora tutte le Scritture passerebbero in secondo piano,
buone solo per l'intelletto.

Le infinite maschere della Madre

Guardare Amma dare il darshan è sempre affascinante. La
Madre dispone di un numero infinito di maschere che muta

costantemente mentre passa agilmente da un ruolo all'altro. Cambia maschere una dopo l'altra perché nessuno di quei volti è veramente il suo; nessuno di essi è il suo vero volto, che è qualcosa che va ben oltre il regno delle forme. Amma non è per nulla attaccata o identificata con nessuno di questi vari volti o ruoli. Indossa ciascuna maschera per uno scopo particolare e appena l'ha raggiunto, la rimuove rapidamente. Ad ogni suo figlio mostra una maschera diversa, a seconda del momento e della necessità. Pur indossandola, resta il fatto che ognuna di esse non è una semplice maschera, ma una realtà tangibile, un forte strumento attraverso cui una persona instaura una relazione personale con lei, sentendo che Amma è sua Madre. Ciò significa che, nonostante questi vari volti siano per lei semplici maschere da rimuovere o sostituire in ogni momento, attraverso di esse crea la sensazione nel cuore dei suoi figli di essere la loro Madre e di essere sempre con loro. Tuttavia, mentre noi ci identifichiamo e sviluppiamo attaccamento verso questo volto e questo ruolo, lei rimane distaccata e immutata e può indossare o togliere queste maschere ad ogni istante.

Come tante altre volte, anche quel giorno, una donna stava raccontando alla Madre la situazione difficile che doveva gestire. Essendo molto malato, il marito non era in grado di lavorare. Le loro tre figlie non erano ancora sposate nonostante avessero più di vent'anni. Questa era la sua triste storia. Mentre l'ascoltava con attenzione, si poteva vedere chiaramente quanto Amma fosse triste. La preoccupazione che mostrava sul suo viso quando la donna si lamentava delle tre figlie ancora nubili era evidente. La Madre la consolava, asciugava le sue lacrime, assicurandola che tutto sarebbe andato bene. A queste parole, il volto della donna si illuminò e quando se ne andò era contenta e rilassata.

Arrivò una persona che sembrava molto felice. "Amma, con la tua grazia ho ottenuto la promozione che stavo aspettando", disse, "Stavo aspettando e speravo che arrivasse, ma per qualche motivo ritardava. Ero molto deluso e pensavo che non l'avrei mai avuta, ma all'improvviso ieri ho ricevuto la notizia. È stata la tua grazia, Amma". L'uomo era al colmo della gioia mentre riceveva il darshan e anche Amma sembrava lo fosse, condividendo pienamente questo suo sentimento. Tutta contenta, la Madre disse a qualcuno che sedeva vicino alla brandina: "Guarda, questo figlio ha ottenuto la promozione. L'aspettava da tanto! L'ha ricevuta con la grazia di Dio". Appena questo devoto si spostò di lato, giunse un giovane che sembrava portare il peso dell'intero mondo sulle sue spalle. Due espressioni così diverse, una dietro l'altra. Ora il volto di Amma mutò espressione per entrare in empatia con il giovane triste.

Nonostante il viso muti continuamente espressione, lei non è mai identificata o legata a nessuna di queste facce o umori; cambia le maschere con tale maestria che può addirittura indossarne più di una alla volta. Con così tanti figli dai più svariati bisogni e richieste, sa mirabilmente dare a ciascuno quello di cui ha bisogno.

Una volta guardò a malapena Brahmachari Balu per tre giorni, pur continuando a conversare con gli altri *brahmachari*. Per questo motivo, Balu aveva smesso di mangiare. Avendo saputo del suo digiuno, Amma insistette affinché lui riprendesse a mangiare, ma Balu era testardo e non voleva obbedire. Agli inizi era testardo, esigente e a volte disubbidiva alla Madre. Lei gli chiese molte volte di mangiare, ma senza successo. Così, quando al terzo giorno di digiuno Balu e Brahmachari Srikumar sedevano di fianco ad Amma, lei era estremamente amorevole con Srikumar e pareva adirata con Balu. Da un occhio irradiava amore, dall'altro collera. Nonostante possa mostrare infinite maschere, infiniti volti, infiniti umori, nel profondo è sempre la stessa: distaccata, indivisa, in perfetta unità.

Nel *bhajan Ananda Srishti Vahini*, cantato spesso alla fine del Devi Bhava, ci sono questi versi che descrivono l'infinito numero di maschere della Madre. Chi è lei veramente? Potremmo tentare di descriverla usando molte parole, ma la risposta la troveremo solo nel nostro cuore.

I miei saluti, Grande Dea divina
che sostieni tutta la creazione.
Hai infiniti stati ed infiniti aspetti
e sei sempre assorta nella danza suprema.

Porgo i miei saluti a Te, eterno fulgore,
Madre di beatitudine immortale,
che rompi il silenzio nel cuore della notte.
Sei la custode della giustizia
e di tutto quello che è puro nel mondo.

Porgo i miei saluti a Te, nella forma del Guru.
Sei la dea Shivà che mostra il cammino del distacco
con un sorriso che ricorda il fiore del loto.

Mi prostro a Te, o Bhadrakali,
forma feroce di Devi, fonte di buon auspicio.
Impregnando ogni cosa di consapevolezza,
piena di compassione, dai origine
alla dissoluzione dell'individualità nel tutto.

Mi prostro a Te, Madre sempre splendente,
che indossi una corona
ed accordi il paradiso e la liberazione.
Poiché sei la causa di ogni fenomeno,
naturale e sovrannaturale, sei oltre il tempo.

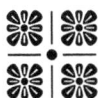

Capitolo 7

Domande degli occidentali su quale cammino seguire

30 aprile 1984

Il Devi Bhava della notte precedente terminò alle tre del mattino. Poiché la Madre era solita assicurarsi che tutti i devoti avessero un posto in cui dormire e un materasso o una coperta su cui stendersi, erano quasi le quattro del mattino quando finalmente rientrò nella sua stanza.

Nel primo pomeriggio arrivò un gruppo di aspiranti spirituali occidentali che stava viaggiando in tutta l'India, visitando luoghi di pellegrinaggio e centri spirituali. Avevano saputo da un amico della grandezza della Madre e quindi chiesero di restare per una settimana. Girando per l'ashram, erano rimasti colpiti dall'atmosfera di pace che vi regnava. Brahmachari Balu li accompagnò nella foresteria, situata nella zona nord dell'ashram, dove gli furono assegnate le camere.

La Madre scese intorno alle tre del pomeriggio e andò subito nel boschetto di cocchi. Pensando che si sarebbe seduta lì, Gayatri stese una stuoia in un posto ombreggiato. Amma vi si sedette e poi inviò Gayatri a chiamare gli occidentali, che arrivarono correndo, entusiasti. Dopo essersi prostrati davanti ad Amma, si riunirono intorno a lei e si sedettero. Com'era sua abitudine, la Madre cominciò innanzitutto a dare il darshan ad ognuno di loro. Il darshan che ricevettero fu per loro un'esperienza così straordinaria che restarono seduti incantati ad osservare la santa Madre.

Mentre lei sedeva e li guardava sorridendo, il suo volto irradiava un'inspiegabile espressione di compassione e d'amore.

Nessuno riusciva a parlare. Il tempo scorreva nel silenzio. Mentre Balu traduceva, la Madre chiese: "Figli, avete mangiato?". I visitatori continuavano a guardarla incantati. Poiché non riuscivano a parlare, annuirono. Allora Amma chiese: "Figli, avete tutti ricevuto una stanza?". E di nuovo essi risposero a gesti. Divertita nel vedere che continuavano a sedere muti come degli allocchi, afferrò i due più vicini e li scosse vigorosamente. Questo gesto finalmente lì risvegliò e tutti scoppiarono a ridere. Quando le risa si placarono, la Madre disse: "Amma è molto felice di vedere i suoi figli".

Vi fu una breve conversazione leggera seguita da una pausa e poi da una domanda: "Amma, qual è il miglior cammino per gli occidentali? La maggior parte delle persone in Occidente è molto interessata al sentiero dello *jnana* (conoscenza). Pensi che vada incoraggiato? Qual è la tua opinione?".

"Figli", rispose Amma, "che si tratti di Oriente o di Occidente, si può suggerire un cammino spirituale solo dopo essersi accertati che sia in accordo con la disposizione spirituale e la costituzione mentale della persona. Non lo si può indicare in un discorso pubblico, non esiste un sentiero unico e valido per tutti. Intraprendere un cammino spirituale comporta la presenza di una guida personale e la disciplina. Un tempo, i maestri spirituali mettevano sempre alla prova l'idoneità del discepolo prima di dare un consiglio e questo consiglio non era mai valido per tutti. È per questo che testi spirituali come le *Upanishad* e la *Bhagavad Gita* sono in forma di dialogo: il consiglio dato è personalizzato. Ogni persona è un paziente con una malattia differente: alcuni sono negli stadi iniziali della malattia mentre altri in quelli intermedi. Inoltre vi sono persone con malattie croniche ed altre che sono quasi guarite. Quindi, la cura non può essere la stessa per tutti: la medicina sarà diversa ed anche il suo dosaggio varierà.

Sorgeranno molti problemi se si prescriverà un cammino unico per tutti. Non ci sarà vera crescita spirituale se si chiederà di seguire il cammino del *Raja Yoga*[11] a chi avrebbe dovuto intraprendere quello della devozione. È come dire a chi ha l'asma di prendere le medicine contro il diabete. Essere stati consigliati di seguire un percorso non adatto diverrà un impedimento nella ricerca spirituale per molte persone. La Madre non può affermare che esiste un solo cammino, valido per tutti, in grado di condurre alla meta finale.

Parlando in generale, il cammino della devozione è il più semplice e anche il meno complesso. Mentre tutti possono amare, non tutti possono praticare il *pranayama* (controllo del respiro) o l'*Hatha Yoga* (posizioni yogiche). Solo chi ha una certa costituzione fisica e mentale può praticarli. L'amore, però, non ha prerequisiti. Chiunque abbia un cuore può amare, e tutti hanno un cuore. Amare è una tendenza innata negli esseri umani, mentre non possiamo dire che praticare il *pranayama* o l'*Hatha Yoga* sia altrettanto naturale. La *Bhakti* è amore: amore per Dio, amore per se stessi e amore per tutti gli esseri. Un cuore piccolo si ingrandirà sempre più fino ad arrivare alla massima espansione. Una scintilla può trasformarsi nell'incendio di una foresta. Quindi, è sufficiente che ci sia una scintilla, perché anche la scintilla è fuoco. Continuate a soffiarvi sopra, alimentandola, finché si trasforma in una fiamma capace di bruciare una foresta sprigionando lunghe lingue di fuoco. Al momento, l'amore è come una scintilla dentro di voi: soffiateci sopra costantemente, arieggiandola con il ventaglio del nome divino, del *japa* e della meditazione. Mentre lo fate, potreste sudare, starnutire e tossire, ma non fermatevi. Il vostro corpo potrebbe surriscaldarsi, forse gli occhi si riempiranno di lacrime e potreste sentirvi svenire. Non fermatevi però. Anche se sudate, starnutite e tossite, continuate nel vostro sforzo. Siate certi che state procedendo verso l'obiettivo

---

[11] Padroneggiare la mente attraverso il controllo e la trasformazione delle facoltà psichiche.

e presto diventerete l'amore stesso. Questa è la ricompensa per il vostro amore.

Per i figli occidentali, il sentiero dell'amore, noto anche come il sentiero della devozione, è il migliore. Sto parlando in generale. Nella società occidentale, le persone sono cerebrali già nei primi anni di vita e hanno un approccio razionale verso ogni cosa. Questo è frutto della loro educazione 'moderna'. La gente è alimentata con ogni sorta d'informazione empirica sul mondo fenomenico e la scienza e la tecnologia sono ritenute prioritarie. Di conseguenza, la mente analitica è ben sviluppata mentre il cuore è arido. In molti casi, i cuori delle persone in Occidente non sono cresciuti, non raggiungono il pieno sviluppo e rimangono incompleti. Hanno una gran testa, ma il loro cuore è rattrappito e inaridito".

"Qual è la causa di tale aridità?" chiese ancora un occidentale.

La Madre spiegò: "Le norme sociali prevalenti favoriscono questa aridità del cuore. Riceviamo le prime lezioni d'amore da nostra madre, ma in Occidente il ruolo materno e paterno non è ben definito: le madri diventano padri e quindi perdono la qualità dell'amore materno, non provano un vero amore per i figli. Un altro fattore è una vita coniugale che manca di stabilità. La relazione tra marito e moglie e quella tra padre e madre sono molto deboli e fragili. Un figlio che vive in un tale contesto non può essere amorevole, affettuoso, e non impara nemmeno le lezioni più elementari sull'amore. Di certo l'amore non può essere insegnato come si insegna a leggere e a scrivere. Quello che Amma vuole dire è che non si vengono a creare le circostanze affinché i figli sviluppino amore nelle loro vite. I bambini crescono assistendo a conflitti, discussioni, litigi, odio, lotte e infine alla separazione dei genitori. Non sperimentano mai ciò che l'amore è, quello che dovrebbero apprendere nel vedere l'amore reciproco tra i genitori. Il padre e la madre sono i due Guru che il bambino vede da quando nasce finché non intreccia relazioni con il mondo. Se il seme dell'amore non viene piantato in casa, non può germogliare né crescere.

Il cammino della *bhakti* insegna l'amore. Lo si imbocca sviluppando un amore focalizzato su Dio e quando poi l'amore diventa il centro della vostra vita e le pratiche devozionali si intensificano, la prospettiva cambia: si prende coscienza che Dio dimora in tutti gli esseri, inclusi voi stessi, come pura coscienza. Mentre questa esperienza è sempre più forte, in voi cresce l'amore finché diventate Quello. L'amore che è in voi si espande fino ad abbracciare l'intero universo con tutte le sue creature. Diventate la personificazione dell'amore e questo amore rimuove la vostra aridità. L'amore è la cura migliore per tutti i blocchi emozionali e i sentimenti negativi. Quindi, Amma pensa che il cammino dell'amore sia il più adatto ai ricercatori occidentali".

La formazione delle qualità nei bambini

Concordando con le parole di Amma, una delle donne occidentali disse: "Quello che Amma raccomanda è davvero il cammino perfetto per gli occidentali. So per esperienza quanto dolore e tensione ci siano dentro di me e quanto vi sia poco amore. Sforzandoci di imitare gli uomini, noi donne occidentali abbiamo perso la nostra femminilità e questo è molto triste. Una vita basata sull'amore e sulla pazienza è quello di cui abbiamo bisogno".

La Madre continuò: "Amma stava proprio per dire che la pazienza è un'altra qualità che manca nella società occidentale. Figli, per crescere i figli una madre deve avere tantissima pazienza. Una madre deve modellare il carattere del figlio, che apprende le sue prime lezioni di amore e pazienza da lei. Una madre non può limitarsi a parlare d'amore e di pazienza, aspettandosi che il figlio o la figlia adotti queste qualità. No, non è possibile. Deve impersonare l'amore e la pazienza e mettere in pratica queste qualità con i figli.

In effetti un bimbo può essere molto ostinato ed intransigente, ma questa è la natura della maggior parte dei bambini perché le loro menti non hanno raggiunto il completo sviluppo. Poiché pensano solo ai loro bisogni, i bambini possono essere molto egoisti e testardi, ma tale atteggiamento è giustificabile non essendo contrario alla natura o alle sue leggi. Se però una madre diventa testarda e impaziente, creerà un inferno. Una madre dev'essere paziente, paziente come la terra.

Il coinvolgimento paterno nell'educazione dei figli è profondo tanto quanto quello materno. Anche il padre deve armarsi di pazienza. Quando diventa impaziente, viene minata la natura innocente e fiduciosa del bambino che, crescendo, diventerà impaziente e inflessibile, non avendo mai fatto l'esperienza di cosa significhi essere paziente poiché nessuno glielo ha mai mostrato. Diventato adulto, avrà una vita sociale difficile. Gli amici non saranno pazienti con lui. Non potrà neppure aspettarsi che il fidanzato o la fidanzata abbia pazienza. La società non è paziente con un ragazzo o una ragazza impazienti. Se i bambini non imparano la pazienza e l'amore dai genitori, non avranno l'opportunità di apprenderli da nessun altro. Se la madre è paziente ed amorevole con i figli, anche loro cresceranno pazienti ed amorevoli. Se invece non lo è, i figli non saranno amorevoli e pazienti perché non sapranno cosa significa esserlo. Non possiamo biasimarli.

I bambini esprimono quello che viene insegnato loro e quello di cui hanno fatto l'esperienza mentre crescono. Dovreste quindi essere molto attenti e prudenti per il bene dei vostri figli. Fate attenzione a quello che dite e fate perché ogni vostra parola, ogni vostra azione, crea un'impressione profonda nella mente di vostro figlio; scende profondamente nel suo cuore perché queste sono le prime cose che sente e vede e tali impressioni rimarranno indelebili nella sua mente. La madre è la prima persona con cui il bambino entra in contatto, poi si relazionerà con il padre e più tardi con i fratelli e le sorelle maggiori. Tutti gli altri rapporti s'instaurano in seguito nella vita. Perciò, di fronte ai vostri figli sappiate controllare la vostra mente. Create un buon ambiente familiare per loro, un clima in cui possano crescere, altrimenti in futuro andrete incontro a molti grattacapi".

La vita familiare è come un ashram

"Amma, stai dicendo quindi che la vita familiare non va presa alla leggera, che non è qualcosa che semplicemente accade nel corso delle nostre vite. Dovremmo considerarla un'altra forma di *tapas*?", chiese un altro occidentale.

"Figli", rispose lei, "ad Amma non piace usare la parola *tapas* perché questo termine spaventa molti figli occidentali, che pensano che *tapas* equivalga a una tortura fisica e mentale. Hanno paura che le austerità li priveranno di ogni desiderio e non vogliono che questo accada. Desiderano godersi la vita. L'unico problema è che hanno un'idea errata di cosa signifîchi 'godersi la vita'. È possibile godere realmente della vita se si è rilassati, se non c'è tensione. La maggior parte delle persone, non solo in Occidente ma anche in Oriente, è quasi sempre tesa. Gli uomini non sono capaci di trascorrere momenti sereni con la moglie e i figli perché sono preoccupati per il lavoro, gli affari, la loro posizione sociale e quello che gli altri pensano o dicono di loro. C'è sempre qualcosa che li rende inquieti: il desiderio di una nuova casa, di una nuova auto, di un nuovo televisore o di una nuova relazione. Una persona immersa nella vita del mondo aspira sempre alla novità; è stanca e annoiata delle cose vecchie. Perennemente insoddisfatta di ciò che ha, crede che le novità la renderanno felice. Focalizzata su ciò che non ha, vive costantemente nel passato o nel futuro, mai nel presente, e corre dietro ad ogni suo desiderio. Continua ad acquisire e possedere. Non trova tempo per gustarsi la vita, rilassarsi e stare nel presente. Alla fine, crolla. Questo è quello che accade a molte persone nella cosiddetta 'società moderna', in Occidente o in Oriente.

Una famiglia non è un semplice gruppo di individui che vive insieme. Mentre vive assieme, questo 'gruppo' può imparare e comprendere molte cose. La famiglia è un altro tipo di *Gurukul* (la famiglia del Guru). Proprio come il Guru spirituale tratta i suoi discepoli come figli suoi, in una famiglia, il padre e la madre sono i guru e i figli i discepoli. Nel *Gurukul*, il legame tra il Guru e il discepolo è molto forte. Il maestro è sempre come un padre o una madre per i discepoli e quindi non è sbagliato equiparare la vita di famiglia a un *Gurukul*. Nei tempi passati, se il Maestro non era sposato, faceva da padre e da madre ai discepoli. Se invece aveva una moglie, la donna diventava la madre dei suoi discepoli, dimostrando loro amore e pazienza, mentre lui si occupava dell'insegnamento e di mantenere la disciplina. Così era negli antichi *Gurukul* indiani in cui il Maestro conduceva la vita di un capofamiglia.

Nella maggior parte delle famiglie odierne ci sono entrambe le figure, paterna e materna. Guidati da una giusta comprensione della vita familiare e della vita nel suo insieme, i genitori possono svolgere correttamente il loro ruolo. La madre può sforzarsi d'impartire al figlio virtù come l'amore, la pazienza e la tolleranza, e il padre può amorevolmente insegnare al figlio un comportamento che non danneggi la società, la sua famiglia e la sua stessa vita. Il padre può insegnargli l'obbedienza e il rispetto per gli altri. A volte un genitore diventa sia il padre che la madre. Se ci si prova, è possibile. In tutti i casi, i genitori sono i primi a dare l'esempio, a mostrare ai figli come vorrebbero che questi fossero. Senza il buon esempio, è impossibile che un figlio cresca in modo adeguato. Un padre può essere anche una buona madre e una madre un buon padre, ma si potrà giungere a un tale equilibrio solo svolgendo correttamente la *sadhana*.

La casa in cui abita la famiglia non dovrebbe perciò diventare un luogo in cui un gruppo di persone vive assieme conflittualmente, in lotta, impegnato in continue discussioni. L'abitazione non è uno spazio in cui si mangia e si dorme esclusivamente, convinti che la vita e i piaceri che ci offre siano solo questi. Pensarlo, rende la vita di famiglia un inferno, in grado di sgretolare la vostra personalità. Una tale esistenza non è vita ma morte e chi si comporta così in famiglia è paragonabile a un cadavere. Una tale famiglia è simile a una cella in cui i detenuti non interagiscono tra loro, ma stanno solo lì, l'uno vicino all'altro. Tuttavia, è possibile trasformare la propria famiglia in un paradiso, l'abitazione in un focolare, in una dimora di felicità e beatitudine, in un luogo di pace e d'amore. Per riuscirci è sicuramente necessario uno sforzo. Si potrebbe dire che si tratti di una forma di *sadhana*. Se volete, se vi aiuta a considerarlo un aspetto importante, potete pure chiamarlo *tapas*.

Nessuno desidera essere infelice, nessuno desidera soffrire. Tutti vogliono essere sempre felici, se possibile. Però, il modo o il cammino che scelgono per raggiungere questo fine è spesso sbagliato. L'attuale stile di vita genera solo maggiore stress e dolore. Il problema siete voi, il problema è dentro, non fuori di voi. Se davvero volete assaporare la vita, seguite la via della disciplina mentale e state a vedere cosa accade. Non c'è nulla di male nel compiere qualche sforzo, nel praticare qualche austerità se farlo ci farà sentire più felici. Voi desiderate godere della vita; nessuno, è ovvio, vuole soffrire, ma ricordate che gustarla dipende da come la si vive.

Un *griham* (casa) è un ashram o eremo. Da qui, la parola *grihasthasrami* (padre di famiglia). Un *griham* può essere trasformato in un *ashramam*. L'ashram è il luogo in cui le persone dedicano tutto il loro tempo e le loro energie ricordando Dio, svolgendo un servizio disinteressato e coltivando qualità come l'amore, la pazienza e il rispetto per gli altri. Svolgono inoltre pratiche spirituali al fine di giungere a vedere l'unità nella diversità. Inizialmente riempiono i loro cuori d'amore e questo amore viene poi espresso in ogni loro azione e ovunque vadano. Vedono bellezza e armonia in tutto. Questa è come dovrebbe essere la vita in un ashram. Anche la vita di famiglia può essere così, anzi, una volta era così. Se è stato possibile in passato, possiamo riuscirci anche noi. Ecco perché un capofamiglia è chiamato *grihasthasrami*: colui che vive come se fosse in un ashram pur restando nella sua casa, profondamente impegnato a raggiungere l'obiettivo supremo, la beatitudine, anche mentre vive con la moglie e i figli. Ci si può riuscire se ci si prova veramente".

La paura di abbandonarsi

Un occidentale fece un'altra domanda: "Amma, sembra che molti occidentali siano alla ricerca della spiritualità, ma quando si tratta di rinunciare, la loro volontà non è più così forte. Direi perfino che sono molto spaventati all'idea di rinunciare a ciò che possiedono e di abbandonarsi. Perché?".

La Madre rispose: "Figlio, questo atteggiamento è diffuso anche negli indiani, ma è più pronunciato negli occidentali. Come ha detto prima Amma, la gente ha paura di rinunciare ai propri desideri perché pensa di non poter vivere senza. Tuttavia, non c'è nulla da temere perché nessuno vi obbligherà a rinunciare ai vostri beni e a sottomettere la vostra volontà a quella del Guru. Nessun vero Guru eserciterà pressioni o vi minaccerà perché facciate qualcosa.

Amma non forza nulla: i suoi figli hanno tutta la libertà che vogliono. Anche ai figli che vivono qui, Amma ha detto: 'Figli, avete la libertà di scegliere: se nutrite forti desideri legati al mondo e trovate difficile continuare come *brahmachari*, ditelo pure ad Amma: lei stessa vi troverà una ragazza e organizzerà il vostro matrimonio. Se invece vi interessa continuare il cammino e sentite sinceramente che questa è la sola cosa che volete, allora sforzatevi di vivere osservando le regole e le norme dell'ashram. Ma siete liberi di scegliere.

Inoltre, nessun vero Guru vi disciplinerà appena andate a vivere nel suo ashram. Se intendete percorrere il sentiero spirituale, il Maestro attenderà pazientemente finché non sarete abbastanza maturi da essere disciplinati. Non ha senso darvi indicazioni su come procedere se manca il desiderio sincero di accettare le parole del Guru: sarebbe come parlare a un sasso. Così il Guru non vi costringerà né vi istruirà a fare qualcosa che non volete fare, ma susciterà in voi gradualmente, senza forzarvi, il desiderio di abbandonarvi: vi porterà pazientemente al punto in cui l'unica vostra scelta è l'abbandono. Non ha perciò senso temere che il Guru vi costringa alla resa.

Perché mai dovrebbe insistere affinché vi abbandoniate? Il Guru non ha alcun interesse personale, è oltre il desiderio e l'assenza di desiderio, è privo di motivazioni egoistiche avendo trasceso ogni cosa. Costringere qualcuno a fare qualcosa è proprio delle persone avide. Il Guru non è affatto avido e quindi perché dovrebbe comportarsi così? Non ci si abbandona a un individuo perché è al proprio sé che ci si abbandona. Il Guru non vuole nulla da voi: non avendo interessi personali, non guadagna nulla dal vostro abbandono. Essendo sempre pieno e completo, può solo dare, dare senza sosta. Non gli occorre nulla di esterno che potreste offrirgli. La rinuncia favorisce la crescita e la pace interiori e vi porta alla beatitudine: aiuta il vostro piccolo sé ad espandersi fino ad immergersi nel grande Sé.

Vedendone solo il corpo, le persone giudicano il Guru basandosi su ciò che vedono e proiettano la loro ignoranza su di lui. È questa ignoranza che suscita in loro la paura di abbandonarsi.

Pensano che il Guru li controllerà o che gli porterà via tutto, sopprimerà la loro individualità e li farà soffrire. Scorgendo unicamente la forma umana, temono che lui li possa ingannare. Ma il Guru è al di là del corpo, va oltre la natura umana: è l'incarnazione della pura consapevolezza. In realtà, il Maestro non ha né forma né nome. In lui non abita nessuna persona, vi è solo il nulla. Non c'è nessuna persona lì, solo il nulla. Come può un Guru senza forma e senza nome sottrarvi qualcosa? Come può controllarvi? Lui semplicemente è e voi traete beneficio dalla sua presenza. Se davvero volete avvalervene, allora abbandonatevi al vostro Sé. Il vostro Sé è identico al Sé del Guru. Non ci sarà nessuno quindi ad avanzare rivendicazioni, ad esigere, discutere o rubare. Ci si abbandona al Sé per la propria evoluzione spirituale, non lo si fa per il Guru. Assolutamente no".

Il gruppo di occidentali ascoltava attentamente le parole della Madre ed era chiaramente molto soddisfatto delle risposte. Quello che sembrava essere il leader del gruppo espresse la sua gratitudine dicendo: "Amma, hai fatto davvero chiarezza su domande che ci hanno tormentato per tanto tempo. È stato molto illuminante. Avevamo tante altre domande, ma tu ci hai risposto senza che dovessimo fartele. Si dice che non sia possibile ripagare il Guru. Ciò nonostante, Amma, ti prego, accetta le nostre umili prostrazioni ai tuoi piedi". E tutti si prostrarono davanti a lei.

La Madre chiamò Brahmachari Sree Kumar e gli disse di andare a prendere l'armonium. Quando arrivò, Amma cantò alcuni *Namavali* e gli occidentali si unirono al coro delle risposte. La loro intera attenzione era su di lei. Osservando il suo stato di ebbrezza divina, sedevano pieni di stupore e venerazione. Vedere questi diversi stati di devozione suprema manifestati dalla Madre era per loro un'esperienza nuova. Quando Amma finì di cantare, rimase in profondo raccoglimento per qualche tempo. Tornata sul piano di coscienza fisico, si alzò e si diresse verso sud, vicino alle *backwater*. Le increspature dell'acqua riflettevano la luce del tardo pomeriggio.

La Madre incomprensibile

Qualche ora più tardi, dopo i *bhajan* della sera, la Madre era distesa sulla sabbia del lato sud del tempio. La testa poggiava in grembo a Gayatri e i piedi posavano in grembo a un'altra devota. Quasi tutti i *brahmachari* e gli altri residenti dell'ashram erano presenti. L'umore della Madre era molto giocoso. Come una bambina, afferrò i capelli di Gayatri e glieli tirò. Gayatri piegò la testa, ma Amma continuò a tirare finché la testa di Gayatri non toccò il petto della Madre. A quel punto, lasciò andare i suoi capelli.

Un attimo dopo chiuse gli occhi ed entrò in *samadhi* con la mano destra protesa. Nessuno si muoveva. Dopo un po' uscì da questo stato, facendo roteare la mano destra ed emettendo un suono particolare, prodotto quando entra ed esce dal *samadhi*. Mantenne il silenzio e anche i *brahmachari* non fecero domande.

Dopo qualche tempo cominciò a scavare una piccola buca con la mano destra. A un tratto prese una manciata di sabbia e la lanciò contro il viso di un *brahmachari*. Mentre costui tossiva e sputava cercando di togliere la sabbia dalla bocca, Amma rideva a gran voce. Poi si rotolò sulla sabbia scostandosi dal grembo di Gayatri; rideva in modo incontrollato e dopo qualche istante si sedette e di nuovo afferrò un'altra manciata di sabbia. Nel vederlo, alcuni *brahmachari* si allontanarono velocemente pensando che si sarebbero trovati con la faccia piena di sabbia. Ma Amma non lanciò nulla. Avendo notato che Amma aveva smesso di giocare, i *brahmachari* che erano corsi via ritornarono ma, mentre si sedevano, la sabbia cominciò a volare: la mira di Amma era perfetta. Adesso i fuggiaschi erano pieni di sabbia. Corsero al rubinetto per lavarsi il viso e sciacquarsi la bocca e quando tornarono la Madre aveva ripreso il suo umore normale.

A questo punto un *brahmachari* chiese: "Non dovremmo accettare con amore e riverenza qualunque cosa ci dà un *Mahatma?*".

"Sì, questo è quello che affermano le Scritture", rispose Amma, "Non dovrebbero sorgere domande o dubbi a riguardo. Accettate quello che vi viene dato e serbatelo con devozione. Per quanto insignificante possa apparire, non dovremmo rifiutarlo perché non sappiamo cosa ci è stato dato. Ai nostri occhi potrebbe sembrare una cosa banale, ma potrebbe essere una rara benedizione che vi è stata data con uno speciale *sankalpa*. I *Mahatma* possono agire in questo modo. Forse un tale regalo è frutto della vostra *sadhana*.

Potreste pensare: 'Ma io non ho svolto nessuna pratica spirituale in questa vita e quindi come può essere frutto della *sadhana?*'. Se non avete praticato in questa vita, dovete avere svolto la *sadhana* nella vostra nascita precedente ed è per questo che il Guru vi ha benedetto. Voi ignorate completamente la vostra vita precedente, ma il Guru la conosce e non conosce solo quella precedente, ma anche tutte le altre vostre nascite. Sa tutto ciò che avete fatto. Conosce il passato, il presente e il futuro. Conosce chi eravate, chi siete e cosa diventerete. Perfino una manciata di sabbia ha valore ed è preziosa se è un *Mahatma* a darvela.

Se una persona non ha conseguito nessun merito spirituale nella vita precedente, un *Mahatma*, per pura compassione e amore, può riversare la sua grazia su di lei o su chiunque voglia. Non sappiamo sotto quale forma giungerà tale grazia".

Era evidente che la Madre stesse sottolineando l'errore commesso dai *brahmachari* per essere scappati. Pieno di rimorso, uno di loro disse: "Amma, non avevamo sufficiente discernimento per restare seduti immobili quando ci hai lanciato la sabbia. Abbiamo semplicemente pensato che ce la stessi lanciando per burla. Non abbiamo compreso la profondità racchiusa in questo gioco.

Amma, per favore, perdona il nostro errore". Tutti si prostrarono chiedendole scusa.

Amma li consolò dicendo: "No figli, no. Non è colpa vostra, è stato un errore di Amma, che a volte diventa giocosa e agisce così ma, figli, Amma lo fa in tutta spontaneità, senza traccia di ego". Si fermò un attimo e poi, all'improvviso, si mise a cantare *Uyirai Oliyai*.

Uyirai Oliyai

O dea Uma, dove sei?
Tu sei la vita,
la luce e la stabilità della terra.

O Sapiente che esisti come vento, mare
e fuoco, non hai pietà di me?
Tutta la saggezza è fuggita lontana
e le nascite si susseguono.

Sei la vera conoscenza celata.
L'irrealtà è diventata la realtà
e tutti i vizi aumentano in Tua assenza.

Il suono delle onde dell'oceano accompagnava, facendo da sottofondo, il canto della Madre, che subito entrò di nuovo in uno stato di rapimento divino. Rideva e sorrideva mentre le lacrime rigavano le sue guance. Alzando entrambe le mani, cantava. Come aveva detto lei stessa, la sua mente si eleva spontaneamente fino al piano della consapevolezza più alto. In un attimo, Amma può staccarsi da questo mondo di pluralità, fatto di nomi e di forme, e andare verso l'ignoto. Proprio come un bambino può andare in cucina e ricevere il messaggio per lo sconosciuto che aspetta in salotto, Amma può innalzarsi e discendere tutte le volte che vuole: ha accesso ad entrambi i mondi. Noi spettatori la vediamo solo aprire e chiudere gli occhi, tracciare cerchi con le mani, pronunciare *Namah Shivaya* o scoppiare in una risata beata, e ignoriamo totalmente la realtà suprema e incomprensibile in cui lei dimora.

Questo suo stato elevato gettò un incantesimo gioioso su tutti i suoi figli, che sedevano immobili senza distogliere gli occhi da lei. Persino la notte ne era ammaliata: tutta la natura sembrava rispondere alla beatitudine divina della Madre. Dopo circa dieci minuti di questa magica quiete, l'umore di Amma cambiò improvvisamente: sdraiatasi sulla sabbia, cominciò a rotolarsi continuamente da una parte all'altra finché a un tratto disse: "Voglio un po' di *katala* (ceci) arrostiti".

"O Narayana!", esclamò Gayatri, "non abbiamo *katala*. Dove trovarli a quest'ora?". Era come se sapesse che questa richiesta non sarebbe stata dimenticata velocemente. Difatti, proprio come un bambino piccolo, la Madre ripeteva: "Voglio i *katala* arrostiti, voglio i *katala* arrostiti". Immediatamente Gayatri balzò in piedi e corse prima nella stanza della Madre, poi in cucina e poi di nuovo nella stanza della Madre. Amma continuava a chiedere i *katala*. Fortunatamente, Gayatri riuscì a trovarne alcuni nel suo armadio e glieli portò. Mettendosi a sedere, Amma sgranocchiò alcuni ceci e poi si mise a distribuirne un po' ad ognuno. Notando che mancavano due *brahmachari*, mandò qualcuno a chiamarli, ma il messaggero ritornò dicendo che stavano entrambi meditando.

A questo punto la Madre si alzò e andò a grandi passi verso la capanna in cui viveva uno di questi due *brahmachari*. Tutti la seguirono. Entrata nella stanza in punta di piedi, si mise dietro di lui mentre meditava, poi velocemente gli afferrò la testa e gli riempì la bocca con i *katala*. L'uomo saltò sulla sedia. Inutile dire che era molto sorpreso. Con un'espressione attonita sul viso, stava in piedi di fronte alla Madre, masticando con la bocca piena. Come se questo fosse proprio quello che voleva vedere, la Madre lo guardava e rideva.

Destato dalla sua meditazione dalla forte risata di Amma, l'altro *brahmachari* che sedeva nella capanna accanto venne a vedere cosa stesse succedendo. Poiché voleva giocargli lo stesso scherzo, quando vide la sua seconda vittima sulla soglia, Amma disse contrariata: "Oh, eccolo! Sarebbe stato divertente, ma quel momento è passato. Sarà forse per un'altra volta". Queste parole suscitarono un altro scoppio di risate. Diede al secondo *brahmachari* una manciata di *katala* e dopo essersi assicurata che tutti avessero ricevuto la loro parte, diede la ciotola ad uno dei *brahmachari* e andò nella sua stanza, seguita da Gayatri e Kunjumol.

Queste scene, che mostrano il comportamento strano e gaio della Madre, non sono rare anche se ognuna di esse è preziosa e unica. Nel raccontare il comportamento di Amma, vediamo che dapprima voleva un po' di *katala* arrostiti, ma quando glieli portarono ne mangiò a malapena qualcuno e li distribuì, invece, a tutti. Quindi per lei si era trattato di un gioco. Come ha spiegato la Madre, il suo comportamento strano e giocoso ha spesso lo scopo molto pratico di ancorare la sua mente al piano di coscienza fisico. La sua mente potrebbe facilmente elevarsi e dimorare perennemente nell'unione divina, ma benevolmente si sforza di rimanere su questo piano fisico per i suoi figli. Per quelli che sono così fortunati da essere presenti in tali occasioni, tali eventi sono regali preziosi che donano ricordi indimenticabili, memorie da conservare e contemplare per gli anni a venire. È attraverso questi avvenimenti e il loro ricordo che la Madre crea le condizioni ideali per coltivare nei suoi figli il seme dell'Amore Divino.

Aparigrahyam (incomprensibile) è la parola usata nelle Scritture per indicare *Brahman*, la Verità suprema. *Brahman* è incomprensibile, non può essere compreso attraverso le facoltà limitate della mente, dell'intelletto o degli organi di senso. Si usa il termine *aparigrahyam* per descrivere chi ha raggiunto lo stato supremo. Il comune intelletto umano si chiederà qual è il senso delle azioni compiute da chi risiede nello stato supremo, ma questa sua ricerca è inutile perché il regno in cui dimora il Supremo trascende tutto. Smettete di cercare un significato nelle loro azioni ed accettatele così come sono. Ogni tentativo di spiegazione o interpretazione non porterà a nulla poiché il significato non è racchiuso nelle parole. La ricerca dell'intelletto o della ragione deve cessare. Si può conoscere e fare l'esperienza solo nel silenzio. Una volta che il Supremo è conosciuto, il conoscitore tace.

Un *Mahatma* è come un bambino. *Balavat* è il termine usato nelle Scritture per descrivere questa natura infantile. Un *Mahatma* non ha rimpianti per cose che risalgono al passato né ansia per il futuro. Vive perennemente nel presente, totalmente distaccato. Ad un comune essere umano, gravato da ogni genere di preconcetti e pregiudizi, un *Mahatma* potrebbe apparire irragionevole. Le Scritture lo indicano con il termine *bhrantavat*. Il fatto è che un *Mahatma* non può essere compreso dall'intelletto umano: per avere un assaggio della sua vera natura, bisogna mettere da parte la ragione e, finché non lo si fa, un *Mahatma* resta un mistero inspiegabile, incomprensibile e indescrivibile.

Capitolo 8

Un insegnamento profondo tratto dalla cucina di tutti i giorni

1 maggio 1984

Quel mattino la Madre scese ancora prima delle otto e si diresse verso est, lontano dall'ashram, seguita da Gayatri e Kunjumol. Passando davanti ad alcuni *brahmachari* seduti davanti alla sala della meditazione, li guardò e chiese: "Di cosa state parlando? È proprio necessario?". Senza aspettare una risposta, continuò a camminare, oltrepassando la capanna di Unni, situata a pochi metri dall'ashram. (Questa capanna apparteneva a una famiglia di pescatori devoti della Madre e si trovava proprio a est del tempio dell'ashram. Oggi, in quel punto vi è il nuovo tempio di sette piani, la cui costruzione iniziò nel 1986.)

Chiedendosi dove stesse andando così presto, due *brahmachari* decisero di seguirla, ma non troppo da vicino, sapendo per esperienza che Amma non era sempre contenta che andassero con lei quando usciva. Aveva le sue buone ragioni. A volte, quando stava per uscire, diceva espressamente di non seguirla e spesso spiegava anche il perché; altre volte usciva senza dire nulla. Situazioni come quel mattino, quando non aveva detto esplicitamente nulla, venivano interpretate dai *brahmachari* come l'indicazione che, se avessero voluto, sarebbero potuti andare con lei e qualcuno di loro la seguiva sempre. Poiché non potevano mai essere sicuri di quello che la Madre avrebbe detto o fatto da un momento all'altro, non capendo se avesse gradito essere accompagnata o se improvvisamente si sarebbe girata dicendo loro di tornare indietro, i giovani la seguivano a distanza, sperando di non essere scacciati.

Arrivata sulla riva delle *backwater*, Amma si diresse verso sud, sempre accompagnata dalle due ragazze. Si fermò per qualche istante e, voltandosi, guardò i *brahmachari*: "Ehi birbanti, non c'è problema! Venite!", gridò.

Avendo ricevuto il permesso, i due giovani corsero da lei. Lungo la strada, Amma indicò un rubinetto d'acqua pubblico e disse: "Questo è il punto in cui si trovava la condotta del mulino. Qui, Amma aspettava spesso lunghe ore prima di poter attingere acqua per le necessità domestiche, ma non perdeva mai tempo: se la fila era lunga, andava a raccogliere erba per le mucche. Che fosse in coda aspettando il suo turno o raccogliendo erba per le mucche, non smetteva mai di ricordare Dio e di ripetere il Suo nome".

Dopo una breve pausa, la Madre continuò: "Gli abitanti del villaggio erano molto gentili con lei e cercavano di aiutarla non appena potevano. Sapevano che lavorava giorno e notte, sbrigando tutti i lavori di casa. Le difficoltà che doveva affrontare e la sua devozione verso Dio erano ben note nel villaggio e quindi, anche se lasciava il secchio per l'acqua vuoto vicino al rubinetto e andava a raccogliere l'erba per le mucche, qualcuno lo riempiva sempre e glielo metteva da parte".

Erano arrivati alla casa di Pushpavati Amma, un'ardente devota della Madre. Quando Amma entrò, la donna era in piedi di fronte all'immagine di Amma. La minuscola capanna era formata da una stanza da letto e da una cucina piena di utensili. Metà dello spazio della camera da letto era occupato da una grossa scatola di legno, di quelle che si usano per conservare il riso nelle case tradizionali del Kerala. Vedendo quanto la capanna fosse piccola, ci chiedevamo dove dormissero tutti i membri della famiglia.

Sentendo che alcune persone erano entrate in casa, questa signora di mezza età che stava in piedi di fronte all'altare uscì dal suo raccoglimento. Quando vide la Madre con un sorriso smagliante di fronte a lei, le emozioni trattenute emersero: le lacrime sgorgarono dai suoi occhi mentre si inginocchiava ai piedi di Amma. Tutte le sue figlie uscirono dalla cucina e si prostrarono. La Madre alzò Pushpavati Amma dal pavimento dov'era prostrata mentre piangeva a dirotto ai piedi della Madre. Senza smettere di piangere si sollevò sulle ginocchia e cinse la vita della Madre. Piena di compassione, Amma la accarezzò e la baciò sulla guancia, poi abbracciò e baciò ciascuna delle sue figlie, anch'esse in lacrime. Singhiozzando come una bambina, Pushpavati Amma disse: "È passato così tanto tempo dall'ultima volta che hai visitato la nostra casa. Quando stamani mi sono svegliata mi sentivo molto triste; ho anche detto alle mie figlie che forse ci avevi dimenticate. Quando sei entrata, ti stavo rivolgendo questa preghiera: 'Amma, se solo tu venissi, sarei felice. Ho pregato e pregato ed ora tu sei qui'", e di nuovo fu sopraffatta dall'emozione.

Amma si girò verso i *brahmachari* e spiegò: "In passato, la Madre veniva qui spesso. Questo accadeva prima che ci fossero così tante persone nell'ashram. Adesso, anche il *prarabdha* (ovvero le azioni passate che fruttificano nel presente, ma qui il termine è usato con il significato di 'responsabilità o oneri') della Madre è aumentato".

Volgendosi verso la devota, le disse: "Proprio come hai le tue responsabilità da adempiere, anche Amma ha un dovere verso i tantissimi figli che hanno rinunciato a tutto e affidato le loro vite a lei. Che fare? Anni fa, prima che arrivassero questi figli, Amma poteva trascorrere più tempo con voi, ma ora il suo tempo è stato lentamente occupato da tantissimi altri impegni. Ad ogni modo, Amma è venuta quando tu ne hai avuto nostalgia, non è vero? In effetti Amma avrebbe desiderato restare nella sua stanza oggi, ma improvvisamente ha sentito di dover venire qui e senza nemmeno dire una parola a Gayatri è scesa dalle scale. Forse è stato il tuo desiderio innocente che l'ha portata qui".

La Madre continuò: "Hai detto che volevi che Amma visitasse la tua casa, ma non gliel'hai mai detto. Anche se vieni sempre al *Bhava Darshan*, non hai mai detto nulla ad Amma". Poiché la Madre si era seduta sul pavimento, una delle figlie portò un tappetino e la invitò a sedercisi sopra. Amorevolmente, lei rifiutò: "No figlia, va bene così", e poi aggiunse, "Come posso sapere cosa desideri se non me lo dici?".

La donna sorrise e con innocenza rispose: "O *Kalli Amme* (O Madre, birbantella)! Perché ci fai questi giochetti? Tu sai tutto ed è per questo che sei venuta qui anche senza che te l'avessi chiesto. Avevo l'intenzione di farlo, ma ogni volta che ero vicino a te non riuscivo a dire nulla. In ogni caso hai sentito le mie preghiere, la mia angoscia e il mio dolore, non è vero? Io so che tu sai tutto e la mia fede mi dice che Tu senti le mie preghiere".

La Madre rise e si rallegrò per le parole innocenti di Pushpavati Amma. Poi si girò e disse ai *brahmachari*: "Guardate la sua innocenza e imparate ad essere così innocenti". Sentendo queste parole, i *brahmachari* pensarono di avere capito perché la Madre gli aveva permesso di andare con lei. Gli parve che lei avesse voluto farli assistere a questo momento per imparare una lezione importante. "Non soffocate la vostra innocenza nelle parole delle Scritture", raccomandò Amma ai *brahmachari*.

Una delle figlie portò un po' di *puttu*[12] e *katala* per la Madre e i suoi accompagnatori. Servì il tè alla Madre e *palum vellam* (latte caldo diluito con acqua) agli altri. La Madre bevve il tè e mangiò qualche boccone mentre diceva ai *brahmachari* di bere il latte. Infine imboccò ogni membro della famiglia con le sue mani e poi fece lo stesso dando qualche boccone a chi era venuto con lei. "Per loro è troppo presto per una colazione così pesante.

---

[12] Farina di riso mescolata con della noce di cocco grattugiata e cotta a vapore in un cilindro di ferro o di legno. Il puttu è solitamente accompagnato da ceci e mangiato per colazione.

Mol (figlia), impacchettala; la mangeranno più tardi, dopo la meditazione", disse.

La Madre andò in cucina e si guardò attorno. Si sedette vicino al fuoco su cui era posata una pentola d'acqua in cui cuoceva del *puttu* in un cilindro di ferro. Tolse il cilindro dalla pentola e controllò se il *puttu* fosse pronto. Vedendo che era ancora crudo, rimise il contenitore in cima alla pentola e senza sprecare l'opportunità di dispensare un po' di saggezza spirituale, fece questa analogia: "La pentola è il corpo e l'acqua nella pentola la mente. Il fuoco è il *tapas*. Il fuoco fa bollire l'acqua, generando vapore. Il vapore cuoce la farina di riso e il cocco macinato trasformandoli in un piatto delizioso (*puttu*) e le persone possono placare la loro fame mangiando questa prelibatezza. Allo stesso modo, adesso noi siamo crudi, siamo un miscuglio di cose inutili chiamate corpo, mente e intelletto, che ostentiamo con grande orgoglio. Siamo molto egoisti ed egocentrici. Queste facoltà crude e inutili dovrebbero essere cotte nel calore del *tapas* per essere trasformate in qualcosa di utile. Affinché sia possibile, l'acqua della mente, l'ego e i pensieri dovrebbero svanire all'intenso calore del *tapas*. Il *tapas* rende la mente sempre più sottile e pura, allargandone gli orizzonti. In tal modo si diventa persone buone e utili per il mondo. Quando potete amare e servire l'umanità, diventate cibo per il mondo".

Quando fu cotto, Amma tolse il *puttu* dal cilindro. Mentre lo riempiva con dell'altra farina di riso e il cocco, elaborò maggiormente questo tema: "Guardate, ora siamo così, crudi come questa farina di riso. Non essendo ancora cotta, nessuno può mangiarla perché provocherebbe mal di stomaco. Non solo è inutilizzabile, ma anche nociva. Adesso noi siamo così". Alzandosi, mostrò il contenitore mentre diceva: "Dovremmo entrare in questo cilindro di *tapas* scuro come una prigione per cuocere, liberarci ed essere così di aiuto agli altri. Qualcuno potrebbe avere l'impressione che la fase in cui si svolgono le pratiche spirituali sia piena di regole e di norme severe: un tempo in cui esercitare il controllo. Potremmo avere la sensazione che le austerità e le rinunce ci imprigionino, ci facciano perdere ogni libertà, ma sappiate che la sensazione di essere in una prigione è temporanea e che presto giungerete alla libertà eterna. Proprio come il *puttu*, diventiamo cibo per il mondo una volta cotti sul fuoco del *tapas*.

Un vero *tapasvi* (colui che si dedica a severe pratiche spirituali) vive per il mondo: rimane nel corpo solo per il mondo e si sacrifica per il bene del mondo. Diventa cibo interiore per coloro che lo avvicinano, cercando di placare la loro sete e fame interiori. È cibo per chi ha sete della Verità. Sri Krishna divenne cibo per il mondo ed anche Gesù e Buddha accettarono volontariamente di essere cibo per il mondo. Per diventarlo, bisogna però cuocere se stessi nel fuoco del *tapas*. Le *gopi* di Brindavan cucinarono se stesse nel fuoco del loro amore per Sri Krishna. Si potrebbe pensare che non avessero compiuto nessuna penitenza rigorosa come lo stare sedute per molte ore assorbite in meditazione, digiunare o torturare il corpo, ma l'intenso amore per il "ladro di burro" che aveva rubato anche i loro cuori era anch'esso *tapas*. Questo è il significato del rubare il burro dalle loro case: Krishna stava rubando i loro cuori. Lo strazio per l'essere separati dall'amato genera tantissimo calore e in questa fornace l'ego si scioglie e finalmente avviene l'unione. In questo stato di unione, il calore cessa e si sperimenta una pace e una beatitudine completa".

La santa Madre rimise il cilindro del *puttu* in cima alla pentola e si alzò. Tutti si rilassarono: le parole di Amma li avevano come ipnotizzati. Una semplice attività domestica quotidiana come preparare la prima colazione era diventata l'argomento di un discorso spirituale molto profondo. Chi avrebbe potuto trarre simili principi spirituali dal semplice atto di cucinare? "Non c'è nulla che Ammachi non sappia", commentò Pushpavati Amma.

Benché fosse una donna di villaggio dall'aspetto ordinario, Pushpavati Amma conosceva bene i principi spirituali. Anche il marito era un devoto della santa Madre e tutti lo rispettavano e l'amavano molto per la sua bravura nel leggere il *Bhagavata*[13].

Il *Lalita Sahasranama* glorifica la Madre divina come "*tattvartha svarupini*", ovvero "l'incarnazione di tutti i principi spirituali e del loro significato". Situazioni come questa creano la sensazione che la Madre sia la personificazione di tutta la saggezza e di tutti i detti vedici.

Prima di partire, la Madre condusse una breve *puja* davanti all'altare di famiglia. Mentre stavano ritornando all'ashram, Amma fece qualche altro commento su questa famiglia: "Pushpavati Amma è una donna pia. Quando Amma veniva maltrattata dal fratello maggiore, Pushpavati Amma la portava a casa sua. Amma sedeva nel suo cortile e piangeva, pregando la Madre Divina. A volte Amma era talmente assorta nella meditazione che non usciva da questo stato per molte ore. Pushpavati Amma le aveva confessato che, quando capitava, era molto preoccupata e spaventata, pensando che Devi avrebbe portato via il corpo di Ammachi. Così, piangeva e pregava la Madre Divina, chiedendole di non farlo. Pushpavati Amma è molto innocente. La maggior parte degli abitanti di questo villaggio ha una fede innocente, ma manca di comprensione spirituale: crede che Dio sia diverso da un essere umano e che l'uomo non possa diventare Dio. Se queste persone avessero una comprensione spirituale oltre alla fede innocente, potrebbero progredire facilmente".

Giunta nell'ashram, Amma chiese ai due *brahmachari* di andare a meditare poiché era già cominciata la meditazione. Mentre si dirigeva verso la sua stanza, sbirciò nella sala da una

---

[13] In India è sempre viva la tradizione dei "poeti cantori" che leggono o cantano le gesta degli dei e degli eroi antichi, proprio come nella tradizione greca Omero cantava le avventure di Ulisse.

finestra e, vedendo che tutti i suoi figli erano lì, salì le scale che portavano alla sua camera.

Capofamiglia e vita spirituale

Alle dieci, un bel po' di persone erano già arrivate per vedere la santa Madre. Alcuni stavano aspettando nella capanna del darshan, altri sulla veranda del tempio. La Madre arrivò nella capanna del darshan dopo un'ora, mentre i devoti cantavano *Amritanandamayi*.

Amritanandamayi

Saluti a Te, ripetutamente,
Mata Amritanandamayi, Dea immortale!
Come il sole sorge all'alba,
possa tu sorgere nella mia mente,
Mata Amritanandamayi!

O Madre, non so come cantare
con purezza le Tue lodi.
Puro candore, le Tue sacre parole
sono nettare per i Tuoi figli,
come le nuvole che portano frescura lo sono per la vita.

Dispensatrice della sorte che possiedi il supremo distacco,
Incantatrice universale, continua la Tua danza,
o Ambrosia divina.
Lo splendore del Tuo soave sorriso
fa scaturire dolce nettare dal mio cuore.

In segno d'amore e di riverenza, tutti i devoti si alzarono quando Amma entrò nella capanna. Piena di umiltà, lei si prostrò come fa sempre, e tutti si prostrarono seguendo il suo esempio. I canti continuarono mentre Amma si sedeva sul lettino su cui rimase per tutto il darshan. Prima di ricevere i devoti, chiamò i bambini piccoli, che andarono da lei uno ad uno. In questa loro innocente attrazione per la Madre, alcuni bimbi non volevano staccarsi dal suo grembo e così Amma li faceva sedere accanto a lei sul lettino. Spesso però non volevano andare via nemmeno da lì e alla fine uno dei loro genitori doveva portarli via.

Dopo che Amma ebbe abbracciato ogni bambino, i devoti cominciarono ad andare al darshan. Nel frattempo, un devoto chiese come un capofamiglia dovesse vivere nel mondo continuando ad avere una vita spirituale.

La Madre rispose: "Un capofamiglia che desidera condurre una vita spirituale dopo aver assolto alle sue responsabilità nel mondo, dovrebbe esercitarsi nella rinuncia fin dall'inizio, perché non sarà facile farlo. La rinuncia richiede una pratica prolungata e costante. Poiché potrebbe non essergli possibile rinunciare a tutto esternamente, dovrebbe quindi cercare di essere distaccato interiormente. La sua mente non dovrebbe essere troppo coinvolta nelle cose. Per riuscire a mantenere questo distacco interiore, è molto importante avere *lakshya bodha*. Qualunque cosa accada in casa o fuori, bisognerebbe sempre fermarsi a riflettere e rivolgere questa preghiera: 'La mia meta è ben oltre questi sciocchi e banali problemi terreni. Signore, Ti prego, non farmi cadere in questi conflitti e discussioni, dammi la forza e il coraggio di stare tra tutte queste difficoltà continuando a ricordarTi e a rimanere distaccato. Possa affrontarle considerandole mio dovere, senza che venga influenzato dalle loro vibrazioni'.

Un bravo capofamiglia dovrebbe essere internamente un *sannyasin*. Amma non intende dire che dovrebbe fuggire dai propri doveri. Assolutamente no. Bisogna compiere i propri doveri al meglio. Non è bene scappare dalla propria vita: sarebbe una vigliaccheria. Una persona che fugge dalla propria vita non può essere un ricercatore spirituale ed è per questo che Krishna non permise ad Arjuna di abbandonare il campo di battaglia. La vita è una battaglia, non qualcosa da evitare. Inoltre, non si può evitarla. Cosa faresti per evitarla? Per sfuggire alla vita potresti correre sull'Himalaya, o in una foresta, o in un ashram, ma la vita ti seguirà anche lì. Così come non si può scappare dalla morte, non si può nemmeno scappare dalla vita. Ovunque tu vada, la morte ti segue ed ovunque tu vada, anche la vita ti segue. Non puoi schivare nessuna delle due. Puoi solo trascenderle. Quindi, una persona intelligente non cerca di scappare dalla vita, ma la vive saggiamente, dando la giusta attenzione ai problemi che si presentano.

Il modo intelligente di vivere la vita è avere delle buone basi spirituali. Figli, non cercate di sfuggire ai vostri doveri. Se siete padri di famiglia, svolgete i vostri doveri in modo adeguato cercando però di essere distaccati il più possibile, così da prepararvi a una totale rinuncia. Se siete aspiranti spirituali o *sannyasin,* state comunque vivendo nel mondo, non è vero? Quindi, avete certi doveri nei confronti della società. Certo, nulla vincola un vero *sannyasin*, ma poiché la maggior parte delle persone non ha preso i voti monastici, dovrebbe fare bene la propria parte nel mondo. Agite per il bene, a favore della società, restando al contempo distaccati. Poiché vivi una vita spirituale mentre conduci una vita di famiglia, preparati ad abbandonare tutto alla fine".

"Amma, com'è possibile?", chiese lo stesso devoto.

La Madre continuò a spiegare: "Che uno sia un *grihasthasrami* o un *sannyasin*, la rinuncia è il mezzo per raggiungere il fine. Internamente, un capofamiglia dovrebbe essere un *sannyasin*, mentre esternamente dovrebbe essere attivo e svolgere i suoi doveri per bene. Esternamente ha desideri e bisogni da soddisfare: potrebbe aver bisogno di acquisire e possedere cose, ma allo stesso tempo dovrebbe prepararsi a lasciare tutto in qualunque momento. Anche un *sannyasin* che vive nel mondo dovrebbe essere così:

molto attivo e intraprendente ma non influenzato e totalmente distaccato interiormente. Questo è il segreto.

Un *sannyasin* è colui che ha dedicato la sua vita intera, interiore ed esteriore, agli altri, per il bene del mondo. Un *grihasthasrami*, invece, è colui che esteriormente conduce una vita di famiglia, ma internamente la vita di un *sannyasin*.

Per essere di buon esempio, anche un *sannyasin* dovrebbe agire mentre vive nel mondo, non stare seduto a oziare dicendo: 'Ho raggiunto lo stato di non azione e quindi non occorre che m'impegni in nessuna attività'. Questo suo cattivo esempio verrà emulato da altri. Anche dopo aver raggiunto la Perfezione, un vero *sannyasin* che vive in questo mondo di pluralità sarà sempre molto dinamico, attivo e creativo esteriormente, mentre interiormente dimorerà nel silenzio.

Un *sannyasin* stava viaggiando su un treno. Nello stesso scompartimento c'erano molti altri passeggeri e tutti avevano tantissimi bagagli. Nel vedere che il monaco aveva una borsa di stoffa piena di cose, un passeggero commentò: 'Noi siamo persone mondane e possediamo molti beni, ma anche tu hai una borsa piena di cose. Che differenza c'è tra me e te, a parte il colore delle nostre vesti?'. Il *sannyasin* sorrise e rimase tranquillo. Qualche minuto più tardi il treno attraversò un ponte sopra un fiume. A un tratto, con un grande sorriso sul volto, il monaco prese la borsa di stoffa e altri oggetti che aveva con sé e li gettò nel fiume sottostante. Con la stessa espressione sul viso, si girò verso il passeggero e chiese: 'Caro fratello, anche tu saresti capace di fare lo stesso?'. L'uomo esclamò: 'Cosa? Cosa stai dicendo? Tutto ciò che ci è caro è nelle nostre borse. Come potremmo buttarle via?'. Il *sannyasin* sorrise e continuò: 'Anch'io avevo molti oggetti cosiddetti di valore in quel fagotto, ma ho potuto facilmente rinunciarvi senza provare dolore o attaccamento. Tu, invece, non puoi farlo perché sei attaccato alle tue cose. Questa è la differenza tra di noi'. Rendendosi conto della sua impertinenza, il passeggero chinò il capo e rimase in silenzio.

Figli, un vero *sannyasin* è così: completamente spassionato. Anche le cose che sembra possedere non possono legarlo. Egli è libero, eternamente libero e incontaminato. Una persona simile può facilmente rinunciare a tutto.

Un padre di famiglia, invece, potrebbe non riuscire a rinunciare così facilmente alle cose. Ciò nonostante dovrebbe sforzarsi di calmare la sua mente. Assillato da mille problemi, la mente di un capofamiglia tende ad essere rumorosa. L'uomo è costantemente preoccupato per i suoi problemi personali, le lamentele di sua moglie, i bisogni dei suoi figli, le pressioni della società e così via. Non può restare tranquillo. Sia internamente che esternamente continuerà a correre di qua e di là, ad andare avanti e indietro, parlare ed argomentare, calcolare e risolvere, discutere e lottare, e alla fine crollerà. Amma sa che è molto difficile superare questi problemi che causano clamore sia nelle vostre teste che nelle vostre menti, ma non è impossibile imparare a conseguire il silenzio interiore. La maggior parte dei nostri antichi maestri erano padri di famiglia che riuscirono a farlo ed anch'essi erano esseri umani. Quindi, se ce l'hanno fatta loro, possiamo farcela noi. Se hanno avuto la forza di farlo, anche noi abbiamo questa forza. Amma vi racconterà una storia che vi mostra come dovrebbe essere un vero capofamiglia".

La Madre cominciò a narrare la storia della mangusta dorata, tratta dal *Mahabharata*. Un giorno, il maggiore dei Pandava, Yudhisthira, che era il re della città di Hastinapura, svolse un grande *yagña*[14]. Questo *yagña* era amato da tutti perché venivano donati ricchi doni agli storpi, ai ciechi, ai poveri, così come ai sacerdoti e agli eruditi. Il cibo veniva offerto a chiunque.

---

[14] Rito vedico seguito dalla distribuzione di ricchezze, sia ai bramini che ai poveri e ai bisognosi.

Mentre si stavano celebrando i rituali e la distribuzione dei doni, tra le lodi festose a gloria del grande re Yudhisthira, apparve una mangusta che cominciò a rotolarsi proprio nel punto in cui si stava tenendo la cerimonia. Si trattava di una strana mangusta perché metà del suo corpo aveva un colore dorato. Dopo essersi rotolata per un po', la mangusta si fermò e, guardando il gruppo dei dotti, disse: "Questo sacrificio, o saggi, non è grande come quello della famiglia del bramino". I saggi replicarono: "Come osi cercare di sminuire questo grande sacrificio che stiamo compiendo seguendo rigorosamente i dettami delle Scritture! Noi conosciamo molto bene le antiche Scritture e siamo sicuri di svolgere le cerimonie esattamente come prescritto. Se però affermi di avere scoperto qualche pecca, vogliamo sapere quale saggezza hai da condividere. Sii gentile, raccontaci il più grande sacrificio di cui sembra tu sia stata testimone".

La mangusta cominciò così a raccontare la sua storia: "Una famiglia bramina che viveva a Kurukshetra era composta da quattro membri: il bramino, sua moglie, suo figlio e sua nuora. Tutti conducevano una vita semplice e molto sobria. Persino nell'abbondanza, il bramino faceva un solo pasto al giorno, che consisteva solo di qualche chicco di mais. Ci fu però un tempo in cui il Paese fu colpito da una grande carestia: le coltivazioni non crescevano più e persino l'erba si seccò. Alla fine, la famiglia non riuscì a trovare nulla da mangiare e per molti giorni soffrì la fame. Poi, un giorno, il bramino trovò dell'orzo. La moglie e la nuora lo pesarono e lo divisero equamente in quattro porzioni. Stavano per mangiarlo quando improvvisamente arrivò un ospite.

Persino in quei tempi difficili, il bramino lo accolse con amore e umiltà, gli offrì l'acqua con cui lavarsi i piedi e gli portò uno sgabello su cui sedersi. Dopo aver invitato l'ospite a condividere il pasto, l'uomo andò in cucina e tornò con la sua porzione di orzo. Offrendo questo semplice cibo, disse: 'Signore, mi perdoni, questo è tutto quello che le posso offrire'. L'ospite lo divorò e ne chiese dell'altro. Il bramino si sentì molto a disagio pensando che avrebbe dovuto fare una cosa impensabile: lasciar andare via il suo ospite affamato, ma la moglie offrì con gioia la sua porzione. L'ospite la mangiò e ne volle ancora.

Il bramino non era né irritato né arrabbiato verso di lui, ma di nuovo era preoccupato che partisse affamato. A questo punto, anche il figlio si fece avanti offrendo il suo piatto. Ancora una volta, dopo averlo finito, l'ospite lo guardò con aria affamata e insoddisfatta. Di nuovo, il capofamiglia si chiese come poterlo accontentare e questa volta fu la nuora a persuaderlo ad offrirgli anche la sua parte. Porgendola con molta gentilezza, il bramino disse: 'Ne prenda ancora un po', signore'.

Tuttavia, questa volta la risposta dell'ospite fu diversa: 'No, basta così. Avete superato la prova. Sono molto soddisfatto di tutti voi: eravate pronti a sacrificare tutto, persino le vostre vite, per adempiere al vostro *dharma* (giusta azione, rettitudine). La fame priva la gente di ogni suo pensiero ed azione, ma la vostra rinuncia e fermezza hanno colpito perfino i *deva* (semidei). Colui che vince la fame conquista una dimora in paradiso. Ora, tutti voi verrete con me nel regno degli immortali'.

L'ospite rivelò la sua vera forma alla famiglia del bramino. In piedi dinanzi a loro c'era un *deva* splendente che con un carro dorato portò il bramino e la sua famiglia in paradiso. Io sono stata testimone di tutti questi eventi. Poco dopo che il *deva* ebbe portato la famiglia del bramino in paradiso, andai nel punto in cui l'uomo aveva servito l'ospite. Alcuni granelli d'orzo erano sparsi sul pavimento e io mi ci rotolai sopra. Con mia grande sorpresa, metà del mio corpo divenne dorato! Da allora, visito tutti i luoghi in cui è stato celebrato un sacrificio per vedere se, rotolandomi su quel terreno, anche l'altra metà del mio corpo diventerà dorata, ma finora tutti i miei tentativi sono falliti. Nessun sacrificio eguaglia quello del bramino perché il suo sacrificio è stato davvero grande".

Dopo aver terminato il racconto, la Madre parlò di come si potrebbe applicare alla vita spirituale la morale di questa storia: "Figli, un *grihasthasrami* dovrebbe comportarsi come fecero i membri di quella famiglia bramina. Entrambi i racconti, quello del *sannyasi* che gettò via la sua borsa e quello della famiglia bramina, hanno un elemento in comune: la rinuncia.

Tutti abbiamo questo potere latente. Forse è solo un seme, ma è in tutti. Se lo tenete in tasca, il seme non germoglierà. La piantina non germoglierà da sola: dovete prima seminare, recintare la piantina per proteggerla dagli animali selvatici, evitare che riceva troppo sole e troppa pioggia, mettere il fertilizzante al momento giusto, togliere le erbacce, annaffiarla nel modo corretto, averne buona cura. Allora diventerà un albero, un albero da frutto enorme che offre ombra e produce fiori e frutti in abbondanza. Occorre questo tipo di sforzo per realizzare lo scopo. I santi e i saggi facevano *tapas* e in tal modo lo raggiungevano. Anche noi dovremmo cercare di conseguire il nostro scopo con fermezza.

Sri Krishna era un capofamiglia. Nonostante avesse molte responsabilità, era anche l'incarnazione del distacco. Oltre ad essere un capofamiglia, Sri Rama era anche re e la personificazione del *dharma*. Janaka (padre di Sita, la divina sposa del Signore Rama) era re, capofamiglia ed anche un *jivanmukta*, un'anima liberata. Tutti loro trovarono abbastanza tempo per intraprendere austerità e condurre una vita spirituale persino in mezzo ai doveri regali e ad altri problemi.

Dire di non avere tempo a causa dei nostri problemi e delle nostre responsabilità familiari è solo una scusa: indica che non desideriamo davvero seguire il cammino spirituale, che siamo pigri e non vogliamo impegnarci. Siamo talmente immersi in *maya* e intrappolati nella sua rete che non ci accorgiamo neppure che esiste una dimensione più elevata di quella fisica e del mondo che ci circonda. Non abbiamo occhi per vederla, né orecchie per udirla, né cuore per percepirla.

Se volessimo realmente essere onesti e sinceri con noi stessi, sarebbe meglio che, con coraggio, confessassimo di non essere interessati alle questioni spirituali invece di mascherare la verità dicendo di non avere tempo. Quando desideriamo davvero fare qualcosa, il tempo e le condizioni adatte si presenteranno: il tempo e le circostanze vanno dietro al desiderio".

Qualcun altro chiese come condurre la propria vita spirituale mentre si vive nel mondo: "Amma, immagina che qualcuno sia un uomo d'affari e anche una persona spirituale. Il suo Guru è in città. Gli affari non stanno andando bene e sarebbe meglio che rimanesse in ufficio. Come dovrebbe comportarsi quando si trova davanti a un simile dilemma, quando deve scegliere tra il suo Guru e gli affari?".

"Figlio", rispose la Madre, "hai detto che quest'uomo d'affari è anche spirituale. Ha abbandonato tutto al suo Guru? Questa è la domanda da porsi. Ci sono uomini d'affari che vorrebbero abbandonare la loro attività e dedicarsi alla vita spirituale, ma il Guru potrebbe chiedergli di continuarla come forma di *sadhana*. Se questo è il caso, costui dovrebbe restare in ufficio, svolgere il suo compito e non lasciarlo se è in un momento difficile. Se il Guru gli ha chiesto di non smettere, allora il lavoro non è più suo ma del Guru. Quindi, scegliere di lasciare l'ufficio quando le cose vanno male per incontrare il Guru non è una buona scelta. Il suo lavoro è al servizio del Guru; quindi, deve restare e risolvere i problemi come parte della sua *sadhana*. Questo è ciò che il Guru vuole che faccia. Mentre si occupa dei suoi affari, dovrebbe ricordare costantemente il Maestro, averlo sempre in mente per tutto il tempo.

Quando però l'intensità della sua concentrazione e del suo amore per il Maestro sono tali da risultarne completamente assorbito, allora gli sarà impossibile impegnarsi in una qualsivoglia attività esterna. Sarà come un frutto maturo che cade spontaneamente dall'albero. Tutto dipende dal grado di abbandono di sé. Ci sono persone che, nonostante vi siano problemi che richiedono la loro presenza, lasciano il lavoro per andare dal Guru. La fede li proteggerà. Ricordate però che tale fede dovrebbe essere pura e assolutamente sincera, senza il minimo dubbio, perché il dubbio si scontra con la fede, ne smorza l'intensità e ostacola il flusso della grazia del Guru. Se avete fede, potete lasciare tutto nelle mani del Maestro, qualunque sia la situazione. Potete andare da lui o da chiunque altro in qualsiasi luogo, perché le mani del Maestro vi proteggeranno. Tale fede sorge quando non avete più alcun dubbio sulla natura onnisciente, onnipotente e onnipervadente del Guru.

Quanti hanno questo tipo di fede incrollabile? A volte, anche le persone comuni che non hanno rinunciato agli attaccamenti possiedono una certa dose di fede, che però è di breve durata perché nasce in una particolare situazione e scompare dopo poco tempo. Non sono in grado di sostenerla nel tempo, ma finché è presente, questa fede li induce ad agire senza paura e quindi ha un effetto positivo su di loro.

C'è poi un terzo gruppo di persone, che si trova tra i due appena descritti, che darà delle sue motivazioni sull'andare o meno dal Guru. Tali persone possiedono una fede incompleta e neppure il loro abbandono al Guru è totale. Sono molto legate al proprio lavoro essendone eccessivamente attaccate e giustificano tale comportamento adducendo una ragione più 'nobile'. Forse sono devote al Maestro, ma la loro fede in lui non è molto salda, vacilla. L'attaccamento al lavoro nasce da un coinvolgimento eccessivo e dal non avere un forte desiderio spirituale.

Vi è infine un gruppo composto da chi lascia il lavoro perché non sa come gestire i problemi che si presentano: non ha né la forza né il coraggio di affrontare le difficoltà. Con la scusa di voler essere con il Guru, se ne va. In realtà, chi si comporta così non desidera stare davvero con il Maestro, va da lui solo per fuggire dai problemi sul lavoro. Tale comportamento non gli porta nessun beneficio e anche quando siede in presenza del Maestro, i suoi pensieri sono altrove. Ha poca forza di volontà ed è incostante, non conduce una vita sana nel mondo e neppure una soddisfacente vita spirituale.

Alcuni sono attaccati alla forma del Guru e questo è una buona cosa, soprattutto all'inizio. Grazie a questo attaccamento, le radici della spiritualità possono penetrare più profondamente. Quando vengono a sapere che il Maestro è nella loro città, sono sopraffatti dall'emozione e potrebbero non riuscire a discernere correttamente. Sovraeccitati, potrebbero agire senza discrezione o trascurare le loro responsabilità. Se non riescono a rinunciare ad andare dal Guru, allora devono affidare il loro lavoro e le loro responsabilità a qualcuno capace e affidabile, in grado di prendere in mano la situazione. Che abbiano almeno il buon senso di scegliere un sostituto".

Il darshan continuava. I *brahmachari* cantarono *Arikil Undenkilum*.

Arikil Undenkilum

O Madre, anche se sei vicina,
io vago senza meta.
Anche se ho gli occhi,
Ti cerco, incapace di vederTi.

Sei Tu la splendida luna
che sorge davanti a me
nel cielo blu di una notte d'inverno?

Io sono un'onda che,
incapace di raggiungere il cielo,
batte il capo contro la spiaggia.

Quando sono giunto a comprendere la verità
che tutti gli agi del mondo
sono vani, ho versato lacrime
giorno e notte, struggendomi
per conoscere Te, Amma.

Essere uno con Dio attraverso l'amore

"Come può l'amore per Dio sfociare in uno stato di unione con Lui?", chiese un devoto alla Madre.

Amma rispose: "Figlio, man mano che la mente è sempre più concentrata su un punto attraverso le pratiche spirituali, le onde del pensiero si placano. Allora la mente, con i suoi pensieri, scompare e si dissolve nella mente totale. La nostra mente altro non è che una parte della mente universale, la mente cosmica. I pensieri sono come un muro che si frappone tra la nostra mente e la mente cosmica. Sono come due stanze separate da un muro: demolisci, rimuovi il muro, e le stanze diventeranno un'unica stanza.

Nell'amore puro e innocente non c'è alcun muro perché il muro dei pensieri è scomparso. La mente dell'amante diventa un tutt'uno con quella dell'amato. Nell'amore disinteressato, l'amante dimentica tutto: il passato e il futuro svaniscono e resta solo l'amore. Non ci sono ragioni dietro tale amore se non il desiderio di congiungersi con chi si ama. Il ricordo di Dio è costante. Ricordando incessantemente ed esclusivamente l'amato, si dimentica completamente il mondo.

Quando Krishna partì da Brindavan, le *gopi* impazzirono d'amore per Lui. Pensarono che sarebbe tornato, ma non fu così.

Ricordando Krishna e la Sua musica divina, le *gopi* persero ogni interesse per il mondo esterno che, lentamente, scomparve dalla loro vista. Essendosi tutto trasformato in Krishna, Lo percepivano in ogni cosa. Qualunque cosa vedessero era la forma incantevole di Krishna. Qualunque suono era la musica melodiosa del Suo flauto. Non vedevano le mucche come mucche, ma come il loro amato. Non vedevano i loro mariti o i loro amici, bensì la forma di Krishna. Il soffio del vento e il ticchettio della pioggia sul fiume gli parevano la musica divina del Suo flauto. L'amore crebbe fino a raggiungere altezze supreme, ed esse divennero folli d'amore.

Un giorno una *gopi* vide due orme profonde sotto un albero fiorito e subito pensò: 'Queste devono essere le orme dei piedi del mio amato Krishna', e continuando nelle sue fantasie si disse: 'Perché sono così profonde? Ho capito! Con Lui doveva esserci qualche *gopi* fortunata che gli avrà chiesto alcuni fiori di quest'albero. Poiché i rami su cui si trovavano erano troppo alti, Krishna l'avrà messa sulle spalle affinché potesse cogliere i fiori. Ecco perché le impronte sono tanto profonde. Quanto è fortunata quella *gopi*! È la donna più fortunata essendo stata presa in spalla da Lui'.

Questo era lo stato d'animo delle *gopi*. Qualunque cosa vedessero, l'associavano in qualche modo a Krishna. Questo amore ardente era così intenso da avere dissolto la loro individualità. Le loro menti erano consumate da tale ardore. Tutto ciò che facevano era imperniato su Krishna: l'inspirazione e l'espirazione, i battiti del cuore, la pulsazione del sangue… Le fiamme dell'amore che tutto consuma distrussero il mondo dei pensieri, il mondo della diversità. Non c'erano più pensieri, esisteva solo Krishna. Scordarono di mangiare e di dormire. Scordarono tutto perché si erano totalmente identificate con il loro amato Signore. Pazze d'amore, le *gopi* dicevano tra loro: 'Cara amica, guardami: io sono Krishna. Guarda le piume di pavone che adornano la mia testa.

Guarda come cammino. Guarda le mie mani e il flauto che tengo. Guarda la mia carnagione blu scuro'. Così le *gopi*, ebbre d'amore, dimentiche di se stesse, si congiunsero con Krishna.

In questa unione con la divinità amata, il piccolo 'io' scompare perché la mente smette di funzionare. Attraverso il ricordo costante dell'amato, tu diventi lui. Egli diventa il tuo cibo e tu lo mangi. Il cibo con cui tutti ci alimentiamo assume tantissime forme. Attraverso gli organi di senso ci nutriamo di oggetti piacevoli: vediamo immagini attraenti con gli occhi, sentiamo suoni o parole lusinghiere con le orecchie, annusiamo fragranze esotiche con il naso, assaggiamo cibo delizioso con la lingua e percepiamo un tocco o una carezza con la pelle. Tutti questi sono modi di nutrirsi e questo cibo alimenta l'ego. Questo modo di cibarsi, questa gratificazione dei piaceri dei sensi, finisce però quando si mangia l'amato. Allora i piaceri sensoriali con cui la mente si nutre attraverso gli organi di senso vengono abbandonati. Dentro di voi avviene una costante purificazione spirituale attraverso un processo simultaneo di rinuncia al senso dell''io' e del 'mio'. Quando mangiate il vostro Krishna, Rama, Devi, Gesù, Buddha o la vostra Devi, gli oggetti piacevoli cessano di essere oggetti separati. Quando non ricorrete più ai piaceri dei sensi ma cominciate a mangiare l'Amato attraverso questi oggetti, non c'è più il senso di separazione, di diversità. L'Amato diviene il vostro cibo. Qualunque cosa consumiate, essa è il vostro amato, e quindi voi diventate un tutt'uno con lui. Esiste solo l'unità.

Solo quando diminuirà il vostro attaccamento al mondo potrete ricordare Dio. Continuare ad essere attaccati al mondo impedisce di ricordare Dio. Una volta che però dimorate in questo ricordo, vedrete solo Lui, il vostro pensiero sarà solo su di Lui. La vita nel mondo non può essere un ostacolo quando custodite il Signore nel vostro cuore. Legate quindi Dio con la corda dell'amore. Se dimenticate voi stessi, allora tutto quello che vedete, annusate, assaggiate e toccate sarà Lui. Diverrete una cosa sola con Dio, il piccolo mondo dell'ego scomparirà e poi diventerete il puro Sé.

Figli, conoscete la storia della moglie di Vidura? Vidura era il fratello e il primo ministro del re cieco Dhritharasthra. Il Signore Krishna stava per recarsi nella casa di Vidura e così lui e la moglie fecero tutti i preparativi necessari per riceverLo. La moglie di Vidura era elettrizzata. Aveva organizzato una raffinata cerimonia di benvenuto. Quando tutto era stato predisposto, la donna decise di andare a prepararsi e di fare un bagno. Essendo imprevedibile, Krishna arrivò prima del previsto.

Quando la moglie di Vidura lo seppe, dimenticò tutto. L'unico suo pensiero era Krishna. La mente fu completamente assorbita nel suo Signore. In quello stato di ebbrezza divina, si precipitò da Lui, prese una banana, la sbucciò, buttò via il frutto e offrì la buccia a Krishna. Dimentica di se stessa e delle circostanze, ripeté questo gesto più volte. Il Signore, però, gustò le bucce con grande gioia e soddisfazione.

L'amore fa dimenticare ogni cosa. Il nostro amore altruista e innocente è l'offerta più grande che possiamo fare al Signore, è il cibo più delizioso per Dio. Questa storia rivela l'essenza del puro amore: il puro amore fa dimenticare tutto, persino la propria esistenza fisica. Questa dimenticanza di sé culmina nell'unità. Il piccolo 'io' scompare quando siete identificati con l'Amato. Il puro amore è unità".

La Madre tacque e continuò a dare il darshan alle persone. I residenti cantarono il *bhajan Adi Parashakti*.

Adi Parashakti

O Suprema Energia primordiale,
Ti prego, donaci la Tua benedizione
e liberaci dalla sofferenza.

Dea dalle diciotto braccia
che cavalchi un leone,
i Tuoi occhi sono venerati
persino dai petali del loto.
Il Tuo sorriso è soave e il Tuo volto radioso.

Dea dell'universo,
danza per sempre nel mio cuore
ed accordami ogni grazia.
Ti prego, ascolta benevolmente la mia supplica.

Mentre stavano cantando i versi finali, la Madre fu trasportata in un altro mondo. Chiuse gli occhi e restò seduta immobile, mentre le sue mani mostravano due diversi *mudra* divini. Il *bhajan* raggiunse l'apice mentre tutti cantavano e nella capanna del darshan risuonava "Om Shakti, Om Shakti, Om Shakti, Om".

Lentamente la Madre ritornò al normale piano di consapevolezza. Il canto sfumò finché regnò solo il silenzio. Amma riprese a ricevere le persone poiché qualcuno non aveva ancora ricevuto la sua benedizione. Dopo aver benedetto l'ultima persona, si alzò, si prostrò come d'abitudine per mostrarci il buon esempio e uscì dalla capanna. Continuò a camminare fino a giungere sulla riva delle *backwater* dove restò per un po' di tempo prima di rientrare nella sua stanza. Dopo aver gustato il cibo spirituale della Madre, i devoti andarono nel salone a pranzare.

Capitolo 9

Il giovane di Rishikesh

2 maggio 1984

Subito dopo la meditazione del mattino, un *brahmachari* notò un giovane, con una lunga barba e i capelli lunghi, dall'espressione pacata e tranquilla, seduto davanti al tempio. Il *brahmachari* fu colpito dalla sua postura meditativa e dal suo aspetto sereno. Dopo la consueta colazione a base di minestra di riso, servita ai residenti e ai visitatori, il *brahmachari* tornò sulla veranda del tempio per vedere se il giovane avesse finito di meditare, ma lo trovò ancora profondamente assorto. Dopo mezz'ora, il ragazzo sedeva sempre sulla veranda, ma ora i suoi occhi erano aperti, così il *brahmachari* gli chiese: "Hai già fatto colazione? Altrimenti, vieni a farla". Molto gentilmente, l'uomo rispose: "No, non l'ho fatta, ma non voglio mangiare prima di vedere Amma".

Sedendosi al suo fianco, il *brahmachari* gli chiese: "Da dove vieni e come hai conosciuto Amma?"

Il giovane disse di venire da Rishikesh e proseguì raccontando come fosse venuto a conoscenza della Madre. "Anch'io sono un *sadhak*. Per grazia di Dio sono sul cammino spirituale da quindici anni e vivo in un ashram a Rishikesh, con il fiume Gange a pochi metri di distanza. Ogni giorno trascorro del tempo sulla riva del fiume, recitando il mio mantra e meditando.

Certo, quel fiume sacro è molto favorevole alla meditazione, ma recentemente ho cominciato ad avere problemi di concentrazione dovuti a una certa agitazione mentale. Due settimane fa, mentre cercavo di meditare, ho sentito qualcuno chiamare il mio nome, non una ma più volte. All'inizio non ho aperto gli occhi

179

pensando che fosse solo la mia immaginazione e quindi sono rimasto seduto con gli occhi chiusi, cercando di concentrarmi sul suono dell'acqua del Gange che scorreva. Ma di nuovo ho sentito quella voce che mi chiamava. Era una voce di donna, e continuava a chiamarmi. Il suono era così chiaro che non ho avuto dubbi che qualcuno mi stesse chiamando, così ho aperto gli occhi, mi sono guardato intorno e in quel momento la voce mi ha detto: 'Qui, guarda qui'. La voce sembrava provenire dallo stesso Gange. Sono rimasto seduto guardando l'acqua e, mentre fissavo lo sguardo, un'immagine ha cominciato lentamente a prendere forma sulle acque.

Questa immagine si è fatta sempre più chiara, mostrando una donna in abiti bianchi. Intorno a lei stavano molte persone pie, apparentemente sante, che mostravano visibilmente una grande riverenza e devozione nei suoi confronti. Ho strofinato gli occhi e continuato a guardare: non era un sogno. Era la realtà. I miei occhi erano ben aperti e potevo vedere questa donna e tutti quelli che le stavano intorno senza però riconoscere nessuno di loro. Un'aura divina la circondava e io non riuscivo a distogliere lo sguardo da lei.

La donna mi sorrideva con grazia, irradiando pace e beati-tudine. Lentamente ho perso consapevolezza del mondo esterno e anche quelle persone dall'aspetto pio sono svanite. Esistevamo solo la donna in bianco ed io. Il tempo e lo spazio non c'erano più. Ero tutto solo alla sua presenza. Gradualmente questa figura è divenuta sempre più grande, grande come l'universo, finché è rimasta solo lei. Irradiava tantissima luce ed io ero completamente avvolto da quel fulgore. Poi, all'improvviso, la forma è scomparsa lasciando solo la pura luce a riempire l'intero universo. Allora, in una frazione di secondo, la luce è diventata improvvisamente un puntino. Questo è tutto quello che ricordo. Ero tornato al normale stato di coscienza quando ho udito costantemente un suono nelle mie orecchie: si trattava della stessa voce che diceva: 'Vieni da me. Vieni da me. Vieni da me'.

Gradualmente ho riacquistato la mia normale consapevolezza e mi sono guardato intorno, sorpreso nel vedere che era già buio. Il mio orologio segnava le 8:30 della sera. Poiché quel giorno avevo cominciato la meditazione intorno alle cinque del pomeriggio, significava che erano passate circa tre ore e mezza. Il suono delle acque del Gange che scorrevano riempiva l'aria. Tutto il resto era in silenzio.

Tornato all'ashram, i residenti volevano sapere dov'ero stato tutto quel tempo poiché non era mia abitudine trascorrere così tante ore fuori dall'ashram. La mia visita giornaliera al Gange durava circa un'ora, mai più di un'ora e un quarto. Dall'espressione sul mio viso e dal mio atteggiamento raccolto, i residenti sospettavano che mi fosse successo qualcosa, ma io rimasi quieto; non mi sentivo di parlare, tanto era stata incontenibile e intensa quell'esperienza. Quella notte non sono riuscito a dormire, ossessionato dalla visione di quella forma che mi era apparsa, in cui il mio cuore e la mia anima erano totalmente immersi.

Quel giorno ha segnato una grande trasformazione nella mia vita. Il mattino successivo ero una persona totalmente diversa. Avendo notato questo cambiamento in me, i miei compagni dell'ashram erano molto curiosi e quindi mi facevano domande in continuazione, ma i miei pensieri erano rivolti solo alla forma incantevole della donna vista nella visione. Il mio cuore continuava a traboccare della beatitudine di quell'esperienza. Non volevo evitare la gente, ma mi era impossibile parlare.

Alla fine, la diversità del mio comportamento giunse alle orecchie di uno *swami* che viveva nell'ashram. Anche lui era un *sadhak* e un'anima buona. Dopo avermi convocato, mi chiese amorevolmente la ragione del mio cambiamento e per qualche motivo desiderai raccontargli la mia esperienza. Gli raccontai ogni cosa e gli dissi anche che la mia mente ora era completamente assorta nella visione di quella forma. Gli chiesi se sapesse qualcosa di questa donna vestita di bianco. Potevo facilmente descriverla poiché l'immagine era molto chiara. Lui mi ascoltò attentamente e mi disse che aveva l'intenzione di scoprire chi fosse.

Passarono i giorni e il mio desiderio era sempre più intenso. Ero come impazzito: non riuscivo a dormire e avevo smesso di mangiare. Dopo qualche giorno lo *swami* mi chiamò. Quando arrivai da lui, aveva un grande sorriso. Senza perdere tempo, tirò fuori una fotografia dalla tasca e mi chiese se quella fosse la donna che avevo visto. Feci un balzo e danzai di gioia, perché era proprio lei! Mi diede la fotografia e mi disse chi era e dove si trovava il suo ashram. Mi rivelò inoltre che mentre ascoltava il mio racconto, aveva provato una pace interiore enorme e la forte sensazione che quella fosse una Grande Anima. Per questo aveva cominciato immediatamente a informarsi su chi fosse e alla fine aveva incontrato un altro *swami* che viveva a Rishikesh, originario del Kerala. Da questo *swami* aveva saputo di Amma".

Il giovane mostrò l'immagine al *brahmachari*. Molto emozionato e con gli occhi pieni di lacrime, chiese: "Potrò vedere Amma oggi?".

Il *brahmachari* lo assicurò che certamente sarebbe riuscito a vedere la Madre e gli disse che Amma è sempre disponibile per i suoi figli. Poi invitò di nuovo il ragazzo a mangiare qualcosa.

Ma lui rispose: "Fratello, non mangio da molti giorni oramai. Non me la sento di mangiare, non ho fame. Fammi vedere Amma prima; se lei mi chiederà di mangiare, lo farò, non prima. Per favore, non insistere".

Il *brahmachari* stava per andarsene quando vide la Madre scendere le scale. "Ecco, sta arrivando Amma" disse dolcemente.

Il giovane fece un balzo e si guardò intorno. Proprio come un uccello che attende che piova per afferrare le gocce che cadono, corse verso la Madre e cadde ai suoi piedi prostrandosi. Amorevolmente Amma lo fece alzare e prendendogli le mani lo portò di nuovo sulla veranda del tempio. Il ragazzo singhiozzava come un bambino piccolo, mentre lei esprimeva un amore e una compassione immensa nei suoi confronti dandogli dei colpetti sulla schiena e strofinandogli il petto. Mentre gli asciugava le lacrime, mise la sua testa sulla sua spalla e lo consolò: "Figlio mio, perché piangi? Sei arrivato da tua Madre, non è vero? Figlio, non piangere. La Madre è qui per te". Queste parole dolci e affettuose lo tranquillizzarono e pian piano il giovane riuscì a controllare le sue emozioni.

Quando si fu calmato, la Madre gli rivelò qualcosa che solo lui poteva comprendere: "Figlio, la Madre non voleva che tu ti facessi coinvolgere in quell' 'altra cosa' che ha disturbato la tua mente. Capisci cos'è 'l'altra cosa', vero?"

Il ragazzo guardò il viso della Madre con stupore e annuì dicendo sottovoce: "Sì, Amma, capisco".

La Madre continuò: "Amma voleva acuire il tuo *vairagya* (distacco) e la tua determinazione. Aveva anche pensato che una simile esperienza avrebbe consolidato la tua fede e devozione, aiutandoti ad abbandonare quell'idea. Figlio, il tuo destino sarebbe stato completamente diverso se non avessi ricevuto questa visione. I *sadhak* sinceri non dovrebbero allontanarsi dal loro cammino, al di là di dove si trovano nel mondo. Amma sa che tu sei molto sincero nella tua pratica spirituale e non voleva che ti perdessi. L'esperienza che hai avuto aveva lo scopo di risvegliare la devozione dentro di te e intensificare il tuo anelito. Un *sadhak* sincero non dovrebbe smarrirsi. Figlio, comprendi quello che Amma sta dicendo?".

Il giovane guardò il viso della Madre con stupore. Non riusciva a parlare e quindi fece di sì con la testa. Mentre i presenti si domandavano cosa fosse 'l'altra cosa', il ragazzo scoppiò di nuovo a piangere come un bambino innocente.

Tra le lacrime disse: "Ora mi è molto chiaro che sei stata tu ad apparire davanti a me. Sei venuta a salvarmi da una trappola. Amma, adesso so perché mi hai concesso una tale visione incantevole: volevi farmi cambiare idea, volevi trasformare la mia vita. Sì Amma, hai ragione: se non avessi avuto quella visione, non avrei cambiato idea. Amma, tu mi hai protetto, hai evitato che io buttassi via la mia vita, poiché ero caduto nella rete di *maya*. Amma, Amma, tu mi hai rivelato tutto".

Nessuno dei presenti comprese il significato delle parole della Madre ed erano tutti curiosi di sapere ciò a cui Amma aveva accennato. Prima di lasciare l'ashram, il giovane parlò con il *brahmachari* che aveva inizialmente incontrato. "Non volevo raccontare questa parte della mia storia prima di ricevere il darshan di Amma. Adesso, invece, sento che questa sarebbe una grande lezione per tutti i ricercatori sinceri: far loro sapere che la protezione del Guru è sempre con loro se desiderano sinceramente raggiungere l'obiettivo".

Il ragazzo raccontò il resto della storia che riguardava il conflitto che stava vivendo con la sua famiglia a proposito del suo matrimonio. Nonostante avesse due fratelli e due sorelle, lui era il figlio maggiore e tutti nella famiglia, genitori, fratelli e sorelle, insistevano affinché si sposasse. Pur vivendo in un ashram, avendo deciso di vivere come *brahmacharya* (celibe) e dedicarsi alla spiritualità, il giovane visitava regolarmente i familiari, per nulla entusiasti del suo desiderio di diventare monaco, che continuavano a sollecitarlo affinché si sposasse. Gli parlavano di diverse ragazze che avrebbe potuto incontrare e scegliere come moglie.

Nonostante avesse fermamente deciso di condurre una vita spirituale lontano dalle cose mondane, la fiducia in se stesso cominciò a vacillare man mano che la famiglia esercitava sempre più pressione. I loro appelli e suppliche fecero sì che lui iniziasse a pensare che non era così una cattiva idea condurre una vita spirituale creando al contempo una famiglia. Un giorno, mentre tornava all'ashram dopo aver assorbito le vibrazioni mondane delle mura domestiche, cominciò a giustificare tale scelta pensando che anche i santi e i saggi del passato erano sposati e avevano figli; cominciò perfino a visualizzare diverse ragazze che avrebbe potuto scegliere come spose.

Allo stesso tempo piangeva e pregava dentro di sé, implorando Dio di aiutarlo e di proteggerlo. Aveva compreso di non essere capace di mantenere la decisione di diventare monaco, assillato da fantasie e desideri. Questi desideri divennero così assillanti che non riusciva a trovare sollievo nemmeno sulle rive del Gange. Era talmente agitato e turbato da considerare il suicidio; stava pensando di buttarsi nel fiume quando gli apparve Amma.

Terminò la storia dicendo: "Quell'esperienza mi ha aiutato a ritrovare il coraggio e la sicurezza in me stesso. Mi ha dato una tale beatitudine spirituale che sono riuscito facilmente a superare la mia agitazione mentale e instabilità. Questo è ciò che intendeva Amma quando mi ha rivolto quelle parole: non voleva che finissi intrappolato nei legami del mondo e per questo mi ha fatto un dono così prezioso da trasformarmi radicalmente".

Così, il giovane uomo di Rishikesh concluse la sua storia. Dopo aver salutato il *brahmachari*, partì pieno di gioia ed entusiasmo.

La natura del Guru

La santa Madre era ancora seduta davanti al tempio alle 11:30 del mattino. Quasi tutti i residenti erano con lei. Uno dei *brahmachari* fece questa domanda sui ricercatori sinceri: "Amma, ci sono molti *sadhak* sinceri in questo mondo, non è vero? Sembra però che Dio o il Guru ne aiuti solo alcuni quando si trovano in simili pericoli".

Amma rispose: "Figlio, prima di tutto, un *sadhak* sincero non corre pericoli perché accetta tutto come volontà di Dio. Per lui tutto, sia negativo che positivo, è *prasad*. La parola 'pericolo' non ha senso per lui. È sempre ottimista, mai pessimista. In secondo luogo, come fai a sapere che Dio aiuta solo alcuni? Tu hai incontrato solo questo giovane. I *sadhak* sinceri troveranno sempre un modo per superare le situazioni difficili della vita perché si affidano alla grazia divina. Dio accorrerà, li aiuterà e li eleverà.

I *sadhak* sinceri riceveranno senza dubbio la grazia. Amma ne è assolutamente certa, parla per esperienza. La sincerità scaturisce dai recessi del vostro cuore, non la si trova in superficie. Alcune persone sono sincere a parole, ma non nelle azioni. Costoro non beneficeranno della benevolenza della Provvidenza. Nessuna mano divina le aiuterà perché sono superficiali. Nessun *sadhak* sincero si allontanerà dal cammino; la Madre ve lo può garantire. In un modo o nell'altro, verrà salvato. Dio o il Guru non possono abbandonare questi *sadhak*. Proprio come una covata di pulcini è protetta sotto le ali di mamma chioccia, i *sadhak* sinceri saranno sempre oggetto della cura e della grazia del Guru o di Dio. Non importa dove si trovino: saranno sempre sotto le ali protettive dell'Essere Supremo.

Amma non sta dicendo che i *sadhak* meno sinceri verranno abbandonati dal Guru. Questo non accadrà, perché il Maestro si prenderà cura anche di loro, ma desidererà dargli anche una lezione: il Guru o Dio potrebbero farli cadere per poi salvarli in un secondo momento.

Guardate quel figlio di Rishikesh. Nutriva certamente dei desideri, ma Amma sa quanto abbia sofferto sforzandosi di superarli. Fece del suo meglio, ma il suo cuore soffriva. Quel ragazzo intendeva davvero liberarsi dei desideri che interferivano con l'aspirazione di realizzare Dio. Quel giovane non rimase seduto con le mani in mano, ma implorò Dio piangendo affinché gli mostrasse come uscire dalla confusione e dal dubbio. Per questo motivo Dio lo aiutò. Dio deve aiutare un vero devoto, è Sua responsabilità farlo. Quando tutti sono impantanati nell'illusione creata dal desiderio, un vero *sadhak* cerca di uscirne per conoscere Dio. Un *sadhak* è colui che offre la propria vita ai piedi del Signore ed è pronto a sacrificare il suo corpo e la sua mente per la propria evoluzione spirituale e per il bene del mondo. Dio è con colui o con colei che ha tale desiderio. È per questo che quel figlio ebbe quella visione. Figli, questa è davvero una bella lezione per voi".

Un altro *brahmachari* fece questa osservazione: "Chi gli ha dato quella visione? Non credo che sia stato Dio. Sei stata tu, Amma, che gli hai concesso questa rara benedizione. Lui ha visto la tua forma nella visione, non quella di un qualche dio".

"È stato il frutto delle sue preghiere", spiegò Amma, "Quella visione è il risultato delle lacrime che ha versato, il risultato della sua fede innocente, della sua determinazione e del suo desiderio ardente".

Poi Amma proseguì parlando più profondamente della natura del Guru: "Il Guru è come il sole: semplicemente, splende. Non può fare diversamente. Il sole splende e chiunque tenga aperte le porte del proprio cuore riceve la luce. Dio semplicemente È. Non pone condizioni né conosce limiti: dà incondizionatamente. Se la porta del vostro cuore è chiusa, Dio non entrerà, attenderà fuori, non la forzerà. Dio non è aggressivo perché è amore, e l'amore non è aggressivo. L'amore è un flusso costante, ininterrotto e indivisibile. La compassione è simile a un fiume, un fiume senza fine che non ferisce mai. Ferire fa parte della natura dell'essere umano, ma l'amore non ferisce mai. La compassione non ferisce mai. Noi feriamo le persone perché abbiamo l'ego, e l'ego è felice di vedere gli altri infelici; è felice nel vedere gli altri lottare e soffrire.

Il Guru non è né ego né è privo di ego, è oltre questi concetti. Il Guru è anche oltre le nuvole e il cielo: semplicemente È. Potete vedere la vostra sofferenza come anche la vostra gioia riflessa in lui. Ad ogni modo, lui non è né felice né infelice. È come uno specchio. L'ego, invece, non può riflettere i sentimenti di nessuno. Essendo opaco, poco chiaro e polveroso, non è in grado di vedere nulla: è cieco. L'ego non può vedere gli altri, vede solo se stesso, il piccolo sé.

Il Guru non è l'ego, è l'universo. È ogni cosa. Può accogliere tutto e tutti. Potete vedere la sua forma esteriore, ma non quella interiore perché interiormente è inaccessibile. Il Guru è imprevedibile. Non si può dire che sia in questo o in quell'altro modo. Non riusciamo a descrivere neppure un comune essere umano, men che meno un Guru, che è straordinario. È straordinario e al tempo stesso ordinario: è entrambi. Non cercate di definirlo o di giudicarlo e non aspettatevi che sia in un certo modo o si adatti a una certa forma. Non rientra in nessun stereotipo, non può essere giudicato con il vostro intelletto limitato. Qualunque cosa diciate su di lui sarà sbagliata, perché il Guru è inspiegabile. Non si può descrivere con le parole la sua natura. Al tempo stesso, qualunque cosa diciate di lui sarà anche corretta, perché è tutto. È la notte ed anche il giorno, l'oscurità e anche la luce.

Sri Krishna è stato un grande maestro, una figura che ha impersonato ogni ruolo. Aveva centinaia, migliaia di maschere. Le persone scambiavano le Sue maschere per Lui. Qualunque cosa dicessero di Krishna era errata, poiché Lui era al di là di ogni giudizio. I Kaurava fecero molte affermazioni su di Lui, così come i Pandava, ma si sbagliarono entrambi. Coloro che ebbero un barlume della natura di Krishna rimasero in silenzio, consapevoli che ogni volta che parlavano di Lui andavano fuori strada. Nemmeno le Sue spose riuscirono a comprenderLo. Il Suo amico e discepolo Arjuna vedeva una piccola parte di lui, così come pure Bhishma, Uddhava e Vidura (devoti di Krishna descritti negli antichi testi classici). Anche altre persone vedevano solo un frammento della

Sua natura, che era molto oltre a ciò che potevano cogliere. Arjuna vide la Sua forma cosmica, ma non poté fare l'esperienza del Suo aspetto senza forma. Molti studiosi hanno cercato di spiegare Krishna e molti stanno ancora cercando d'interpretare chi è e di descrivere ciò che è, ma queste interpretazioni e descrizioni non rivelano nulla di Lui. Persino Vyasa, che narrò la Sua vita nello *Srimad Bhagavatam*, non riuscì a spiegare Krishna completamente, perché tutte le sue spiegazioni e descrizioni erano basate sulle parole. Le parole vengono dall'intelletto e dalla mente, entrambi limitati. Ma il Guru è ben oltre la mente e le parole. Questa è la natura di un vero, grande Maestro".

Tutti sedevano ascoltando assorti il discorso della Madre come se avessero appena ricevuto un barlume della natura del Guru. Le parole di Amma erano cariche di verità e di grande forza. Tutti sentivano che la Madre stava parlando di se stessa anche se non si era riferita a sé in modo particolare. Alcuni *brahmachari* ebbero la sensazione che stesse dicendo loro: "Parlate molto di 'me', ma quella non sono io. E non centrate mai il bersaglio, figli miei. Mancate sempre 'me'".

Nessuno parlava. Sul viso di Amma c'era un'espressione maestosa che rivelavano lo splendore spirituale e la gloria. Mentre sedeva tra i residenti e i devoti, appariva distaccata da ciò che la circondava. Forse le era stata ricordata la sua vera natura. I suoi occhi erano fissi su un punto particolare, ma era difficile capire quale. Pur essendo spalancati, gli occhi erano immobili e per cinque o sei minuti non sbatté le ciglia. La schiena era dritta; sembrava che non stesse nemmeno respirando. Le mani erano appoggiate in grembo con i palmi rivolti verso l'alto. Ci volle qualche minuto prima che scendesse da quello stato. Pronunciando il suo mantra preferito 'Shiva...Shiva' e facendo dei cerchi con la mano destra sollevata, ritornò al suo stato abituale.

Un *brahmachari* chiese un'ulteriore spiegazione: "Amma, hai detto che il Guru non è né l'ego né è senza ego, che non è né le nuvole né il cielo. Noi stiamo cercando di liberarci dell'ego, non è vero? Quindi perché dici che il Guru non è nemmeno senza ego? Nell'analogia 'né le nuvole né il cielo', se il cielo è l'infinito, allora perché dici che il Guru non è infinito? Da quello che abbiamo compreso, l'infinito è lo stato ultimo, ma qui mi sembra che vi siano contraddizioni. Amma, puoi per favore spiegarlo?".

"Figli", rispose Amma, "una qualità non può esistere senza il suo opposto. Quando dite 'lui è buono', c'è anche il concetto di 'cattivo'. Senza il cattivo, il buono non può esistere. Quando diciamo 'oscurità', è implicito il concetto di 'non oscurità' o luce. Se ci fosse solo l'oscurità o solo la luce non potremmo descrivere nessuna delle due perché non ci sarebbe contrasto. Quando diciamo che il fiore è bello, certamente abbiamo l'idea di qualcosa che è non bello, o brutto. Questo vale per tutte le affermazioni. Per poter dire 'bello' deve esistere anche il suo opposto. Per poter dire 'buono', deve esistere anche ciò che è 'cattivo', il contrario, altrimenti manca il paragone. In questo mondo di nomi e di forme, in questo mondo di dualità, possiamo solo parlare in termini di coppie di opposti e di contrapposizioni.

Così, quando affermiamo che il Guru non ha l'ego ma che non è neppure senza ego, vogliamo dire che ha trasceso il mondo duale. Le parole non possono descrivere tale stato. Anche 'né le nuvole né il cielo' sono sempre parole che indicano delle forme. Non importa che parole usiamo perché saranno sempre limitanti, circoscritte. Possiamo usare la metafora del cielo per descrivere l'infinito, ma tale immagine è solo relativa, perché è un cielo senza nuvole paragonato a un cielo pieno di nuvole. Ma ancora, il concetto di 'cielo' presuppone un limite. Anche dire che il Guru è 'senza ego' indica un limite. Ogni descrizione implica un limite e dove c'è un limite, la contrapposizione è possibile, perché esiste l'opposto.

La parola 'infinito' reca con sé l'idea di 'finito', mentre invece lo stato supremo in cui risiede il Guru è molto al di là di ogni confronto e contrasto. In realtà, è impossibile descriverlo con le parole. Ma noi, che conosciamo solo i nomi e le forme, possiamo farci un'idea di questo stato ineffabile solo attraverso il confronto, le contrapposizioni e le analogie. Lo stato di Unità suprema va al di là di tutto questo.

Nello stato supremo in cui è stabilito il Guru, non esiste dualità, non ci sono contrapposizioni né opposti. Quello stato supremo è oltre ogni limitazione. Non si può dire 'qui è dove finisce' perché è senza fine. Ora, potreste dire che il suo contrario è *maya* o ignoranza, ma *maya*, o il mondo o l'ignoranza, è semplicemente una proiezione della realtà suprema e non può esistere senza *Brahman*. Nulla può esistere senza *Brahman*, l'Assoluto. *Brahman* è totalmente indipendente, mentre l'esistenza del mondo dipende da *Brahman*. Solo *Brahman* È. Ecco perché nell'Uno, nel Tutto, ogni confronto e coppia di opposti cessa di esistere. Stiamo parlando di qualcosa che trascende la comprensione umana, che sfugge a ogni descrizione, perché trascende ogni cosa. Vi è un'apparente contraddizione, ma quella contraddizione è nella vostra testa. Abbandonate il ragionamento e vedrete che non vi è alcuna contraddizione".

Un altro *brahmachari* fece questa domanda: "Amma, hai detto che il Guru non ferisce mai nessuno, ma tu a volte ci rimproveri e noi ci sentiamo feriti".

Amma analizzò questa domanda: "Figlio, dici che Amma ti rimprovera, ma non dici perché. Lei ti rimprovera per un piccolo errore che hai commesso solo una volta? No. Sottolinea e corregge gli errori ripetuti, errori che sono gravi ostacoli alla tua crescita. Questo lo puoi chiamare rimprovero. Così, se ti rimprovera, è per renderti più forte. I suoi figli dovrebbero avere la forza di affrontare tutte le difficoltà della vita qualunque siano. Questo ashram è un vero *kalari,* un luogo in cui i guerrieri si addestrano nelle arti marziali con la spada e lo scudo; dovreste diventare veri guerrieri, guerrieri molto coraggiosi.

Amma vi ama, prova compassione per voi ed è molto paziente con voi, ma manifestare amore, compassione, affetto e pazienza non sempre aiuta la vostra crescita perché potreste rimanere egoisti. Dimenticando lo scopo, cominciate a comportarvi in modo sconsiderato, diventate gelosi ed iniziate a litigare per attrarre l'amore di Amma. Lei non vi ha mai rimproverati, al contrario, cerca solo di ricordarvi cosa bisogna fare, quando e come. Si sforza di rendervi più attenti e prudenti. Questa è un'espressione del suo amore per voi.

Per quanto riguarda i rimproveri, Amma vi riprende quando ripetete gli stessi errori; potrebbe dire qualcosa per correggervi solo se vede che continuate a compiere qualcosa che vi impedisce di progredire. Non vi sgrida per il gusto di farlo. Se pensa che dirvi qualcosa con fermezza sia l'unico modo per rendervi consapevoli del vostro obiettivo, allora parlerà con franchezza per creare un'impressione dentro di voi. Altrimenti, che senso ha vivere qui se non modificate le vostre abitudini ed atteggiamenti ed ampliate così la vostra visione della vita? Lo scopo di stare qui diventerà nullo se vorrete restare sempre gli stessi senza crescere spiritualmente.

Figli, sapete quanti rimproveri, quante prove e quante sofferenze ha dovuto subire Amma in passato? Damayanti Amma osservava minuziosamente tutte le azioni di Amma e se ci fosse stato anche solo un mucchiettino di sporcizia nel cortile dopo che aveva spazzato, l'avrebbe picchiata. Quando tutti i recipienti erano stati lavati, li esaminava e se avesse notato anche solo una piccola traccia di sporco la avrebbe rimproverata. Quando Amma spazzava per terra, se anche una sola setola della scopa fosse caduta inavvertitamente, sarebbe stata subito ripresa. Se un granello di polvere o della cenere cadeva nella pentola mentre cucinava, veniva punita. Quando raccoglieva l'erba per le mucche, Damayanti Amma l'osservava da lontano per vedere se Amma si perdeva in chiacchiere con altri e la picchiava se si fermava a parlare con qualcuno. Amma non si sentiva ferita dai rimproveri e nemmeno dalle percosse: le considerava un'espressione di benevolenza della Provvidenza. Amma non provava né amarezza né risentimento, ma la sua mente si rivolgeva all'interno.

Figli, il dolore che sentite quando venite rimproverati per un errore non è causato da chi vi rimprovera. Il piacere e il dolore appartengono all'ego. Il vostro ego è ferito ed è per questo che soffrite. Volete fare qualcosa a modo vostro, ma qualcuno non è d'accordo e ve lo dice: per questo vi sentite tristi o amareggiati. Non pensate che quello che vorreste fare potrebbe essere sbagliato. Poiché non considerate i problemi che potreste creare agendo come volete, non pensate alle conseguenze del vostro comportamento errato. Non vi preoccupate degli altri e di come potrebbero sentirsi in seguito alle vostre azioni egoiste, al fatto che potreste farli soffrire. Pensate solo al vostro dolore. Vi sentite feriti; il vostro ego è ferito.

Qualcuno ha puntato un dito contro il vostro ego e non lo sopportate. Vi sentite feriti perché il vostro ego è stato messo in discussione. L'alta opinione che avete di voi è stata sminuita e reagite negativamente perché vi risulta intollerabile. Non vedete che il vostro sé egoista e il piccolo mondo che ha creato. Se qualcuno fa un piccolo graffio al vostro mondo minuscolo cercando di correggervi, vi arrabbiate con lui, lo insultate, lo criticate e lo biasimate, convinti di essere innocenti. Pensate che state sforzandovi di essere bravi, corretti, puri e impeccabili, e così dite che l'altra persona vi ha ferito, vi ha rimproverato e che è tutta colpa sua.

Ma cosa pensate di voi stessi? Pensate di essere anime perfette? No, non lo siete. Siete solo un ego limitato. Potete raggiungere la perfezione, ma affinché accada, c'è bisogno di qualcuno che vi guidi, vi corregga e vi disciplini. Questo è quello che un discepolo deve accettare. Se non permettete a qualcuno, e questo 'qualcuno' è il Guru, di lavorare su di voi, allora è difficile che possiate evolvere.

I rimproveri del Guru non devono essere presi come semplici destrezze verbali: sono benedizioni. Quando il Maestro comincia a rimproverarvi, significa che la sua grazia e compassione hanno iniziato a scorrere verso di voi. Ha posato i suoi occhi su di voi e vuole salvarvi. Desidera liberarvi per sempre. Il Guru non può ferire nessuno. Il fiume non può ferirvi, il vento non può ferirvi e il sole non può ferirvi: semplicemente sono. Sono pura presenza. Il fiume non può cambiare la sua natura; il vento e il sole non possono cambiare le loro nature. Allo stesso modo, il Guru non può modificare la sua natura.

Il Guru diffonde luce. Proprio come il vento non può smettere di soffiare, il fiume di scorrere e il sole di splendere, il Guru non può smettere di essere ciò che è. Una persona può ferirvi perché ha un ego e vi vede diversi da lei. Ha la sensazione 'dell'altro'. Il suo ego e il vostro ego si scontrano. Ma il Guru non vede differenze perché è oltre tutte le differenze. Non ha il senso di alterità, 'dell'altro'; non ha ego poiché non è una persona. In realtà, non c'è nessun'altra persona: c'è solo la pura Coscienza. La Coscienza non può ferire nessuno. Qualunque cosa venga dal Guru è per il vostro bene. Siete voi che lo percepite come qualcosa che causa dolore e quindi vi lamentate dicendo che è colpa del Guru.

Gli esseri umani coltivano fiori che hanno un buon profumo e calpestano la comune erba. Crescono piante utili e alberi da frutto e abbattono quelle inutili. Uccidono gli animali selvatici e feroci e allevano quelli utili e docili. L'uomo porta dietro di sé un passato di sfruttamento. Uccidere in questo modo vuol dire sfruttare. Gli esseri umani sono mossi dall'egoismo, non dall'amore. Coltivano fiori e alberi da frutto, ma solo per sfruttarli per i loro interessi egoistici. I frutti servono per placare la loro fame e dissetarli, i fiori per decorare i loro capelli, le loro case e i loro giardini. Se le piante da fiore smettono di fiorire o gli alberi da frutto non fruttificano più, vengono tagliati, abbattuti e distrutti.

La stessa cosa avviene con gli animali domestici. Avendo bisogno del latte per nutrire i loro corpi, gli uomini allevano le mucche, ma non appena esse smettono di produrre latte, si trasformano in bistecche. Se un animale non serve più per raggiungere uno scopo egoistico, lo uccidono per soddisfarne un altro. Dopo aver sfruttato una mucca, la sopprimono. Allevano gatti e i cani per il proprio piacere, non perché sentono vero amore per loro. Al contrario, li allevano perché gli animali gli danno amore e loro hanno bisogno di questo amore. Se il loro cane li morde o il gatto ruba il loro cibo, questo amore scompare e si trasforma in odio. In famiglia avviene lo stesso: le persone si sfruttano a vicenda. Il padre e la madre diventano un peso quando invecchiano e sono fragili e quindi vengono mandati in una casa di riposo. I figli amano i genitori fin quando dipendono da loro per il cibo, i vestiti e un riparo. Una volta diventati indipendenti, l'amore scompare, e al suo posto scoppiano conflitti e liti. Figli, questa è la situazione nel mondo. Ecco come vivono gli esseri umani: dipendendo dagli altri, li sfruttano per la propria soddisfazione e infine li eliminano quando i loro bisogni sono soddisfatti. Questa è la natura del mondo.

Ma i *Mahatma* non sono così. I *Mahatma* sono come il vento. Mentre gli esseri umani godono il profumo dei fiori ma calpestano l'erba, il vento soffia dolcemente e accarezza sia i fiori che l'erba. Il vento non si ferma mai ad annusare il dolce profumo della rosa o del gelsomino, né smette di soffiare quando passa accanto ad escrementi maleodoranti: non ha preferenze e non fa differenze. È oltre ogni differenza. Questo è anche il comportamento di un *Mahatma*, che ama tutto e accetta tutto, sia quello che noi chiamiamo 'buono' che quello che chiamiamo 'cattivo'. Ha trasceso ogni attrazione e repulsione. Semplicemente È. Chiunque voglia beneficiare della presenza di un *Mahatma* lo può fare. Quelli che non lo desiderano, non sono tenuti a farlo. Sono liberi di criticarlo, offenderlo o insultarlo, ma non pensate che l'atteggiamento del *Mahatma* verso di loro cambierà. Lui rimarrà lo stesso. Sarà sempre lo stesso poiché non percepisce nessuna differenza, vede tutti e tutto come la pura Coscienza. Voi invece non siete così, vedete delle differenze. Ricordate però che il vostro essere diversi e il vostro vedere le differenze appartengono solo a voi, non hanno nulla a che fare con il Guru, che è immutabile. Non potete pensare che anche lui percepisca questa divisione proiettando su di lui la vostra visione differenziata".

I presenti che stavano ascoltando queste parole – *brahmachari*, devoti sposati e visitatori – si sentivano straordinariamente ispirati dal discorso illuminante della Madre. Erano tutti incantati. Amma era un flusso incessante di pura conoscenza, come il flusso del sacro Gange, così cristallino e naturale che dissipò ogni dubbio. Tutti sentivano che la Madre si riferiva a se stessa mentre parlava del Guru; stava descrivendo la propria esperienza. I devoti hanno centinaia di storie da condividere con voi sulla compassione e sull'amore illimitati della Madre; possono raccontarvi numerosi fatti che rivelano quanto lei sia oltre tutte le differenze.

Quando la Madre tacque, il *brahmachari* che aveva detto di sentirsi ferito quando veniva rimproverato provò molta vergogna e con tono pieno di rimorso disse: "Amma, ti chiedo scusa per il mio commento. Non stavo protestando, non intendevo dire che non è necessario che ci sgridi". S'interruppe perché aveva un nodo alla gola. Con le lacrime agli occhi, continuò: "Amma, per favore, non smettere di correggermi. Per favore, continua a farlo. Volevo semplicemente dire che, anche se so che i tuoi rimproveri sono per il mio progresso spirituale, mi feriscono un po' per colpa del mio ego. Perdona i miei errori, perdonami, mia Amma". Pieno di rimorso, il *brahmachari* non riusciva a controllare le sue emozioni mentre cercava di asciugarsi le lacrime.

Ciò che seguì fu un'altra dimostrazione dell'infinita compassione della Madre per quel figlio. La sua innocenza riempì di lacrime anche gli occhi della Madre che lo colmò di un amore sconfinato. Mentre lo appoggiava sul suo grembo, gli dava molto affettuosamente dei colpetti sulla schiena. Amma gli asciugò le lacrime e lentamente lo allontanò dal suo grembo, gli posò la testa sulla sua spalla e poi disse dolcemente: "Figlio, non c'era nulla di sbagliato nella tua domanda. In effetti, Amma ha apprezzato la tua franchezza. Si dice che porre domande al Guru sia come affrontare un cobra. Il cobra tiene il cappuccio piegato per la maggior parte del tempo, ma se lo colpisci, immediatamente lo solleva, e più lo provochi, più solleva la testa. Allo stesso modo, quando fate una domanda al Guru, siate esigenti con lui. Facendo domande provocatorie, riceverete le risposte più profonde.

Le domande di un ricercatore sincero e curioso sono spontanee. Non bisogna fabbricarne di difficili per il solo gusto di chiedere. Se sono poste solo per il gusto di farle, potreste non ricevere le giuste risposte. Il fattore determinante è la sete interiore e il desiderio di sapere in chi pone le domande; questo sarà un richiamo per il Guru, poiché il Guru, per natura, preferisce dimorare nel Sé, nel silenzio interiore. Deve lottare per scendere sul piano fisico e comunicare. Non desidera parlare della Verità Suprema perché le parole deformano la Verità. Non vuole distorcere la Verità perché il suo linguaggio e la sua mente sono stabiliti nell'esperienza interiore della Verità. Per parlare è necessario avere un ego. Nel caso di un Maestro perfetto, costui deve crearsi un ego per parlare e per insegnare. Quando il Guru parla, parla in base alla propria esperienza; questo è quello che trasmette con le sue parole che non snaturano la Verità. Per indurre il Guru a parlare, il discepolo, il devoto o chiunque faccia la domanda, deve porgli domande sincere. Dev'essere spinto dal bisogno di sapere. Di fronte a un ricercatore serio, il Guru non può rimanere in silenzio. È costretto a parlare".

La testa del *brahmachari* era sempre sulla spalla della Madre. Mentre gentilmente gliela sollevava, Amma chiarì maggiormente il suo messaggio dicendo: "Per questo, figlio, non ti devi preoccupare della domanda che hai posto. Era sincera e spontanea. Una domanda pensata a lungo può mancare di sincerità perché non è più spontanea. Domande sincere e spontanee sono spesso vere domande che nascono senza sforzo, quindi non essere triste".

Le parole rassicuranti della Madre consolarono il *brahmachari*. Un altro *brahmachari* commentò: "Se si può restare sulla spalla della Madre così a lungo, anch'io vorrei fare una domanda sincera". Tutti risero, e anche Amma scoppiò in una deliziosa risata. Continuò a ridere per un po' mentre l'atmosfera diventava sempre più distesa.

Capitolo 10

Il lavoro come devozione

3 maggio 1984

Alle sei e trenta del mattino la Madre stava spazzando il terreno dell'ashram. Quando la videro, Gayatri, Kunjumol e alcuni *brahmachari* corsero verso di lei e cercarono di toglierle di mano la scopa. "Amma", supplicarono, "lascia stare per favore, lo facciamo noi". Piegata sul corto manico della scopa, lei continuava a spazzare senza alzare nemmeno la testa, nonostante le ripetute richieste. Alcuni andarono a prendere altre scope, desiderosi di poterla aiutare a spazzare un'altra zona dell'ashram. Quando Amma li vide arrivare, disse: "No, no. Non c'è bisogno di aiuto, mettete via le scope", ma essi continuarono ad importunarla finché finalmente si fermò. Raddrizzandosi, li ammonì dicendo: "Smettete di parlare. Non fate rumore. Quando Amma lavora, vuole farlo con concentrazione: lo considera una forma di devozione. Amma non si limita all'atto di spazzare; nel lavoro vede Dio".

Con queste parole, si rimise all'opera. Tutti continuarono a seguirla, ma senza dire altro. Pulì velocemente e accuratamente: non solo il terreno era pulito, ma vi era anche il bel disegno sulla sabbia lasciato dalle setole di saggina. La Madre l'aveva svolto in modo insuperabile. Poiché si trattava di un'attività quotidiana, i residenti erano soliti fare a turno per spazzare e impiegavano abitualmente quarantacinque minuti per farlo. La Madre, invece, aveva spazzato tutto il terreno dell'ashram in venti minuti, meno della metà del tempo.

Al termine, andò a sedersi nel lato sud del tempio. Nonostante fosse sudata per aver spazzato così vigorosamente, non era affatto stanca. Il gruppo che l'aveva seguita si riunì intorno a lei, ma non troppo vicino perché aveva un po' di paura. In silenzio, Amma si asciugò il viso e le mani con un asciugamano offertole da Gayatri. Kunjumol portò una tazza di tè, ma rimase in piedi tenendola in mano, non osando chiederle di berlo. Infine, superando il suo timore, Kunjumol disse: "Amma, del tè", ma lei rispose: "No, non ne voglio. Oggi non berrò né mangerò".

A questo punto iniziò il vero *satsang*. Amma si mise a parlare affrontando la questione: "Voi figli non avete vero *sraddha*. Alle sei e trenta del mattino, nessuno aveva ancora spazzato il terreno dell'ashram. Non sapete che va fatto prima dell'alba? Non sapete che questo è un ashram, un luogo di devozione? Quanti *brahmachari* ci sono qui? Quanti? E anche queste ragazze sono diventate negligenti. È vostro compito tenere questo luogo pulito e in ordine, ma nessuno di voi ha avuto il buon senso o il discernimento per farlo. Potete forse sedervi a meditare in un posto disordinato, sporco e brutto? No. Avete bisogno di un posto pulito e in ordine. Se è caotico e sporco, la mente ne verrà influenzata e non riuscirete a concentrarvi. Se non tenete l'ashram pulito, i visitatori penseranno che anche i residenti sono sporchi e disordinati.

Le persone non perdono l'occasione di giudicare Amma. Penseranno che lei non sta crescendo i suoi figli nel migliore dei modi. È per il vostro interesse che Amma è preoccupata di quello che le persone pensano dell'ashram. Quello che dicono non la tocca. Lei può vivere ovunque, noncurante di quello che dice la gente. È abituata, avendo ben allenato la mente. Durante il suo periodo di *sadhana*, Amma trascorse giorni e notti all'aperto, sotto la pioggia o sotto il sole, distesa sulla sabbia, nel fango delle *backwater* e in mezzo alla spazzatura. Mangiava pezzi di vetro, fondi di caffè e persino escrementi. Lo fece per trascendere tutto, talmente grande era il suo *vairagya*. Figli, non pensiate che le cose che Amma dice o fa siano per un suo interesse personale. Sono tutte per il vostro bene. Amma non ha nulla da guadagnare né da perdere; per lei tutto è lo stesso. Per voi, invece, non tutto è lo stesso: vedete ancora le cose come diverse le une dalle altre. Avete ancora molta strada da fare.

Inoltre, nessuno di voi ha mai sperimentato la sofferenza nella vita. Non avendo mai faticato o sudato, non conoscete le difficoltà che hanno le persone. La maggior parte di voi viene da famiglie benestanti. Non avevate nulla di cui preoccuparvi: bastava che vi sedeste a tavola e il cibo vi veniva servito. Nessuno vi chiedeva di sbrigare le faccende domestiche, né dovevate lavare i vostri vestiti. Siete cresciuti abituati ad avere soddisfatto ogni vostro desiderio dai genitori.

Ma la vita spirituale non è per persone di questo tipo. Per condurre un'autentica vita spirituale, bisogna avere conosciuto la sofferenza e il dolore. Chi cresce nell'abbondanza avrà difficoltà a condurre una vera vita spirituale. Prima deve scendere coi piedi per terra, dev'essere pronto ad affrontare le prove della vita reale, una vita di duro lavoro, deve avere la possibilità di sentire l'odore del proprio sudore. Voi, figli, non conoscete il valore del lavoro. Sapete, il lavoro è Dio. Amma pregava sempre il Signore: 'O Signore, dammi lavoro. Dammi il Tuo lavoro'".

A quel punto un *brahmachari* prese la parola, cercando di spiegare che la persona incaricata di spazzare era uscita dall'ashram il mattino presto per sbrigare delle commissioni, ma la Madre lo interruppe dicendo: "Figli, sapete che fin da quando aveva nove anni Amma doveva alzarsi alle tre del mattino per cominciare la sua giornata lavorativa? Era costantemente impegnata in diversi compiti. Iniziava pulendo la casa e spazzando i dintorni, poi si occupava di altre cento cose: andare a prendere l'acqua, cucinare tre volte al giorno, pulire e dare da mangiare alle mucche, mungerle, lavare le stoviglie, fare il bucato di tutta la famiglia e battere i gusci di cocco con il pestello di legno per fabbricare della corda con la fibra. A volte doveva battere i gusci acerbi, cosa ancora più difficile. E poiché doveva costantemente portare sul capo brocche d'acqua e vasi di *kanji* bollente (minestra di riso), era apparsa una chiazza di calvizie sulla testa. I capelli cadevano, ma a lei non importava.

I semplici abiti che indossava non erano mai asciutti. Doveva guadare le *backwater* per raccogliere l'erba per le mucche. Dovendo attingere l'acqua e lavare i vestiti di tutta la famiglia, era sempre fradicia. Le sarebbe piaciuto avere i vestiti asciutti, ma non si lamentò mai. Pur avendo una tale mole di lavoro, pregava Dio di dargliene ancora così da essere sempre impegnata a dedicare ogni sua azione a Lui. Veniva rimproverata severamente e anche picchiata, ma usava questi maltrattamenti per rivolgere la mente all'interno invece di rattristarsi o risentirsi.

Oltre alle faccende domestiche, veniva mandata nelle case dei parenti a servirli. Quand'era dalla nonna, svolgeva ogni tipo di lavoro. A volte aveva persino guidato la barca per traghettare i cugini dall'altra parte della laguna dove c'era la scuola".

Amma fece una pausa mentre tutti sedevano immobili e poi continuò: "Figli, da quando aveva cinque anni a quando ne ebbe venti, Amma era sempre indaffarata. Ancora oggi non ama stare ferma, con le mani in mano. Non ne è capace, ecco tutto.

Se un *sadhak* non lavora, inganna il mondo e Dio in nome della spiritualità. Nessuno di voi ha dovuto soffrire come Amma. Persino oggi non avete alcuna difficoltà da affrontare né angheria da subire, non dovete pensare né preoccuparvi di nulla. Guardate Amma: anche se non ha bisogno di compiere nessun lavoro, lavora. Lo svolge, ma questo lavoro non è per se stessa, non è per guadagnare denaro, né per acquisire un buon nome o la fama, né per far piacere a qualcuno. Ciò nonostante, compierlo le dà soddisfazione e beatitudine. Lei non si aspetta nulla da nessuno. Lavora perché si sente di farlo.

Figli, c'erano altri membri della famiglia a cui Amma avrebbe potuto chiedere aiuto in quegli anni, nella prima fase della sua vita, quando lavorava così tanto. Avrebbe potuto perfino dire: 'Non posso svolgere questa mole di lavoro. Ci sono altri figli, chiedetegli di fare qualcosa'. Invece no, non pronunciò mai una parola di lamentela né cercò un qualche aiuto. Accettò tutto come benedizione della Provvidenza. Non pensò mai che fosse un peso. Al contrario, era ben contenta di svolgerlo perché lo considerava il lavoro di Dio, il lavoro che proveniva dalla volontà di Dio. Il lavoro era la sua *sadhana*.

Quando qualcuno dice: 'Era responsabilità del tal dei tali spazzare oggi, ma poiché non c'era non è stato fatto nulla', rivela una mancanza di sincerità e di consapevolezza. In quanto aspiranti spirituali, non dovreste avere tale atteggiamento. Se questa fosse stata la vostra casa, non avreste parlato così. 'Se mi è stato affidato questo compito, lo farò. Se invece è stato incaricato qualcun altro, la cosa non mi riguarda. Non lo farò al suo posto'. Questo è l'atteggiamento di chi è egoista e pensa solo in termini di 'io' e di 'mio'. 'Non voglio ficcare il naso negli affari di qualcun altro', è il tipico comportamento delle persone egoiste. Figli, stiamo cercando di uscire da questa visione ristretta. L'atteggiamento che vogliamo coltivare è 'Tutto è Suo, tutto è di Dio. Io sono solo uno strumento nelle Sue mani e sono qui per svolgere il Suo lavoro'.

Voi siete quelli che devono librarsi nel vasto cielo della spiritualità; per riuscirci, vi occorrono le ali dell'altruismo e dell'amore. Dovremmo essere in grado di compiere ogni cosa con amore e sincerità. L'opportunità di amare e servire gli altri dovrebbe essere considerata un dono prezioso, una benedizione di Dio. Dovremmo essere felici e ringraziarLo di averci dato tale opportunità. Un ricercatore spirituale dovrebbe avere sempre un atteggiamento positivo ed evitare di nutrire sentimenti o atteggiamenti negativi. Essere positivi richiede forza e coraggio; occorre una mente audace per rinunciare alle vecchie abitudini e svilupparne di nuove, basate sui principi spirituali. È possibile riuscirci. Questo è lo scopo della *sadhana*.

La gente comune sceglie e fa solo i lavori che le piacciono. L'atteggiamento dei ricercatori spirituali dovrebbe essere diverso. Superando l'attrazione e la repulsione, senza pensare all'ora e alle circostanze, costoro dovrebbero essere pronti a svolgere qualunque compito. In questo sta la loro grandezza".

Senza aggiungere altro, la Madre si alzò e se ne andò. Poiché era quasi l'ora della meditazione mattutina, tutti si alzarono per andare a svolgerla, la mente piena di rimorso, ma anche piena delle parole ispiranti di Amma.

Le due madri

Durante il darshan, un devoto capofamiglia fece una domanda alla Madre: "Amma, una volta ti ho sentita dire che ci sono due madri, la Madre esterna e la Madre interna. Non capisco cosa intendi con questo. Puoi per favore dirmi perché questa divisione?".

"Figlio", rispose la Madre, "ci sono due diversi aspetti della Madre: la *maya rupam* (la forma illusoria) e la Madre che è la 'mente delle menti'[15]. La *maya rupam* è la forma esteriore, il corpo. Voi considerate questo corpo come Amma e chiamate questa forma Amma. Però, nella profondità della 'mente delle menti' c'è un'altra Amma. I vostri occhi non possono vedere la Amma che è la 'mente delle menti'. Vedono solo la Madre esteriore.

La Madre esteriore, la *maya rupam*, ride, gioca, parla, mangia, dorme e agisce come i comuni esseri umani. Questa forma si

---

[15] Nella *Kenopanishad* si parla della '*manaso manah*', la 'mente delle menti', ovvero l'Essere Supremo, il Purusha, la Coscienza assoluta, la Coscienza testimone.

unisce a voi e comunica con voi. Questa forma è soggetta al cambiamento. Invecchia. Essendo nata, dovrà morire. Ha un inizio e una fine. Attraverso uno stretto legame con questo corpo, potete comprendere, in una certa misura, questa Madre, la Madre esteriore. Potete parlarle, farle delle domande; i figli amano questa forma, e anche Amma ama i suoi figli. A volte potete far contenta la Madre esteriore, renderla felice e farla piangere. Potete darle da mangiare, servirla e farla riposare. Lei si divertirà a farvi scherzi e si preoccuperà per i suoi figli. A volte sembrerà preoccupata, altre mostrerà attaccamento. La Madre esterna a volte 'danzerà' al ritmo dei vostri capricci e fantasie. Questa Madre esteriore è importante. La Madre esterna è importante tanto quanto quella interiore, poiché senza di lei non potreste farvi un'idea della Madre interiore.

La Madre interiore, la cui vera natura è l'infinito, il silenzio, si manifesta visibilmente attraverso questo corpo affinché i suoi figli abbiano un assaggio della Madre presente nel profondo.

Questo corpo è potente, ha la capacità di esprimere l'infinito potere che vi è rannicchiato. Questa Madre esterna esiste solo per aiutarvi a raggiungere la Madre interna, la Madre della 'mente delle menti'. La Madre interiore non ha alcuna qualità esterna; è perfettamente silenziosa e senza attributi, stabilita nella 'mente delle menti'. Il silenzio è il suo linguaggio. Tutte le pratiche spirituali hanno lo scopo di propiziare tale Madre: qualunque servizio svolgiate per la Madre esteriore, la *maya rupam*, ha lo scopo di compiacere la Madre interiore. In realtà, non si può neppure impiegare il termine 'soddisfare' nel caso della Madre interiore. Quando aprite il vostro cuore attraverso le pratiche spirituali, fate l'esperienza della grazia che scorre in voi. Essa è lì, dentro di voi. C'è sempre stata.

Non potete nemmeno chiamare la silenziosa Madre interiore 'Madre', perché 'Madre' è un nome, e non ci sono né nomi né forme nella 'mente delle menti' dove si trova la Madre interiore. Questa Madre interiore è completamente distaccata; non c'è nulla che le piaccia o non le piaccia. Non prova né entusiasmo né inquietudine. Non dorme né mangia; non ama né odia nessuno. Semplicemente È. Qualunque cosa venga espressa attraverso il suo corpo è per voi, per la vostra crescita spirituale. Senza il corpo non potreste nemmeno avere un barlume della Madre interiore. In realtà, questa Madre esteriore non esiste nel modo in cui voi pensate di vederla. Esiste solo la Madre interiore, immobile, silenziosa, eterna, immutabile".

Amma non terminò la frase. Prima che potesse aggiungere altro, scoppiò in una risata di beatitudine. Questa risata sonora non durò molto perché Amma fece subito un lungo e profondo respiro e restò poi completamente immobile. Sedeva in una perfetta posizione di meditazione con gli occhi chiusi e la testa leggermente sollevata. Dopo la profonda inspirazione iniziale, non era seguita nessuna espirazione. Il tempo passava e tutti si sentivano tesi e preoccupati. Era come se anche il loro respiro si fosse fermato. Delle persone suggerirono di scuoterla vigorosamente, ma questa idea venne abbandonata quando Brahmachari Pai cantò uno *sloka* sanscrito tratto dal *Soundarya Lahari*.

Unito con Shakti, Shiva è dotato
del potere di creare l'universo.
Diversamente, sarebbe incapace perfino di fare il minimo
movimento.
Quindi chi, tranne quelli che sono dotati
di grandi meriti acquisiti in passato,
ha la fortuna di renderTi omaggio
e di lodarTi, o Madre divina,
che sei adorata anche da
Vishnu, Shiva e Brahma?

A questo seguì il canto Karunalaye Devi, a cui tutti parteciparono con grande fervore.

> *O Dea, dimora della compassione*
> *che esaudisci ogni desiderio,*
> *o Katyayani, Gauri, Sambhavi, Shankari.*

> *O essenza dell'OM,*
> *o Madre, Madre, Madre,*
> *Tu sei l'essenza dell'OM*
> *e Ti diletti nel suono 'OM'.*
> *Quando senti il mantra 'OM Shakti',*
> *o Madre, verrai correndo, o grande Maya.*

> *Creazione, conservazione e distruzione*
> *dell'universo sono tutte opera Tua.*
> *O Madre, tutto è Te, Tu stessa sei tutto.*
> *Non c'è nessun altro se non Te, o Madre.*
> *Questo supplicante non ha altro supporto che Te,*
> *il Sé di beatitudine.*
> *O Sé di grande beatitudine,*
> *accordami la Tua benedizione.*

I cuori traboccavano di gioia. La maggior parte delle persone singhiozzava, incapace di trattenere le lacrime, mentre cantava con le mani giunte in segno di rispetto, gli occhi fissi sulla Madre. Il *bhajan* raggiunse l'apice quando il solista invocò "Amme... Amme... Amme..." Quando il coro rispose, era come se fosse crollata una diga: le acque dell'amore e della devozione sgorgarono. Tutti erano stati trascinati via e sperimentavano un'intensità emozionale impossibile da descrivere con le parole.

Sentendo questo canto intensissimo mescolato a pianti ad un'ora così insolita, alcuni abitanti del villaggio vennero all'ashram per vedere cosa stesse succedendo. Guardarono a qualche distanza la Madre e i devoti seduti sulla veranda davanti al tempio. I canti continuarono con altri *sloka* tratti dal *Soundarya Lahari*.

> *La polvere dei Tuoi piedi è la città*
> *sull'isola da cui sorge l'alba luminosa*
> *dell'illuminazione spirituale,*
> *che disperde l'oscurità dell'ignoranza*
> *dai cuori dei devoti.*

> *Questa polvere forma il bouquet*
> *di boccioli di fiori dai quali*
> *scaturisce il nettare dell'intelligenza.*
> *Vivificando le menti ottuse,*
> *è una vera collana di pietre preziose,*
> *realizzando i desideri di chi è nella povertà.*

> *Per chi è immerso nell'oceano del samsara,*
> *la Tua polvere è ciò che li eleva,*
> *come la zanna di Vishnu, che sollevò la Terra sommersa*
> *dalle acque del pralaya quando si incarnò come il cinghiale*
> *cosmico.*

> *O sposa di Parabrahman!*
> *Gli studiosi che conoscono il vero significato*
> *degli Agama (testi sacri) Ti descrivono come Saraswati,*
> *la dea del sapere, la sposa di Brahma.*

> *Inoltre, parlano di Te*
> *come di Lakshmi nata dal loto,*
> *la consorte di Vishnu, e anche come Parvati,*
> *la figlia della montagna e la sposa di Shiva.*

> *Ma Tu sei anche la quarta,*
> *quell'unica forza che è la fonte*
> *di tutte queste tre dee.*

Di maestosità inconcepibile e illimitata,
sei la Mahamaya imperscrutabile
che fa girare la ruota di questo mondo.

O Madre! Il simbolo dei Veda
porta i Tuoi piedi come corona.
Degna Ti di posare i Tuoi piedi anche sul mio capo.

I Tuoi piedi, le offerte d'acqua
che vi è versata formano il Gange
nei capelli arruffati di Shiva.
E la polvere scarlatta dona splendore
ai gioielli sul diadema di Vishnu.

Le persone notarono infine un movimento impercettibile nel corpo di Amma. Con angoscia e paura, tutti gli occhi erano fissi su di lei, attenti al suo più piccolo movimento. Dapprima le sue mani si mossero lentamente, poi i suoi piedi cominciarono a dondolare dolcemente avanti e indietro, seguiti da un movimento sulle labbra come se stesse mormorando qualcosa. Gradualmente, l'alzarsi e l'abbassarsi del petto indicò che la Madre aveva ricominciato a respirare. Tutti tirarono un sospiro di sollievo e l'ansia scomparve dal loro viso. Erano passati forse più di dieci minuti da quando Amma era entrata in *samadhi* e ora, mentre stava uscendone, il canto riprese a pieno ritmo. Al termine del *bhajan*, Amma aprì gli occhi. Poco dopo fece il familiare ma incomprensibile gesto circolare con la mano destra mentre dolcemente mormorava il mantra "Shiva… Shiva". Dopo pochi secondi, la Madre era tornata nel suo stato abituale. Tutti avevano perso la nozione del tempo. Era già l'una del pomeriggio: erano trascorse tre ore dall'inizio del darshan.

Il tempo passa sempre velocemente in presenza di Amma. Si è talmente avvinti da non essere più coscienti del tempo e dello spazio. Le Scritture dicono che chi raggiunge lo stato della perfezione non è vincolato dal tempo e dallo spazio. È una verità assodata che una persona che si trova in presenza di un'anima realizzata fa l'esperienza di non essere consapevole del tempo né dello spazio. I maestri perfetti possono facilmente catturare le menti delle persone che vanno da loro. Una volta che la mente scompare, anche il mondo scompare. Il concetto di tempo e spazio esiste solo quando c'è una mente e quando si ha la consapevolezza del mondo esterno. Di conseguenza, quando si trascende la coscienza del mondo esterno, anche il tempo e lo spazio scompaiono.

Un *Mahatma* possiede la facoltà innata di attrarre su di sé l'attenzione delle persone e far dimenticare loro il mondo esterno. Tutti i veri *Mahatma* lo fanno e Amma non fa eccezione. Il suo comportamento spontaneo, le sue parole, le sue azioni e il suo amore che abbraccia ogni cosa mettono a proprio agio e rasserenano. In sua presenza il concetto di tempo scompare. La gente ha la sensazione di aver passato solo alcuni minuti con lei per poi accorgersi di aver invece trascorso parecchie ore assieme. Questo è quello che accadde quel giorno.

Non restavano che pochi devoti nella fila: il darshan stava finendo. Nessuno aveva pensato a pranzare, così, quando il darshan terminò, la Madre esclamò: "Oh, nessuno dei miei figli ha pranzato. Che peccato! Che madre crudele sono!". Amma corse in cucina e, dopo aver messo il riso e il curry nei recipienti appositi, li portò nella sala da pranzo e si mise a servire tutti con le sue mani.

Il primo cibo che aveva nutrito la mente proveniva dalle parole della Madre, ora lei stava distribuendo con le sue stesse mani il nutrimento per il corpo! La gioia illuminava i visi di tutti mentre prendevano parte a questo pasto speciale.

Le fu chiesto se volesse mangiare, ma Amma rispose: "Lo stomaco di Amma viene saziato mentre lei serve il cibo a tutti i suoi figli e li vede mangiare assieme". Rivolgendo un grande sorriso a tutti, si diresse verso la sua stanza.

Capitolo 11

L'amore spirituale e l'amore mondano

7 maggio 1984

Oggi, in risposta a una domanda di un devoto sulla differenza tra amore spirituale e amore mondano, la Madre ha dato la seguente spiegazione:

"Figlio, l'amore è amore, ma la sua intensità e profondità variano. L'amore spirituale è come un pozzo senza fondo: impossibile misurarlo. L'amore spirituale è illimitato, sconfinato, mentre quello profano è superficiale, poco profondo e incostante: va e viene. All'inizio, questo amore è sempre bello ed entusiasmante, ma pian piano la sua bellezza e vivacità sfumano e non resta che un sentimento superficiale che, nella maggior parte dei casi, termina, lasciando solo rancore, odio e profondo dolore.

L'amore spirituale è diverso. Al principio è bello e rasserenante, ma dopo questa fase piacevole inizia lo struggimento che nasce da un desiderio di unione. La sua intensità cresce fino a diventare intollerabile. Questa agonia atroce perdura fino a poco prima dell'unione con l'Amato. Lo splendore di questa unione è superiore a quello delle fasi iniziali dell'amore: impossibile esprimerlo a parole. La bellezza e la pace di questa unione nell'amore sono eterne. Un tale amore non diminuisce né inaridisce, ma è sempre vivo, interiormente ed esteriormente. In ogni momento vivete nell'amore, che vi inghiottirà, vi divorerà fino a quando 'voi' scomparirete e resterà solo l'Amore. Tutto il vostro essere verrà trasformato in amore. L'amore spirituale culmina nell'unione, nell'Unità. A volte una relazione tra due persone, se è pura, può raggiungere tale unione. A tale riguardo Amma vi racconterà una storia".

La Madre narrò la storia seguente sull'amore puro tra due persone di nome Manohari e Arun. "Figlia di un re chiamato Shaktivarman, Manohari era una bella principessa e un esempio di virtù. Sua madre, la regina, aveva molte ancelle. Tra di esse c'era una donna pia di nome Arundhati, che aveva un figlio di nome Arun. Essendo vedova, Arun le faceva sempre compagnia e, quando Arundhati si recava al palazzo per servire la regina, naturalmente Arun l'accompagnava. Così, la principessa Manohari e Arun divennero compagni di giochi.

Poiché erano piccoli, nessuno dava molta importanza a quanto tempo trascorressero insieme a giocare. Gli anni passavano senza scalfire la loro stretta amicizia. I due giovani si confidavano l'un l'altro quello che facevano, i loro sentimenti, e ogni volta che Arun andava al palazzo, Manohari era entusiasta di condividere con lui tutto sulla sua vita e sulle vicende del palazzo. 'Mio carissimo amico, la regina ha dato ordine di costruire per me un bellissimo letto incastonato di pietre preziose. Questo mio abito intessuto di fili d'oro mi è stato donato dal re. Sai che presto la regina farà costruire un meraviglioso giardino per me? Io e te potremo giocare insieme in quel giardino'. Questo era ciò che gli raccontava. Arun ascoltava con grande interesse le storie della principessa e le raccontava come sua madre faticasse e lavorasse sodo giorno dopo giorno per crescerlo. Essendo un modello di tutte le buone qualità, Manohari provava profonda simpatia e compassione per la situazione di Arun e per la sua vita difficile.

Con il passare degli anni, la loro relazione divenne più forte che mai. Erano legati l'uno all'altra da una catena di amore indissolubile. Il loro amore non era superficiale, ma molto profondo. Per i due ragazzi divenne assai difficile stare lontano l'uno dall'altra perché cominciavano a provare lo strazio della separazione.

Poiché non erano più bambini, ma un giovane uomo e una giovane donna, era per loro problematico vedersi liberamente e assiduamente come prima. Ciò nonostante riuscivano a incontrarsi segretamente e ad aprire il proprio cuore all'altro. Si guardavano silenziosamente e profondamente negli occhi, dimenticando il mondo esterno.

Anche fisicamente lontani, i loro pensieri erano solo sull'amato o sull'amata, scordando ogni altra cosa. I loro pensieri erano sempre rivolti alla persona amata: dove si trova? Cosa sta facendo? Il dolore atroce della separazione bruciava nei loro cuori. Quando potevano incontrarsi e stare assieme, quell'incontro diventava una sorta di meditazione: seduti uno di fronte all'altra si guardavano negli occhi. La comunicazione verbale cessava e il loro sguardo comunicava ciò che sentivano nel cuore. Pur non essendoci un contatto fisico, sperimentavano il calore e la profondità del puro amore".

La Madre fece una pausa e poi riprese con alcune osservazioni sul puro amore: "Figli, quando l'amore è puro, non c'è desiderio carnale. Dove c'è Rama, non prospera Ravana. Così, quando è presente un amore puro e senza macchia (Rama), la lussuria (Ravana) non trova spazio. Amma ricorda un'altra storia.

Dopo aver rapito Sita, la divina sposa di Rama, e averla portata a Lanka, il re demone Ravana cercò in diversi modi di conquistare il cuore di Sita, ma tutti i suoi tentativi fallirono. Il nome di Rama era sempre sulle labbra di Sita: il suo cuore era unito con quello del suo signore. Anche se Ravana era un demone, sua moglie era una donna virtuosa e leale. Desiderosa di compiacere il marito, gli suggerì come vincere il cuore di Sita: 'Mio signore', disse, 'tu hai molti poteri magici e puoi assumere la forma che vuoi. Assumi la forma di Rama e avvicinati a Sita. In tal modo, sarà sicuramente tua'.

Subito Ravana rispose: 'Una volta diventato Rama, in me non ci sarà più *kama* (desiderio carnale). Che senso ha avvicinare Sita in questo modo?'. L'amore puro trascende il corpo, riguarda i cuori, non ha nulla a che vedere con il corpo".

La Madre riprese a raccontare la storia di Manohari e di Arun. "I due innamorati persero interesse per ogni altra cosa. Manohari passava tutto il tempo nel suo appartamento privato, in preda al dolore bruciante della separazione. Arun vagava, soffrendo per la lontananza dall'amata. La fiamma dell'amore ardeva e li consumava. I loro cuori erano come ceri ardenti. Il re e la regina notarono il cambiamento in Manohari e si chiedevano cosa le stesse accadendo. Incaricarono alcune spie di scoprire cosa faceva la principessa e chi vedeva e, in poco tempo, la relazione tra Manohari e Arun venne scoperta e divenne lo scandalo del palazzo.

Immediatamente il re mandò Arun in esilio su un'isola remota, ordinò ai suoi soldati di ucciderlo avvelenando il suo cibo e poi di seppellirlo. I soldati ubbidirono. Per non destare sospetti, non usarono una bara per seppellire Arun, ma misero il suo corpo in una semplice cassa di legno e lo sotterrarono nel cuore della notte".

Fermandosi per qualche minuto, la Madre chiuse gli occhi e rimase seduta raccolta interiormente mentre di tanto in tanto rideva estatica. Dopo poco aprì gli occhi e, disegnando dei cerchi con la mano destra sollevata, esclamò: "Shiva, Shiva. Shiva, Shiva".

Il silenzio regnò finché qualcuno le ricordò la storia. La Madre riprese: "Va bene, dove eravamo rimasti? Ah sì, i soldati seppellirono Arun in un certo punto dell'isola senza accorgersi che tra i cespugli vicini si nascondevano due ladri che avevano visto tutto. Essendo buio, i ladri non erano riusciti a capire bene quello che i soldati stavano sotterrando. Tutto quello che videro fu una grande cassa che le guardie portavano sulle spalle. Credendo che fosse un tesoro, non appena i soldati si allontanarono, la dissotterrarono.

Emozionati e felici, pensavano che Dio avesse concesso loro una grande fortuna, ma la loro esaltazione, l'entusiasmo di portare alla luce il tesoro sepolto, svanirono e si trasformarono in orrore quando aprirono la cassa e constatarono che non conteneva un tesoro ma un uomo.

All'inizio pensarono che fosse morto, ma poi notarono un movimento nel petto di Arun e capirono che era ancora vivo. Sebbene incosciente, Arun respirava ancora. Provando pietà per quest'uomo seppellito vivo, gli spruzzarono dell'acqua in viso e lo tirarono fuori dalla cassa. Quando il giovane riprese conoscenza, gli diedero dell'acqua da bere. Subito dopo avere bevuto, Arun iniziò a vomitare ripetutamente finché si liberò di tutto il veleno.

Il giovane si guardò intorno, sorpreso di essere ancora vivo. Anche se i ladri gli facevano molte domande, non rispondeva. Non parlava, ma si limitava a guardarli. Entrambi i ladri furono sopraffatti da una misteriosa pietà e compassione per il giovane. Non avevano mai provato questo sentimento prima di allora. Mossi da questa insolita compassione, smisero di fare domande e lo lasciarono andare via. Dopo essersi alzato, Arun cominciò a camminare nel buio come qualcuno approdato in un altro mondo.

Il re non aveva detto a nessuno dell'ordine di esiliare e giustiziare Arun e i soldati e la regina avevano giurato di mantenere il segreto. Anche se Manohari ignorava ciò che era successo al giovane, cominciò a sentirsi inquieta e provò un dolore intenso e straziante quando Arun venne esiliato. Tale dolore raggiunse il culmine e si trasformò in angoscia quando Arun fu sepolto vivo. Non aveva ricevuto più notizie da lui ed era passato molto tempo dall'ultima volta che si erano visti, da quando erano stati insieme.

Giorno dopo giorno, la principessa deperiva. Smise di mangiare e di dormire, pensando solo all'amato. Tutta la famiglia reale era molto preoccupata. La salute di Manohari si deteriorò velocemente finché la giovane non riuscì più ad alzarsi dal letto.

Vennero chiamati molti medici illustri che cercarono di curarla con ogni tipo di medicina e terapia senza successo. Nulla poteva ristabilire la sua salute. Il viso di Manohari era smunto e pallido, ma i suoi occhi erano ben aperti e brillavano d'amore, nonostante la grande sofferenza, ardenti dal desiderio di essere con il suo amato Arun.

Misteriosamente, di tanto in tanto apparivano strane ferite, lividi e tagli sul suo corpo. Nessuno riusciva a spiegarselo poiché nella stanza non c'erano strumenti pericolosi. Per i dottori era un rompicapo. A volte, Manohari cadeva dal letto come se fosse stata spinta, altre veniva trovata a carponi sul letto. Capitava che emettesse strani suoni che sembravano privi di senso. Nonostante questi episodi inspiegabili e inquietanti, era calma e serena. Mantenendo la compostezza del suo status regale, la principessa sembrava del tutto normale, tranne che per il mutismo e l'incapacità di accorgersi della presenza di visitatori nella sua camera. Nel palazzo reale nessuno riusciva a capire il senso di tutto ciò, che rimaneva avvolto nel mistero.

Nel frattempo, Arun era completamente solo, non aveva nessuno con cui confidarsi. Vagava tra le colline e le pianure, attraversava fiumi e foreste in cerca della sua amata Manohari. Talvolta si metteva a correre disperatamente, come un pazzo. Aveva l'aspetto di un folle, di un uomo squilibrato con i capelli lunghi arruffati e una lunga barba. Anche se era ridotto pelle ed ossa, i suoi occhi, sebbene infossati, brillavano sempre di un amore ardente. Non mangiava né dormiva e sulle labbra aveva costantemente il nome dell'amata Manohari. Benché sembrasse scappato da un manicomio, c'era qualcosa di speciale in lui. Gli abitanti dell'isola si abituarono ad Arun e ai suoi strani modi, e si affezionarono a lui.

Con il tempo, l'amore del ragazzo si intensificò. Capitava che chiamasse a voce alta: 'Manohari!'. In seguito iniziò persino a chiedere a chiunque incontrasse: 'Sapete dove sia l'amata del mio cuore? L'avete vista?'. Poiché trascorreva la maggior parte del tempo nella foresta, domandava anche agli animali, agli uccelli, agli alberi, alle piante rampicanti, ai cespugli e persino ai granelli di sabbia se avessero visto la sua innamorata".

Improvvisamente la Madre entrò di nuovo in estasi: aveva gli occhi chiusi e le lacrime le rigavano le guance. Il modo in cui raccontava la storia era così coinvolgente che anche gli ascoltatori si misero a piangere. Ogni volta che Amma parla del puro amore, si distacca da questo mondo. L'Amore è la sua vera natura e quindi parlare dell'amore mantenendo la mente a un livello inferiore di consapevolezza è per lei una vera sfida.

Dopo un po' Amma scese sul piano di coscienza ordinario e continuò la narrazione: "L'amore ardente di Arun per Manohari era giunto a tal punto che persino le bestie feroci diventarono calme e docili di fronte a lui. I leoni e le tigri divennero suoi amici. L'amore li aveva così ammansiti che giacevano tranquillamente accanto ai cervi e ai conigli. Provavano tristezza e piangevano nel vedere Arun piangere e si univano alla sua danza estatica quando volteggiava ebbro d'amore. Quando l'atroce dolore della separazione lo travolgeva, Arun perdeva conoscenza.

Gli capitava di ferirsi cadendo o inciampando in una pietra tagliente o sbattendo contro un ramo o un albero. Senza un riparo dal sole o dalla pioggia, viveva inconsapevole del suo corpo. I due amanti si erano talmente identificati l'uno con l'altro che qualsiasi cosa accadesse ad Arun si manifestava nel corpo di Manohari. Questa era la causa delle ferite, dei tagli e dei lividi misteriosi che apparivano sul corpo della principessa.

Manohari era entrata in coma, il suo corpo si stava consumando. Giaceva come un cadavere. A volte le sue labbra si muovevano impercettibilmente e se qualcuno ascoltava con attenzione, poteva sentirla dire: 'Arun... Arun... Arun...'. A parte questo, respirava a malapena. I genitori erano profondamente addolorati nel vedere il suo stato e persero la speranza che potesse riprendersi. Le ancelle della principessa, che la amavano profondamente, erano al suo capezzale gemendo. Tutto il regno era sprofondato nella tristezza. Persino i campi non producevano più un buon raccolto.

Un giorno un sant'uomo apparve a palazzo. Irradiava serenità e pace profonda. Quando vide il dolore del re e della regina, angosciati per la misteriosa malattia della figlia, chiese di vedere Manohari. Quando entrò nella sua camera, vide la giovane in coma e dopo averne osservato in silenzio le condizioni disperate per qualche minuto, si sedette e iniziò a meditare. Quando aprì gli occhi, il santo chiamò il re e la regina e disse loro: 'Vostra figlia può essere salvata, ma...' e poi si interruppe.

Immediatamente il re lo supplicò: 'Venerabile, ci dica, qualunque cosa sia la farò. La prego, ci dica di cosa si tratta'.

Il sant'uomo rispose: 'Vostra figlia è profondamente innamorata di un uomo. Solo lui la può salvare. Non c'è altro modo. Diversamente, morirà presto. Chiamate quell'uomo e permettetegli di toccare la principessa: lui la riporterà in vita'.

Sconcertato, il sovrano cadde ai piedi del saggio e gli confessò tutta la storia, di come avesse esiliato Arun su un'isola lontana e ordinato ai soldati di avvelenarlo e seppellirlo. Provando rimorso, con gli occhi pieni di lacrime, sedeva pentito ai suoi piedi.

Dopo aver ascoltato le parole del re, il santo s'immerse di nuovo in meditazione. Quando uscì da questo stato profondo, sorrise e rassicurò il sovrano dicendo: 'Non si preoccupi Maestà, il ragazzo è ancora vivo e si trova proprio sull'isola su cui lei l'ha esiliato'. Prima di uscire dalla stanza, il saggio accarezzò delicatamente e teneramente la giovane come volesse benedirla affinché tutto si risolvesse presto".

Amma s'interruppe di nuovo. Durante questa breve pausa, uno dei nuovi *brahmachari* stava per fare una domanda, ma si trattenne ricordandosi che era inappropriato interrompere il Guru mentre parla. Accorgendosi del suo desiderio, la Madre disse: "Figlio, su, non esitare. Cosa volevi chiedermi?".

"Amma", rispose il *brahmachari*, "hai detto che Arun aveva chiesto persino agli animali e agli uccelli della sua amata Manohari. Per me questo non ha senso. Solo un pazzo potrebbe fare una cosa simile".

Amma replicò: "Hai ragione, figlio. Era pazzo, pazzo d'amore. Quando una persona è follemente innamorata non vede le forme degli oggetti, ma l'amata in ogni cosa. Vede la vita permeare e pulsare in tutte le cose. Con la mente focalizzata su un unico punto, costui diventa vigile e attento. La sua mente è rivolta solo all'amata. In questo tipo di follia, tutto il resto smette di esistere.

Nella comune malattia mentale, la persona perde la concentrazione e trasforma sia la mente che il mondo in un caos infernale in cui regna una confusione totale. La follia generata invece dal puro amore dirige la mente su un unico punto. L'intero essere, ogni poro della pelle, è totalmente concentrato e allora la follia assume una dimensione divina e possiede un potere divino di purificazione.

Figli, cosa fecero le *gopi* di Brindavan? Anche loro vedevano un messaggero del loro amore in tutti gli oggetti, animati e inanimati. Il dolore per la separazione dal Signore Krishna era così intollerabile che pensavano addirittura che un'ape potesse essere la messaggera divina in grado di intercedere per loro presso il Signore. Una *gopi* inviò questo messaggio: 'Ape, prega il mio Signore di indossare la ghirlanda della mia adorazione'.

Un'altra disse: 'Dì al mio amato di venire e disperdere l'oscurità del mio cuore'. Il messaggio di Radha fu: 'Supplica il mio amato Signore di far germogliare la sabbia del deserto del cuore di Radha, trasformandola in erbetta, così che i Suoi piedi tanto lievi e morbidi possano posarvi'.

Cosa fece Rama quando Sita fu rapita da Ravana? Anche Lui chiese della sua amata agli alberi, ai rampicanti, agli uccelli e agli animali. Ora però terminiamo il racconto.

Il re inviò immediatamente un drappello di soldati sull'isola in cerca di Arun. I soldati che avevano seppellito la cassa li condussero in quel punto, ma non trovarono nulla. Nonostante avessero scavato, non c'era traccia di un oggetto interrato né tanto meno di un cadavere. Divisi in gruppetti, cominciarono a perlustrare le campagne in cerca di Arun. Ovunque andassero chiedevano alla gente del posto se avessero visto il giovane. Alla fine sentirono parlare di un pazzo vagabondo che irradiava un'aura particolare.

Continuando a cercare, i soldati giunsero infine nella foresta in cui viveva Arun. Restarono sbalorditi nel vedere un uomo cantare, ballare, ridere e piangere tra leoni, tigri, cervi, scoiattoli, uccelli ed altri animali della foresta. Gli animali non fecero alcun male ai soldati, né scapparono spaventati, ma rimasero molto calmi, tranquilli e in atteggiamento amichevole. I soldati volevano scoprire se quello strano uomo fosse proprio Arun, anche se dubitavano che fosse colui che avevano conosciuto a palazzo. Come scoprirlo? Alla fine, uno di loro ebbe un'idea brillante: il miglior modo di scoprire se si trattasse proprio di Arun era ripetere il nome della principessa a voce alta affinché lui lo sentisse. Così un soldato fu incaricato di avvicinarsi al folle e pronunciare a voce alta: 'Manohari... Manohari... Manohari...'

Nell'udire questo suono delizioso e sentendo il suo cuore riempirsi di nettare e di ambrosia, Arun si volse e si diresse verso il luogo da cui proveniva. Gli occhi pieni di beatitudine, corse verso il suono del nome della sua amata e cadde dove si trovavano i soldati. Certi che fosse Arun, gli uomini se lo misero sulle spalle e lo portarono via. Immobili e in silenzio, gli animali e gli uccelli osservavano la scena e versavano lacrime mentre guardavano partire il loro caro amico, quella creatura che era diventata loro cara.

Arun arrivò nel regno. Appena si avvicinò al letto di Manohari, il suo intero essere risplendette di una luce interiore. La sua sola presenza bastò per ridare vita e vigore al corpo di Manohari. Il giovane la toccò e lei si destò dolcemente, come se si stesse risvegliando da un sonno profondo. Stringendo colui che amava, Manohari era come in trance. Gli sorrise e lui fece lo stesso, mentre i loro occhi placavano la loro sete con lunghe sorsate d'amore. Era come se non fossero mai stati separati e in un certo senso non lo erano mai stati.

Il re e la regina traboccavano di gioia e di gratitudine perché la loro figlia era ritornata in vita. Con un sorriso smagliante, tutti i servitori del palazzo si precipitarono ad annunciare pubblicamente che la principessa si era risvegliata e che stava bene. Ma il mondo della corte non era quello che i due innamorati desideravano. Essi non volevano nulla del mondo. I loro cuori erano già stati uniti molto prima dell'esilio e il loro mondo era quello dell'amore. Entrambi scelsero di condurre una vita spirituale: rinunciarono al mondo per diventare *sannyasin*, i loro cuori perennemente uniti".

Così la Madre terminò la storia dei due innamorati, Manohari e Arun. Con la sua magia, questa storia aveva toccato i cuori di tutti. Nessuno parlava. In preda all'emozione, ognuno sedeva immobile e guardava la Madre. I devoti avevano la sensazione di avere dinanzi l'incarnazione stessa dell'Amore. A volte sembrava loro che, se avessero fissato intensamente Amma, avrebbero potuto scoprire il segreto di ciò che stavano cercando da molto tempo e che sempre gli sfuggiva. Il silenzio fu rotto infine dalla Madre, che intonò *Nin Premam*.

Nin Premam

O Madre, rendimi folle del Tuo amore!
A cosa mi serve la conoscenza o la ragione?
Inebriami col vino del Tuo amore!

O Tu che hai rapito il cuore dei devoti,
immergimi profondamente nell'oceano del Tuo amore!
In questo mondo, in questa Tua folle dimora,
alcuni ridono, altri piangono
e altri ancora danzano di gioia.

Gauranga, Buddha, Gesù e Mosè,
erano tutti inebriati dal vino del Tuo amore.
O Madre, quando sarò benedetto e potrò
unirmi alla loro presenza beata?

Tutti sentirono che attraverso le parole e il canto, la Madre stava esprimendo la bellezza e il profumo dell'amore puro. Amma fece una breve pausa. Di nuovo, regnò un profondo silenzio. Tutti gli occhi erano fissi su di lei. Gli occhi della Madre rimasero chiusi per un po'. La storia era stata così commovente che sembrava che tutti i presenti stessero sperimentando le profondità silenziose del puro amore. La fresca brezza del mare che soffiava da ovest sollevò dolcemente il velo che copriva i capelli della Madre. Alcune ciocche danzavano nel vento. Amma aprì gli occhi e riaggiustò il velo.

Un *brahmachari* colse questa occasione per fare una domanda: "Amma, qual è la conclusione?".

"Figli", rispose lei, "che sia spirituale o profano, l'amore è sempre amore; la differenza sta solo nella profondità e nel grado. Anche se inizialmente ha una natura profana, l'amore può raggiungere la massima purezza quando diventa disinteressato e focalizzato su un punto. Il puro amore non ha niente a che vedere con il corpo;

lega e unisce l'anima dell'amante con quella dell'amato. Tuttavia, come ha detto prima Amma, il puro amore richiede un enorme sacrificio di sé. Anche se in certi momenti può provocare grande dolore, culmina sempre in una beatitudine infinita.

In quello stato finale di unione, sebbene l'amante e l'amato conservino il corpo, ovvero esistano come due corpi, nelle profondità del loro amore sono tutt'uno. Proprio come le due sponde di un fiume: due se viste da fuori, ma in realtà unite in profondità, sotto l'acqua, a formare una sola entità. Lo stesso avviene con due innamorati sinceri: anche se esternamente sembrano due persone, nel profondo sono tutt'uno, uniti nell'amore".

Un devoto chiese: "Amma, perché c'è così tanto dolore, tanta sofferenza, nell'amore puro?".

"Perché", spiegò la Madre, "ciò che è impuro deve diventare puro. Tutte le impurità devono dissolversi, scomparire nel calore prodotto dal dolore bruciante della separazione e dell'intenso desiderio. Questa sofferenza è conosciuta come *tapas*. Attraverso questo dolore, le *gopi* si identificarono totalmente con Krishna. La pena era così profonda e intensa che la loro individualità svanì ed esse si fusero con il loro amato Krishna. Il senso di 'io' e 'mio', ovvero l'ego, è l'impurità. L'ego non può essere distrutto a meno che non venga bruciato nella fornace dell'amore. L'amore è caldo e freddo allo stesso tempo. All'inizio vi consuma, generando dolore, ma se avete la forza di sopportarlo, in seguito potrete rilassarvi e godere della freschezza rasserenante che dona al vostro cuore. Assaporerete l'unità dell'amore.

Vi porterò l'esempio della *gopi* Neeraja. Originaria di un'altra provincia, la pastorella si sposò con un *gopa* di Brindavan. Prima di giungere a Brindavan, le avevano parlato di Krishna mettendola in guardia, ma quando lei Lo vide per la prima volta durante le feste a Govardhana, fu talmente attratta da Lui da offrire completamente il suo cuore al Signore. Questo attaccamento spirituale la fece passare attraverso dure prove che lei superò con grande coraggio. Quando conobbe Krishna, il Signore stava suonando dolcemente il Suo flauto divino ai piedi della collina Govardhana. Da quel momento in poi, Neeraja si recò spesso nel boschetto dove L'aveva conosciuto per respirarne l'atmosfera sacra.

Quando Krishna lasciò Brindavan per Mathura, la separazione dall'adorato Signore Krishna fu insopportabile per Neeraja. Ciò nonostante soffrì in silenzio per anni ed anni. Come tutte le altre *gopi*, pensava che un giorno Krishna sarebbe ritornato. Neeraja aspettò a lungo trascorrendo i suoi giorni e le sue notti nel boschetto.

Gli anni passarono, ma Krishna non tornò più. Neeraja soffriva terribilmente per il dolore della separazione. Tale sofferenza divenne così intollerabile che un giorno la donna crollò a terra, incapace di sopportarla oltre. Mentre giaceva nel boschetto, sul punto di morire, Krishna apparve di fronte a lei. 'Stavo aspettando di udire di nuovo il Tuo flauto divino' gli disse la *gopi*. Il Signore rispose: 'Non l'ho portato con me'. Per soddisfare il suo desiderio, Krishna prese però una canna di bambù nel boschetto e ne fece un flauto col quale suonò una melodia che sciolse il cuore di Neeraja. Mentre ascoltava quella musica adagiata in grembo al suo diletto, Neeraja, amante e devota sincera, si fuse infine con Krishna per sempre.

L'amore puro dissolve ogni sentimento negativo. L'amore puro distrugge l'egoismo, non ha aspettative ma dà tutto. È una rinuncia costante, una rinuncia a tutto ciò che vi appartiene. Ma cosa vi appartiene veramente? Solo l'ego. Nelle sue fiamme, l'amore consuma tutte le idee preconcette, i pregiudizi e i giudizi, tutto ciò che è generato dall'ego. L'amore puro svuota la mente da tutte le sue paure e facendo cadere ogni maschera, porta alla luce il Sé.

Affinché l'amante riceva e accolga incondizionatamente l'amato, l'amore puro prepara la mente allontanando tutti i nemici dell'amore; a quel punto il suo flusso costante scorre liberamente dal cuore dell'amante a quello dell'amato. Si prova una sete insaziabile di bere l'amato, una fame insaziabile di mangiarlo, un desiderio indicibile di diventare Amore. Vivere nell'amore significa morire all'ego. Una volta però che si è raggiunta l'unità con l'amato, vi sono solo pace, amore, luce e silenzio. Tutti i conflitti cessano e voi splendete nella luce dell'Amore supremo. Per raggiungere tale apice d'amore bisogna affrontare il dolore, ma tale dolore non è dolore se si pensa al flusso senza fine di beatitudine che si otterrà nel raggiungere l'obiettivo.

Per arrivare a destinazione, forse dovrete viaggiare e affrontare ostacoli lungo la via: potreste dover trascorrere parecchie ore in aereo o molti giorni in treno senza riuscire a dormire e a mangiare adeguatamente. Una volta arrivati, vi potrete sdraiare, riposare e rilassarvi. Prima di sfociare nel mare, un fiume deve scorrere per parecchi chilometri. Dopo le perdite, segue il guadagno. Allo stesso modo, dopo prove e tribolazioni, si può gustare la pace eterna dell'amore. Per ottenere la beatitudine suprema bisogna sottoporsi a una purificazione, che consiste nel generare calore nella mente per rimuovere tutte le impurità. Questo processo produce inevitabilmente dolore. Persino per raggiungere un obiettivo materiale è necessaria una certa quantità di sacrificio. Ciò che è impuro dev'essere depurato.

Mentre la felicità effimera che ci dà il mondo porta infine ad una sofferenza infinita, il dolore spirituale ci eleva al regno della pace e della beatitudine eterna. Sta a voi decidere tra una felicità temporanea, che culmina in una infelicità senza fine, e una sofferenza temporanea che culminerà in una pace eterna".

Un devoto aggiunse: "L'amore puro e innocente può risolvere tutti i problemi, sia mentali che fisici. Questo è lo scopo della vita della Madre. Il suo amore universale dona pace e tranquillità a chiunque vada da lei".

"Figli", riprese Amma, "non c'è nulla che l'amore non possa compiere: può curare malattie, guarire cuori feriti e trasformare le menti umane. Grazie all'amore, possiamo superare tutti gli ostacoli. L'amore ci aiuta a liberarci da ogni tensione, fisica, mentale e intellettuale, ci dona pace e gioia. L'amore è l'ambrosia che arricchisce di bellezza e d'incanto la vita. Può creare un altro mondo nel quale voi siete immortali.

L'amore puro è la migliore medicina per il mondo d'oggi. L'amore è ciò che manca in tutte le società e la sua assenza è la radice di ogni problema, a livello individuale e collettivo. L'amore è il collante, la forza unificatrice in tutte le cose, che crea un senso di unità tra le genti, mentre l'odio e l'egocentrismo provocano divisioni e frammentano la mente delle persone. L'amore dovrebbe essere la nostra guida: non esistono problemi che non possa risolvere.

In questa nostra epoca, la mente dell'uomo si è inaridita. Una razionalità eccessiva l'ha guastata. Le persone usano l'intelletto in ogni circostanza, hanno smarrito il cuore e la fede. La bellezza dimora nel cuore. La bellezza risiede nella fede e la fede abita nel cuore. L'intelletto e il raziocinio sono necessari, ma non dovremmo lasciare che distruggano la nostra fede. Non dovremmo permettere all'intelletto di divorare il cuore. L'intelletto è conoscenza e la conoscenza è ego. Un sapere eccessivo genera, in sostanza, un grande ego. L'ego è un fardello e un grande ego è un grande fardello.

Se in un individuo predomina l'intelletto, questa persona sarà incapace di apprezzare la dolcezza e la bellezza, non saprà andare oltre la superficie delle cose né tuffarsi nel profondo. Si fermerà all'apparenza. Seduta sulla spiaggia, invece di apprezzare la bellezza delle onde e la vastità dell'oceano, penserà a come l'oceano è stato creato. Assorta in questi pensieri, non riuscirà nemmeno ad avvertire la dolce carezza della brezza marina, ad accorgersi dell'estensione di questa distesa d'acqua. Chi è più cerebrale non saprà fare propri né vivere la magia e l'incanto di una notte di luna piena. Non sarà capace di apprezzare qualcosa per ciò che è, ma dovrà per forza analizzarla. Per questo si metterà ad osservare la luna in quanto corpo luminoso, cercherà una spiegazione scientifica della sua natura e del suo chiarore. Una tale persona non riuscirà a pensare in altri termini.

Mentre beve una tazza di caffè o di tè, penserà a come creare una nuova specie di chicchi di caffè o di foglie di tè, incapace di gustare il sapore del tè o del caffè. Pertanto, un intellettuale che non ha amore dentro di sé perderà sempre la bellezza e l'incanto di tutto quello che lo circonda. Pensate alla vita di costui: possiamo chiamarla vita? È morte, nient'altro che morte. Noi vogliamo vivere la vita al meglio, non vogliamo sprecarla. Per questo, desideriamo che vi sia un'armonia perfetta, senza eccessi né mancanze. Oggigiorno predomina l'intelletto e vi è una carenza d'amore. Sforziamoci dunque di svuotare l'intelletto dai pensieri inutili e riempire il cuore d'amore. Questa è la soluzione allo stress e alla confusione che regnano nella società moderna".

A questo punto le fecero un'altra domanda sull'amore e sulla guerra: "Amma, tu affermi che l'amore dovrebbe governare e che non c'è alcun problema che non possa risolvere. Ma questa affermazione è ancora valida nel mondo odierno in cui ogni Paese è impegnato ad accrescere la sua forza militare per attaccare e conquistare altre nazioni? Come può un Paese credere fermamente nella teoria dell'amore e praticarla quando i nemici stanno spostando le loro truppe alle sue frontiere?".

"Figli, nell'amore puro non c'è attaccamento", spiegò la Madre, "Per realizzare l'Amore supremo è necessario andare oltre i sentimenti umani meschini. In altre parole, tale amore sorge solo quando compare il distacco. Tutti gli attaccamenti alle cose, qualunque esse siano, dovrebbero svanire e la mente dovrebbe concentrarsi solo su un punto. In questa situazione, l'amore è sia il soggetto che l'oggetto. Un simile amore non nasce dall'attaccamento ma è frutto di un distacco totale. Ecco perché, quando una nazione deve affrontare un conflitto bisogna combattere per il bene del Paese, se si tratta di una buona causa, ma con animo distaccato.

Per combattere senza attaccamento, bisogna lottare non contro chi ha fatto il male, ma contro il male. Il combattimento non è contro una persona egoista dell'esercito avversario, ma contro l'ego, la forza distruttiva. Non è l'odio che vi spinge a combattere, ma il distacco e l'amore, un amore distaccato, un amore senza attaccamento.

Tutte le guerre e tutte le conquiste hanno le loro radici nell'ego. Nella maggior parte dei casi sono prodotte dall'ego di una nazione, dagli ego collettivi di un Paese. Raramente sono causate dall'ego di un individuo. Ogniqualvolta c'è un conflitto, lo scontro avviene tra due grandi ego collettivi. Ogni schieramento potrebbe gridare a squarciagola che sta combattendo per il bene comune, per proteggere la libertà della nazione, per la pace di tutta l'umanità e così via. Se però indagate profondamente su qual è la vera causa, scoprite che sono i loro ego ad affrontarsi. Se qualche Paese o un leader rappresenta una minaccia per un Paese o per il mondo, mettendo in pericolo tutte le nazioni e tutta l'umanità, combattete pure, ma con amore. Se andate in guerra, combattete con amore per l'umanità; combattete contro il male e contro l'ingiustizia. Lottate con distacco perché il vero amore nasce dal distacco.

Il vero amore è possibile solo quando scompare ogni attaccamento alle persone, agli oggetti e agli interessi personali. Allora la battaglia diventa un bel gioco, un servizio disinteressato nato dall'amore e dalla compassione estesi a tutto il genere umano. In questa lotta, non è l'ego che combatte ma l'amore che si scontra con l'ego per trasformarlo in amore.

Il Signore Krishna era l'incarnazione dell'amore, persino mentre era impegnato nell'epica guerra descritta nel *Mahabharata*. Pur stando dalla parte dei virtuosi Pandava, non odiava i malvagi Kaurava. Sentiva amore per loro, ma detestava le loro intenzioni malvagie. Per amore della giustizia, voleva salvare il Paese dalla distruzione totale. La causa che difendeva era universale. Se i Pandava avessero agito ingiustamente, avrebbe sicuramente appoggiato i Kaurava. Krishna non provava attaccamento per gli individui; al contrario, sosteneva il *dharma*. Era completamente distaccato da tutto, persino dal Suo stesso regno, ed è per questo che poté sorridere persino quando la sua capitale, Dwaraka, venne inghiottita dall'oceano.

Krishna partecipò alla guerra con completo distacco perché il Suo amore non era diviso. Il Suo amore era intero. Il puro amore è indiviso. Il puro amore vede l'unità, non vede né caste, né credenze, né sette né religioni. Il puro amore può combattere, uccidere o distruggere senza odio, ma solo con amore. Quando il puro amore combatte, lo scontro non avviene tra una persona e un'altra, bensì tra la natura superiore e la natura inferiore. Il puro amore non ha forma e anche se ne assumesse una, lo farebbe solo per farsi identificare con un nome, come per Krishna. Dietro quella forma vi è l'amore senza forma perché l'amore ha consumato la forma nelle sue fiamme.

Ciò che si oppone al puro amore è l'ego. Sono gli individui ignoranti e limitati che combattono per una causa ingiusta. Tuttavia l'amore non guarda alla forma né alle persone, l'amore vede attraverso la forma e vuole bruciare l'ego nelle sue fiamme che tutto consumano. Non c'è odio nell'amore perché il puro amore non ha ego. Quando è solo l'amore che agisce, può lottare e uccidere, ma allo stesso tempo può anche amare e persino allontanarsi da una situazione senza alcuna emozione perché colui o colei che è l'incarnazione dell'amore è anche l'incarnazione del distacco. Ecco perché Krishna poté battersi continuando ad amare, Rama poté combattere contro Ravana non smettendo di amarlo e Gesù poté combattere i mercanti corrotti e continuare ad amarli. Fu tale distacco a permettere a Krishna di accordare la più grande benedizione, la salvezza, al cacciatore che lo colpì con una freccia costringendoLo ad abbandonare la Sua forma umana. È per questo che Gesù poté perdonare e pregare per quelli che torturarono il Suo corpo. Krishna, Rama e Gesù erano distaccati, indivisi. Essendo integro e puro, il loro amore trascendeva tutte le forme di attaccamento e di avversione. Non provavano che amore e compassione. Ai loro occhi, non c'erano individui, entità separate: tutto era uno.

Figli, dovremmo prendere tali figure come esempi. Seguite le loro orme e combattete se la società lo richiede, a condizione che sia per una buona causa. Assolvete adeguatamente il vostro dovere, ma siate distaccati. Abbiate amore e compassione per tutto il genere umano.

In quest'epoca moderna, è difficile restare distaccati mentre si è in guerra perché quasi tutte le nazioni hanno i loro propri interessi. Quindi, la Madre sa che è pressoché impossibile osservare i principi appena menzionati. La maggioranza dei soldati deve obbedire agli ordini che gli vengono dati. Persino allora, chi è sinceramente devoto al *dharma* non combatterà per una cattiva causa; avrà una visione universale della situazione. Ciò nonostante, se qualcuno si trova in tali circostanze senza avere via di scampo, dovrebbe combattere pensando che sta compiendo il proprio dovere verso il suo Paese e pregare sinceramente il Signore di purificarlo da tutti i peccati che potrebbe commettere. Non dovrebbe nutrire invidia o sentimenti egoistici verso la nazione avversaria".

Ad occidente, il cielo splendeva di un rosso fiammeggiante con sfumature dorate sul mar Arabico, mentre il sole tramontava all'orizzonte annunciando la fine del giorno. Dall'angolo sud-occidentale dell'ashram si potevano abbracciare con lo sguardo le acque blu scuro e il tramonto. Onde alte si alzavano per infrangersi, con il fragore del tuono, sulla riva di sabbia nera. Grandi pescherecci fiancheggiavano il litorale, in attesa di uscire in mare non appena fosse cambiata la marea. Nell'ashram echeggiava il costante fragore dell'oceano. Amma era seduta nel lato sud del tempio, con il corpo rivolto ad ovest, nella perfetta posizione del loto. Gli occhi aperti, era immobile come una statua, rivelando così una profondità spirituale tangibile. Irradiava una straordinaria aura di divinità.

La santa Madre scivolò lentamente in uno stato di estasi. Con gli occhi semichiusi sedeva immota. Shivan, il figlio di sua sorella Kasturi, arrivò correndo e si fermò di fronte alla Madre guardando il suo viso. Dopo qualche momento, si accovacciò vicino a lei, tenendo gli occhi fissi su quel volto. Forse ispirato dall'estasi di Amma, sedette anche lui come un piccolo yogi e si mise a meditare. Con gli occhi chiusi, iniziò a recitare l'OM.

La Madre rimase in questo stato elevato ancora per un po'. Quando la marea cambiò, le onde giunsero a lambire la spiaggia e i pescatori spinsero le loro lunghe barche in acqua. Euforici per le condizioni del tempo di quella sera, che erano molto favorevoli per una buona pesca, si misero a cantare felici i loro canti tradizionali ritmati, creando una cornice antica per la qualità senza tempo dell'estasi della Madre.

Pian piano, Amma aprì gli occhi e poi si volse verso Shivan, che continuava a ripetere "OM" e lo guardò. Molto compiaciuta, lo chiamò: "Shivan-*mon*... Shivan-*mon*". Il bambino aprì gli occhi e immediatamente chiese con fare innocente: "Ammachi, perché mi hai chiamato? Stavo meditando". Il suo candore toccò profondamente la Madre, che sorrise deliziata mentre si avvicinava a lui. Mentre lo accarezzava dolcemente sul capo con la mano destra, disse: "Bravo bambino, hai meditato a lungo. Per oggi è abbastanza, va bene?". Shivan annuì con la testa. Amma lo prese per mano e disse: "Ora alzati, figlio. Vieni con Amma". Indicando le sponde delle *backwater*, aggiunse: "Andiamo a sederci là per un poco". Tenendosi per mano, camminarono insieme verso l'estremità meridionale dell'ashram. La Madre si sedette lì per un po' di tempo con Shivan al suo fianco.

I *bhajan* serali cominciarono alla solita ora, intonati dai *brahmachari* e dai devoti residenti. Mentre cantavano *Idamilla*, la Madre si unì a loro.

Idamilla

Sono un viandante senza dimora né un tetto dove ripararsi.
O Madre, dammi rifugio e guidami a Te!
Non lasciare che sia sballottato nelle acque profonde,
tendimi la mano e portami a riva.

Come burro versato nel fuoco,
la mia mente sta bruciando in questo mondo.
Quando cade, un uccello è accolto dalla terra,
ma chi, se non Te, è il sostegno dell'essere umano?

Dopo questo canto ci fu una breve pausa. Tutti aspettavano che la Madre iniziasse il *bhajan* successivo. Amma cantò *Kali Maheshwari*.

Kali Maheshwari

Rendo omaggio a Kali,
la divina sposa del Signore Shiva,
la Madre dell'universo.

O Madre, quale grande potere magico
ha questo mondo, che impedisce
alla mente di contemplare la Tua forma
e il Tuo nome divini!

O grande dea Kali,
si dice che Tu sia la causa primordiale di questo mondo
che non avendo né capo né coda,
né alfa né omega,
mescola perciò la verità con la menzogna.

O Madre, questa Tua creazione è davvero folle!
O Kali, Grande potere d'illusione,
è possibile intravedere una logica
nel Tuo divino gioco universale?
Esso stesso è pura follia!
L'avere assaporato la beatitudine eterna
ti ha reso ebbra.

O Kali che causi la dissoluzione finale,
Tu tessi la tela dell'illusione
che non ha inizio né fine.
Che scena bizzarra vederTi indossare
appese alla Tua vita le mani mozzate dei Tuoi nemici!

La Madre a volte piangeva, altre scoppiava in una risata estatica. A un certo punto si raccolse interiormente, assorbita nella beatitudine del Sé, e i *brahmachari* condussero il canto. Il suo gesto successivo fu come quello di un bambino innocente che supplica la sua mamma; con entrambe le mani alzate, chiamò: "Amma, Amma. dove sei?" oppure "Ehi, Kali, Kali! Vieni!".

Grazie a questa devozione suprema, diversi aspetti e strati della Coscienza Suprema apparvero, scomparvero e riapparvero sul corpo di Amma.

Tutti i presenti furono trasportati sulle ali della divinità dal mondo ordinario a quello pieno di beatitudine dell'amore e della devozione supremi. Mentre cantava, Amma si asciugava talvolta le lacrime.

Ogni volta che parla del sentiero della devozione, Amma dice: "Vedete, figli, Amma sa molto bene che tutti i nomi e tutte le forme sono limitati e che Dio è senza nome, senza forma e senza attributi. Ciò nonostante, la dolcezza e la beatitudine che si provano cantando le glorie del Signore sono un'esperienza incomparabile, indicibile. Mentre Amma canta per il Signore, le è molto difficile controllare la mente e tenerla sul piano della coscienza fisica. Può diventare folle d'Amore divino. È una vera sfida far restare la mente su questo piano, ecco perché indossa momentaneamente un velo che può togliere ad ogni istante. Questo velo permette alla mente di dimorare sul piano fisico. Amma lo può togliere non appena lo desidera. Figli, l'amore innocente può facilmente portarci a questa esperienza ineffabile. Sforzatevi dunque di coltivare questo amore nel vostro cuore".

I *bhajan* terminarono alle otto e mezza. Dopo l'*arati*, la Madre restò seduta nello stesso posto senza muoversi, lo sguardo rapito. La mano destra riposava sulla guancia destra e il gomito era appoggiato sul ginocchio della gamba destra piegata in posizione verticale. I suoi occhi erano immobili, nessun battito di ciglia. Rimase così assorta per circa mezz'ora e non si alzò per andare nella sua stanza prima delle nove.

Capitolo 12

Kali: l'esperienza di un devoto

11 maggio 1984

Un devoto stava raccontando a uno dei residenti la meravigliosa visione avuta la notte prima durante il Devi Bhava. Era molto eccitato e desiderava alcuni chiarimenti. Per questo aveva deciso di raccontare cos'era successo: mentre i residenti erano assorti nel canto di un *bhajan* a gloria della Madre Divina, la sua mente era piena d'amore e di devozione per Amma.

Entinanamme Hara

Madre, perché sei in piedi,
il piede posato sul corpo del Signore Shiva?
E cos'hai dunque gustato
per tirare così fuori la lingua?

Onnisciente, Tu vai in giro assumendo l'aspetto
di una ragazza comune e ignorante.
Però io so, dentro di me,
che Tu sei onnisciente.

Per quanto Tu appaia feroce, quanta bellezza,
quanta compassione si irradiano dal Tuo aspetto, o Madre.
Il mio desiderio di dormire sul Tuo grembo
diventa ogni giorno più intenso.

O Kali, l'Incantatrice,
le persone dicono che Tu erri, ebbra,
completamente ubriaca.

O Verità Eterna, ciò che bevi
è il nettare dell'immortalità.
Ma chi lo sa?

Posando il piede sul petto di Tuo padre,
Madre, ci indichi che i Tuoi sacri piedi
possono essere raggiunti solo attraverso sattva,
coltivando tale qualità nella nostra mente.
O Madre, Ti prego,
accorda questa qualità a questo umile devoto.

Il devoto stava contemplando il volto della Madre quando improvvisamente tutto scomparve dalla sua vista. In un vortice, tutto sembrava dematerializzarsi, mentre i suoi occhi restavano spalancati. Il tempio, le persone e tutto ciò che lo circondava svanirono dalla sua vista. Non udiva più alcun canto; l'intero universo con la sua dualità e la sua natura diversificata scomparve. L'uomo perse la propria individualità e persino la forma della Madre era sparita. Avrebbe voluto chiamare e gridare, ma non poteva muoversi né parlare. Ebbe la sensazione di uscire dal corpo e sentì di essere diverso da questo suo corpo. Poi vide l'intero universo inondato di splendore e i suoi occhi non poterono più sopportare questa luce.

Lentamente la luce si solidificò in una forma. Mentre riusciva a vedere con grande difficoltà, la vivida luce assunse l'aspetto feroce ma incantevole di Madre Kali che danzava sul petto del Signore Shiva. L'uomo contemplava l'infinita gloria e lo splendore spirituale della grande Madre, la Sua lingua protesa, i Suoi grandi occhi rossi sporgenti e le armi divine che impugnava nelle Sue numerose mani. Sebbene il Suo aspetto fosse impressionante, il devoto era talmente rilassato e pieno di beatitudine che ogni sua paura scomparve.

"Il Suo aspetto era tale che avrebbe atterrito perfino il Signore Shiva, ma la compassione, l'amore e la beatitudine spirituale che provavo erano come ambrosia, così rasserenanti che dissolsero la mia paura e la mia illusione", raccontò.

Gradualmente tutto tornò alla normalità e il devoto fu riportato nel regno del tempo e dello spazio. Ritornando alla sua normale consapevolezza, svenne e cadde all'indietro mentre era seduto. Alcuni devoti che si erano avvicinati per assisterlo notarono che era sudato e che aveva un respiro irregolare. Dopo qualche profonda inspirazione, l'uomo rimase senza respirare per un po'; mentre il tempo passava, le persone finirono per preoccuparsi non sapendo cosa gli stesse succedendo.

La Madre, che aveva guardato l'intera scena con un sorriso birichino sul viso, prese una rosa dalla ghirlanda che indossava e disse di metterglieIa sotto il naso. Non appena il fiore gli fu vicino, l'uomo riprese a respirare normalmente, poi aprì gli occhi e si sedette diritto. L'espressione del suo viso rivelava grande serenità e beatitudine. Come se fosse tornato da un altro mondo, si guardava intorno per riorientarsi. Infine, il suo sguardo si posò sul volto della Madre. Un sorriso particolare, molto dolce, che esprimeva gioia ineffabile, gli illuminava il volto. Restò così tutta notte, immerso in profonda meditazione, fino alla fine del darshan di Devi Bhava.

Il mattino successivo, l'uomo era ancora pieno di beatitudine e di pace. "Non riesco a controllare la beatitudine spirituale che sto provando e che viene dal profondo", confessò, "Amma mi ha concesso una rara esperienza". Il *brahmachari* che ascoltava il suo racconto provò invidia verso quest'uomo di mezza età che aveva ricevuto la rara benedizione della visione di Madre Kali.

Più tardi, nella capanna del darshan, il devoto vide di nuovo la santa Madre mentre dava il darshan, e la pregò dicendo: "Amma, non ho dubbi: tu sei realmente Madre Kali e mi è anche chiaro che sei stata tu ad apparire di fronte a me nelle sembianze di Kali. Chi altri potrebbe darmi il darshan di Kali se non tu? Amma, forse è colpa della mia ignoranza, ma ho ancora il desiderio di sentire dalle tue labbra: 'Io sono Kali. Sono io che ti ho dato il darshan'. Tu sei il mio Guru e la mia *Ishta Devata*. Mi devi dire queste parole, ti prego, Amma, ti prego".

La Madre lo guardò a lungo con un'espressione di compassione e d'amore materno immensi. Per alcuni momenti restò in silenzio, senza distogliere lo sguardo dal devoto. L'uomo cominciò a singhiozzare come un bambino piccolo, si coprì il viso con entrambe le mani e affondò nel grembo della Madre. Amma gli strofinò la schiena con molto amore cercando di consolarlo: "Figlio... Figlio... Non piangere, non piangere", disse. Ma lui non riusciva a fermarsi. Allora lei lo appoggiò teneramente sulla sua spalla e gli sussurrò qualcosa nell'orecchio. Non appena l'ebbe fatto, l'uomo scoppiò in un'improvvisa e lunga risata piena di beatitudine. Balzò in piedi e cominciò a ballare, ridendo e piangendo allo stesso tempo, mentre con lacrime di gioia che gli rigavano le guance urlava: "Kali! Kali! Mahakali... Kali è venuta nella forma del mio Guru ed *Ishta Devata*. Kali! Kali! Kali..." Continuò a ripeterlo finché la Madre non appoggiò il palmo destro sul suo petto per calmarlo. Allora ritornò al suo stato normale.

Più tardi raccontò che questo stato di beatitudine era durato per circa due settimane e rivelò che davvero la santa Madre gli aveva sussurrato di essere stata lei a dargli il darshan e che era Kali. Quella era stata la ragione della sua gioia estatica.

Non giudicate gli altri

Mentre la Madre dava il darshan, uno dei devoti nominò una persona e chiese alla Madre: "Amma, perché lo lasci venire qui? È una persona davvero sgradevole e ha un pessimo carattere".

Rispondendo al commento del devoto, Amma disse: "Figlio, Dio scende sulla terra per amore delle persone che sono immerse nell'ignoranza. Hanno bisogno di essere trasformate. Come puoi giudicare qualcuno quando tu stesso sei immerso nell'ignoranza? Sai fino a che punto questo figlio è cambiato? Sai quanto è dispiaciuto e pentito per il suo passato? Sono le persone come lui che hanno bisogno di più attenzione e il loro miglioramento influenza positivamente la società.

Bastano poche gocce di uno smacchiatore per rimuovere una macchiolina, ma dovremo applicarne di più se la macchia è più grande e ha impregnato il tessuto. Allo stesso modo, una persona che ha già inclinazioni spirituali potrebbe non richiedere molta attenzione e cura, ma chi ha ignorato i principi spirituali che avrebbero potuto guidarlo sprecando così la sua vita, necessita di maggiore attenzione e cura. Va rieducato in modo che possa condurre una vita degna di questo nome. Un caffè leggero ha bisogno di poche gocce di latte, ma ne occorreranno di più se invece è forte. La Madre è pronta a rinascere tutte le volte necessarie per aiutare queste persone. Come potrebbe abbandonarle? Chi altri si prenderebbe cura di loro?

Se, basandosi sul tuo giudizio, si impedisse a quel figlio di venire a vedere Amma, allora anche tu devi essere allontanato. Dovesti ricevere lo stesso trattamento. Tu sei più ignorante di lui. Lui, almeno, ammette apertamente i suoi errori e prova rimorso, mentre tu non sai neanche quanta negatività hai dentro. Sei forse un'anima perfetta? No, non lo sei.

Stai chiedendo ad Amma di abbandonare chi erra nell'ignoranza? Il corpo non è forse un prodotto dell'ignoranza? Eppure non l'abbandoniamo, giusto? Tutto questo mondo non è altro che ignoranza, *maya*. Perché cerchiamo di acquisire e possedere sempre di più quando sappiamo che è tutta un'illusione? Ognuno pensa di essere buono e che gli altri siano cattivi, ma questo è sbagliato. Se tu sei buono, se in te c'è bontà, dovresti essere in grado di vedere la bontà in tutto. Tu vedi la cattiveria degli altri perché c'è cattiveria in te. Figli, cercate di comprendere questa verità: non puntate il dito verso gli sbagli e gli errori degli altri. Rendetevi conto dei vostri errori e cercate di correggerli. Che i vostri errori, il vostro ego, diventino un peso per voi, non per gli altri.

Solo quando diventiamo consapevoli del fardello del nostro ego possiamo eliminare i nostri difetti. Al momento non possiamo sopportare l'ego e le mancanze degli altri mentre le nostre vanno bene. 'Il mio ego è bello, ma il suo è orribile'. Questo è il nostro atteggiamento attuale. Bisogna cambiarlo.

Figli, cercate di essere umili. Siamo qui per vedere Dio negli altri, non la loro cattiveria o ignoranza. Questa dovrebbe essere la nostra pratica. Non abbiamo bisogno di un Guru o di un ashram per vedere il male negli altri. Figli, perché venite qui? Per quale ragione? Qual è lo scopo? Senza dubbio è per rimuovere le vostre vecchie abitudini e tendenze e condurre una vita più elevata basata sui valori spirituali. Non dimenticatelo. Non dimenticate il vostro obiettivo. Quando vedete l'ignoranza e il male negli altri, il vero scopo di venire qui è vanificato.

Il senso 'dell'altro' dovrebbe scomparire. Tale sensazione nasce dall'ego. Sforzatevi di vedere l'unità, l'intero. Vedere le diverse parti è opera dell'ego. Vedere solo l'intero è opera di chi non ha ego. Nel considerare i rami, le foglie, i frutti e i fiori a sé stanti, dimentichiamo l'albero. È l'ego che percepisce i rami, le foglie, i frutti e i fiori come separati. La perfezione consiste nel vedere l'albero come albero, come un tutto. È l'ego che considera le mani, le braccia, gli occhi, il naso e le orecchie solo come organi separati. La perfezione è vedere il corpo come un tutto. Il problema è che non siamo capaci di avere una visione dell'insieme e prestiamo attenzione solo alle parti. Ci interessa solo dividere creando 'l'altro', separato da noi. Amma non vede le parti, vede solo l'intero. Amma vede solo Dio, l'*Atman* Supremo. Non può fare altrimenti. Figli, vedere 'l'altro' crea divisione in noi, mentre considerare l'intero ci eleva fino a uno stato senza divisioni. Sforzatevi quindi di essere senza ego; cercate di essere umili".

Il devoto si sentì in colpa per il suo commento sconsiderato e disse: "Amma, mi spiace avere fatto quel commento. Amma, per favore, perdona la mia ignoranza. Tu sai cosa è meglio per ciascuno. La mia ignoranza è tale che ho dimenticato la tua onniscienza e senza riflettere ho fatto quel commento".

Sempre compassionevole, la Madre gli diede affettuosamente una pacca sulla schiena e rispose: "Non c'è problema, figlio. Succede. Questa è la natura della mente. Pensate a quante volte un bambino cade e si fa male prima di imparare a camminare bene. Commettere errori è umano, ma cercate di evitare di ripetere gli stessi errori. Cercate di imparare la lezione da ogni errore, sforzandovi di non rifarlo. Se per caso accade, non c'è problema, non preoccupatevi, ma continuare a commettere consapevolmente gli stessi errori è proprio degli istinti più bassi. Evitatelo. Sforzatevi di superare questa debolezza perché se continuate a cadervi, essa finirà per farvi sprofondare nelle tenebre più fitte, dalle quali non c'è scampo".

La Madre si alzò e si diresse verso il boschetto di cocchi. La mani dietro la schiena, camminava sotto le palme. Dopo un po' si sedette all'ombra contemplando la vastità del cielo. Vedendola seduta sola e pensando che volesse stare lontana dalle persone per un po', brahmachari Nealu mise un cartello su una palma da cocco non lontano dal punto in cui era seduta la Madre, su cui scrisse: "Si prega di non disturbare. Amma vuole stare un po' da sola".

L'amore che Nealu provava per lei lo induceva a pensare che Amma lavorasse troppo duramente ed avesse bisogno di molta solitudine e riposo. Il giovane era assai preoccupato per la salute della Madre e quindi, non appena ne aveva l'occasione, cercava di servirla in questo modo. A volte, quando la Madre stava riposando, Nealu faceva la guardia alla porta della sua stanza e non lasciava entrare nessuno. Se però la Madre scopriva i suoi tentativi di procurarle "pace e quiete", rovinava inevitabilmente i suoi piani. I vani tentativi e gli insuccessi non avevano però cambiato l'atteggiamento di Nealu, ingegnoso nell'inventare sempre nuovi modi per dare un po' di riposo ad Amma. Adesso ci stava riprovando di nuovo.

Dopo aver appeso il cartello su una palma, Nealu si sedette a pochi metri, pronto a fermare chiunque avesse osato trasgredire. Dopo poco tempo e apparentemente senza ragione, la Madre chiamò un *brahmachari* e cominciò a conversare con lui. In un attimo, Amma fu di nuovo circondata da devoti, *brahmachari* e residenti. Il povero Nealu non sapeva cosa fare. Con un'espressione scoraggiata e frustrata, tolse il cartello mormorando tra sé: "Che fare? Amma non vuole né solitudine né riposo!".

Seduta nel boschetto di cocchi circondata da devoti e residenti, la Madre cantò il *bhajan Hamsa Vahini*.

Hamsa Vahini

O Dea che cavalchi il cigno,
Madre Saraswati (dea della saggezza),
Tu sei la luna che illumina l'universo intero.
Dimori sul monte Sringeri
e suoni inebriata dalla musica.

La Madre ha un suo modo di fare le cose. Cercare di compiere qualcosa contro il suo desiderio e la sua volontà è sciocco. Non è possibile porre dei limiti a un *Mahatma* come Amma perché è al di là di tutte le limitazioni. Impossibile imporre regole o dettare delle condizioni a tali Grandi Anime. Simili restrizioni sono per i comuni mortali. Tuttavia, una volta trasceso il mondo della dualità, le nostre parole e azioni diventeranno legge. A quel punto, nulla potrà vincolarci.

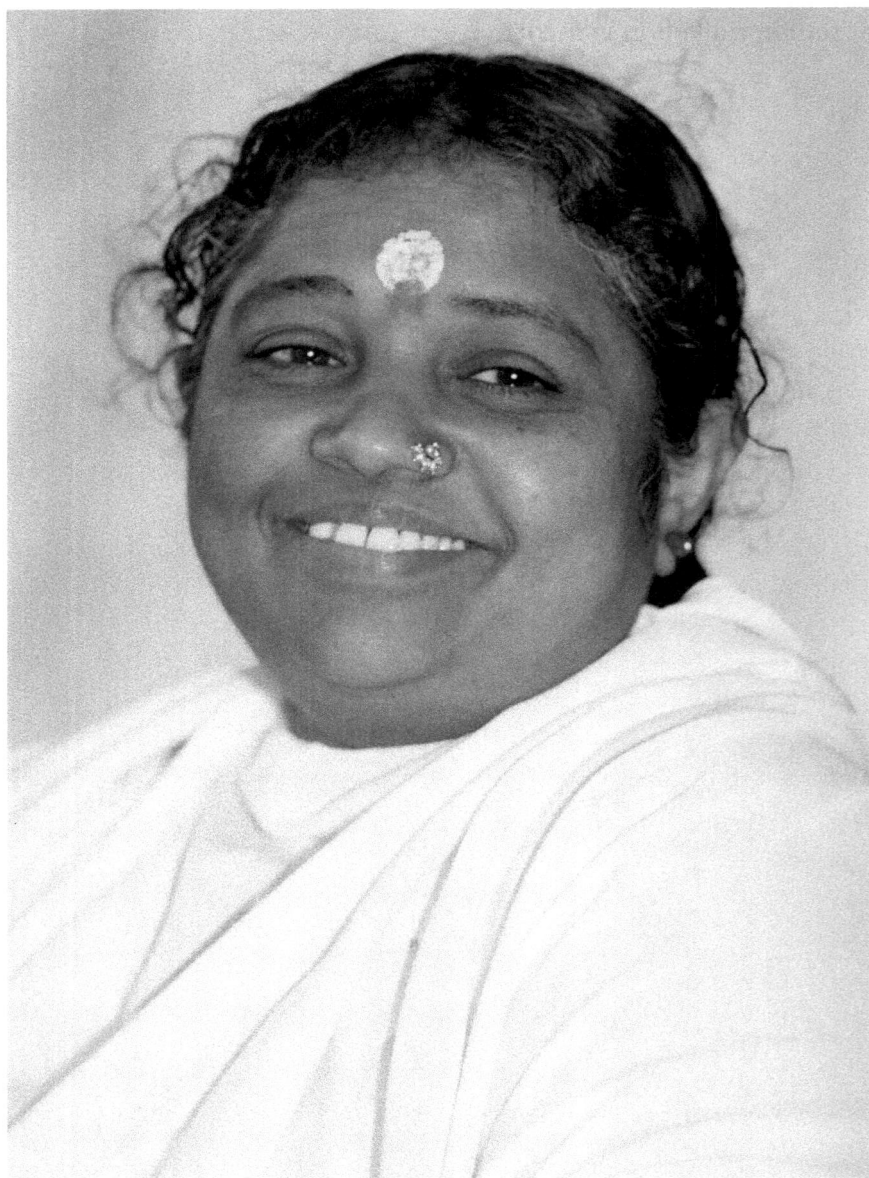

Capitolo 13

Il carattere ineluttabile della morte

22 giugno 1984

Ad Alleppy, una città a circa sessanta chilometri a nord dell'ashram, era stato organizzato un ricevimento in onore di Amma seguito da un programma di *bhajan*. Sull'autostrada, il pullmino che trasportava Amma e i suoi figli passò vicino al cadavere di un giovane investito da un'auto. "Non guardate da quel lato della strada", ordinò la Madre, "Quella vista potrebbe tormentarvi durante la meditazione". Il silenzio calò mentre il pullmino passava accanto al luogo dell'incidente.

Poi la Madre continuò: "Se fossimo davvero consapevoli che noi potremmo essere i prossimi, la vita ci apparirebbe in tutta la sua assurdità. Quando ne prendiamo davvero coscienza, il nostro distacco aumenta. La morte ci segue sempre come un'ombra. Comprendendo il carattere inevitabile della morte, dovremmo sforzarci di realizzare la verità eterna prima che il corpo muoia. Nessuno sa chi è il prossimo. Nessuno lo può predire".

Uno dei *brahmachari* citò un grande studioso, un *Mahatma* che scrisse il *Srimad Bhagavantam* in malayalam basandosi sull'originale sanscrito: "Perfino quando le persone vedono morire i propri cari sotto i loro occhi, sono piene di speranze e aspettative riguardo alla vita. Ahimè! Non pensano mai che la morte verrà un giorno anche per loro. Anche se ci pensano, sono convinti che non accadrà prima di cent'anni".

Amma rispose: "Questa Grande Anima aveva ragione. Amma ha sentito questa storia: un re voleva sapere quando sarebbe morto e così fece chiamare un eminente astrologo in grado di predire il futuro. L'uomo studiò l'oroscopo, fece alcuni calcoli astrologici e scoprì che il sovrano sarebbe morto proprio quella sera al tramonto. Potete immaginarvi lo sgomento del re quando lo seppe perché, naturalmente, non voleva morire. Si chiedeva come fare per sfuggire alla morte. Ora, questa cosa non ci sorprende: chi non cercherebbe di salvare la propria vita se fosse minacciata o se sapesse che morirà ad una certa ora? Il re non perse tempo: convocò subito tutti i grandi studiosi del Paese e ordinò loro di trovare un modo per vincere la morte.

Gli studiosi si riunirono e cominciarono a discutere. Esaminarono diverse Scritture per scoprire come salvare la vita al re. Appena un dotto suggeriva qualcosa (un modo, un rituale o un mantra), un altro la confutava e suggeriva un altro metodo. La discussione stava andando avanti all'infinito senza che giungessero a una conclusione. Al pomeriggio non si intravedeva ancora una soluzione. Perdendo la pazienza, il re si mise a urlare contro gli studiosi: 'Sbrigatevi, sbrigatevi! Veloci! Si sta facendo tardi'. Ma come sempre gli eruditi erano intrappolati dalle parole delle Scritture e non riuscivano ad andare al di là della retorica e della disputa. Alla fine un vecchio saggio della corte sussurrò al re: 'Sire, non fidatevi di queste persone. Non troveranno mai una soluzione. Se volete salvarvi, prendete il cavallo più veloce che avete e andate il più lontano possibile dal palazzo prima che arrivi il crepuscolo. Non perdete tempo, partite adesso. Andate!'.

Disperato, il re pensò che fosse una buona idea e montando sul cavallo migliore delle sue scuderie si allontanò al galoppo. Prima dell'imbrunire si trovava già a centinaia di miglia dal palazzo. Esausto, decise di riposarsi e così scese da cavallo e si sdraiò sotto un albero. Cominciò a ripensare agli eventi della giornata e si rallegrò per aver ingannato la morte lasciando la corte prima del calare della notte. Sentendosi al sicuro, si addormentò. Il sole tramontò e all'improvviso la morte balzò fuori dal nulla. I suoi occhi avidi si posarono sul re mentre dichiarava trionfante: 'Sapevo che saresti venuto qui. Ti stavo aspettando sotto quest'albero. Stavo iniziando a preoccuparmi pensando che non ce l'avresti fatta ad arrivare in tempo, ma ci sei riuscito. Grazie'. In un baleno, il re finì inerme nelle grinfie della morte".

Così la Madre terminò la storia. Dopo qualche miglia, Amma riprese a parlare: "Figli, chi può sfuggire alla morte? Al momento della nascita, anche la morte vi accompagna. Ad ogni momento della vostra vita vi avvicinate alla morte. La gente non se ne rende conto. È talmente impantanata nei piaceri del mondo che dimentica questa verità. Non c'è un secondo in cui la morte non sia presente. Di fatto, ci troviamo sempre tra le fauci della morte. I saggi sono consapevoli della sua inevitabilità e cercano di trascenderla.

Nel vivere la vita, il saggio acquisisce la forza mentale e spirituale per vivere anche la morte, ovvero vivere nell'eternità che è al di là della morte. Costui muore al suo ego. Una volta che l'ego è morto non esiste più la persona e quindi non c'è nessuno che possa morire. Questi saggi sono così pieni di vita che non sanno cosa sia la morte. Avendola trascesa, conoscono solo la vita, la vita che pulsa ovunque. Diventano l'essenza stessa della vita. Per loro la morte è un fenomeno ignoto, inesistente. Potrebbero incorrere nella morte che noi conosciamo quando il corpo perisce, ma tale morte è un semplice cambiamento. I saggi non hanno paura della morte del corpo. Nella vita e nella morte, dimorano nell'essenza stessa della vita, che assumerà un'altra forma se lo desiderano.

Le onde non sono altro che acqua. Dopo che un'onda è salita e scesa, la stessa acqua dell'oceano assume altrove la forma di un'altra onda. Qualunque forma prenda, si tratta sempre dell'acqua dell'oceano. Allo stesso modo, il corpo di un'anima perfetta può anche morire come il corpo di un comune essere umano. La differenza è che mentre un comune mortale si considera un'entità separata – una parte, diversa dalla Coscienza suprema come un'onda isolata dall'oceano – un'anima perfetta è pienamente cosciente di essere tutt'uno con l'Assoluto: sa di non essere un'onda a sé stante bensì l'intero oceano anche se ha preso una forma umana. Quindi, non ha nessuna paura di morire. Sa che morire è un fenomeno naturale, un semplice cambiamento. Proprio come un'onda sorge, s'infrange e si leva di nuovo con un'altra forma e in un altro luogo, anche il corpo passa attraverso la nascita, la morte e un'altra nascita. I *Mahatma* sono consapevoli di essere l'oceano, non l'onda. Sono l'*Atman*, non il corpo. Però una persona comune pensa di essere il corpo, un'onda isolata, e crede che quando il corpo morirà, sarà finita per sempre. Questo fatto la riempie di paura perché non vuole morire. Prova angoscia al solo pensarci e vorrebbe tanto sfuggire alla morte".

Un devoto citò un passo della *Bhagavad Gita* in cui Krishna dice ad Arjuna di non affliggersi per la morte. Parafrasando il versetto, disse: "Arjuna, la morte è certa per chi nasce così come la nascita per chi muore; non dovresti quindi rammaricarti per ciò che è inevitabile. Non ce n'è ragione".[16] Quello che aveva appena recitato era una bellissima parafrasi delle parole di Krishna.

Sul pullmino c'era anche uno swami, autore di un libro spirituale molto conosciuto. Seduto proprio davanti alla Madre, aveva guardato per tutto il viaggio il viso di Amma riflesso nello specchietto retrovisore. Come un bambino, esclamò: "Posso vedere l'immagine di Amma nello specchio".

La Madre rise e ribatté: "Potrai vedere Dio ovunque quando la tua mente sarà ripulita da ogni impurità e diverrà come uno specchio limpido".

---

[16] Bhagavad Gita, Capitolo 2, verso 27.

Un *brahmachari* che stava ancora pensando all'incidente a cui erano passati vicino, fece una domanda alla Madre: "Amma, hai detto che chi non ha abbastanza forza mentale non doveva guardare il cadavere del ragazzo investito dalla macchina perché quell'immagine lo avrebbe tormentato durante la meditazione. Perché?".

"Figlio", disse Amma sorridendogli, "così è la natura della mente: tutto ciò a cui non vogliamo pensare comparirà immediatamente per primo. Amma te lo spiegherà con una storia. Un re calvo desiderava tantissimo avere molti capelli neri e folti. Era così sensibile all'argomento che indossava sempre un turbante. Aveva provato diversi tipi di medicine e si era sottoposto a vari tipi di trattamenti senza risultato. Era talmente avvilito che, disperato, chiamò il più famoso ed illustre medico del Paese e gli ordinò di inventare un farmaco che gli facesse crescere i capelli. 'Se fallisci, ti taglierò la testa', lo minacciò.

Questo ordine gettò il medico in un grande dilemma. Pur sapendo che non esisteva alcun rimedio contro la calvizie, non poteva dirlo al re perché se l'avesse fatto avrebbe perso la vita. Così decise di affrontare la questione con diplomazia, sperando di riuscire in qualche modo a salvarsi. Inchinandosi umilmente di fronte al re, rispose: 'Altezza, considero un grande privilegio preparare una tale medicina per voi. Ne sono onorato. Ma, sire, per favore concedetemi due settimane per produrre questa medicina molto rara'. Poiché due settimane non gli sembrarono un'attesa troppo lunga, il sovrano accettò.

Due settimane più tardi, il medico comparve con una lozione preparata appositamente e la presentò al re nei suoi appartamenti privati. Il re era pazzo di gioia: il sogno di avere una capigliatura nera e folta stava finalmente per avverarsi. Schiarendosi la voce, il dottore disse: 'Sire, questo è un olio molto raro e prezioso. L'ho preparato apposta per Vostra Maestà e non ho alcun dubbio che avrà effetto in poco tempo, ma…'. Il medico si interruppe esitando. Non riuscendo a trattenere la sua curiosità, il sovrano balzò in piedi e chiese: 'Ma cosa? Parla!'. Il medico continuò: 'Nulla, nulla di serio. Si tratta di un semplice dettaglio: mentre applicate la lozione sulla testa, non dovete pensare ai ratti. Ecco tutto. Nient'altro. Andrà tutto bene'.

Il re si sedette e si rilassò. Pensò: 'Che inezia, non pensare ai ratti mentre applico l'olio! Così congedò il medico dopo avergli dato la ricompensa promessa.

Il giorno successivo, tutto felice, il re si alzò di buon mattino e tirò fuori dall'armadio la medicina con grande riguardo. Dopo aver recitato una preghiera, versò un po' di olio sul palmo destro e mentre stava per applicarlo sulla testa, che cosa gli vennero in mente? Ratti, grossi ratti che marciavano in una lunga processione!". Uno scroscio di risate riempì il pullmino. Quando scemarono, Amma terminò la storia: "Sconcertato, il re rimise l'olio nel flacone, ma non era pronto a rinunciare così facilmente. Fece diversi tentativi in varie ore del giorno, fuori dal palazzo e nel suo giardino, ma ogni volta il numero di ratti cresceva. Esasperato, finì per gettare il flacone fuori dalla finestra".

La storia terminò tra altre risa. Quando infine si placarono, la Madre riprese a parlare con questi commenti: "Figli, questa è la natura della mente: qualunque sia l'evento, l'oggetto o l'idea che vogliamo dimenticare, ci seguirà e ci perseguiterà ovunque andiamo, a tutte le ore del giorno, indipendentemente da cosa cerchiamo di fare per dimenticarlo. *Shraddha* e devozione sono le uniche corde capaci di legare la mente.

Stiamo vivendo senza alcun controllo da tantissimi anni. Ora, qualsiasi cosa sentiamo o vediamo si imprimerà facilmente dentro di noi ed affiorerà senza essere invitata. Occorre tempo per riuscire a controllare la mente. La pratica e la pazienza sono indispensabili per riuscirci".

La Madre guardò tutti i presenti nel pullmino con un sorriso smagliante e poi intonò il canto *Sri Chakram* mentre tutti si univano nella risposta.

Sri Chakram

Nella ruota mistica Sri Chakra
dimora la dea Sri Vidya,
quella Devi che è la natura stessa del movimento,
il potere che fa girare la ruota dell'universo.
Si manifesta come il potere creatore.

A volte cavalca un leone,
altre un cigno.
O Madre che guidi e regni sulla triade divina,
la dea Katyayani non è un'altra delle Tue forme?

Per alleviare il peso dei loro fardelli,
i devoti onorano i Tuoi diversi aspetti.
Madre, chi tra gli esseri umani
affascinati da maya potrà comprendere la verità
che questo corpo umano è pieno di impurità?

O Madre che cavalchi una tigre,
come può un ignorante sperare di poter
rendere gloria alla Tua maestà suprema?

Il pullmino stava per giungere sul luogo del programma. La Madre smise di cantare e rimase seduta con gli occhi chiusi per tutto il resto del tempo, assorta nel suo Sé. Anche la maggior parte dei *brahmachari* si mise a meditare o a ripetere il proprio mantra. Il pullmino arrivò davanti al tempio in cui era stata organizzata l'accoglienza, al termine della quale ci furono *satsang* e *bhajan* fino alle dieci di sera. Poi la Madre cominciò a dare il darshan alle migliaia di persone che si erano radunate nel tempio per ricevere la sua benedizione. Rimase seduta fino alle due del mattino a dare il darshan finché l'ultima persona non lo ebbe ricevuto.

Capitolo 14

Ricordare Dio mentre si mangia

23 giugno 1984

Durante il pranzo, due *brahmachari* stavano servendo il cibo mentre un altro conduceva la recitazione del quindicesimo capitolo della *Srimad Bhagavad Gita*[17]. Solo alcuni si erano uniti a lui, gli altri rimanevano in silenzio. All'improvviso Amma entrò nella sala da pranzo, un po' irritata nel vedere la mancanza di *sraddha* dei *brahmachari*.

"Perché nessuno sta recitando la *Gita*?", chiese. Poi aggiunse queste parole di saggezza: "Si può imparare la pazienza se ci si ricorda di Dio mentre si è seduti di fronte al cibo. Per noi esseri umani il cibo è un punto debole: niente ci entra in testa quando abbiamo fame. Dimentichiamo ciò che ci circonda e cominciamo a mangiare senza preoccuparci degli altri. Una volta assaliti dalla fame, perdiamo completamente la pazienza.

La fame ci rende incapaci di essere pazienti. Perfino se Dio apparisse improvvisamente di fronte a qualcuno affamato, costui non ci baderebbe. Se guardiamo cosa succede in una famiglia, vediamo che il padre, il figlio o la figlia vanno in collera se la moglie o la madre tarda a servire loro il pasto quando tornano dal lavoro o dalla scuola affamati. Questa mancanza di pazienza dovuta alla fame è una debolezza capace di farci perdere il discernimento e indurci a litigare con qualcuno, chiunque sia. Un ricercatore spirituale non dovrebbe cadere vittima di questa

---

[17] Negli ashram in India, è consuetudine recitare il quindicesimo capitolo della *Bhagavad Gita* prima di mangiare. Questo capitolo incarna la quintessenza del *Vedanta* e tratta inoltre del processo digestivo e delle energie vitali che vi partecipano.

debolezza. Dovrebbe riuscire a ricordare Dio e a mantenere la mente equilibrata e calma di fronte al cibo, anche quando ha tantissima fame.

La mente umana è molto attaccata al cibo. Il cibo nutre il corpo e poiché noi siamo attaccati al corpo, siamo attaccati al cibo. Il desiderio di gustare piatti deliziosi è fortissimo. Tutto sommato, il cibo è una debolezza degli esseri umani. Quindi, armarsi di pazienza e ricordare Dio mentre sediamo di fronte al nostro piatto preferito è, a dir poco, lavorare sul nostro attaccamento al corpo.

Inoltre, figli, ricordare Dio prima di mangiare è un bellissimo promemoria che ci rammenta che ci nutriamo per conoscere Dio, che questo cibo con cui alimentiamo il corpo è uno strumento per servirLo, pregarLo ed inchinarci di fronte a Lui. In tal modo ricordiamo ancora una volta il Principio supremo. Poiché dimentichiamo sempre Dio, dovremmo sforzarci di riportarLo alla memoria in ogni momento. Dovremmo sforzarci di rammentare il Signore ad ogni istante finché ci verrà spontaneo farlo. Considerate quindi il momento in cui sedete di fronte al cibo come un'ottima occasione che vi viene offerta.

Figli, ricordate sempre e siate consapevoli che siete qui per realizzare Dio e non per realizzare un ashram. Se recitiamo la *Gita* prima dei pasti è perché ciascuno di noi ricordi il Divino e non perché è una consuetudine dell'ashram.

La mente, il corpo e l'intelletto verranno purificati se mangiate dopo avere offerto il vostro cibo a *Brahman*, il Principio Assoluto. Le eventuali vibrazioni negative nel cibo svaniranno se recitate la *Bhagavad Gita* e i mantra di purificazione con concentrazione. Anche le impurità nell'atmosfera verranno distrutte".

Per insegnare ai residenti, Amma indossava la maschera della collera sebbene lei sia al di là dei sentimenti e delle emozioni. Chi insegna ha bisogno di questo tipo di maschere. Un *brahmachari* rise mentre ascoltava la Madre, pensando che dietro a quella maschera c'era la "vera persona", per nulla identificata con la maschera di collera (in realtà, non c'è alcuna "persona"). "Per lei, anche questo è un gioco" pensava l'uomo.

La Madre si girò e lo ammonì: "Non ridere. Perché ridi? Pensi che Amma stia scherzando? Che beneficio avrai nel pensare che questa è solo un'altra maschera di Amma con cui non è identificata? Catalogarlo come uno dei *lila* di Amma non ti aiuta. Se pensi che questa sia solo un'altra maschera, prendi le cose troppo alla leggera. Questa non è un'inezia. Devi rifletterci sopra seriamente".

Il *brahmachari* fu stupefatto nel vedere la Madre leggere nei suoi pensieri con tale esattezza e, prima che potesse esprimere la sua meraviglia, Amma continuò: "Figli, conoscete il valore del cibo? Sapete quante migliaia di persone nel mondo desidererebbero anche un solo chicco di riso per placare la loro fame, mentre voi ridete e vi state divertendo seduti di fronte a un piatto pieno? Persino oggi, Amma ha pianto prima di mangiare, pensando ai poveri, agli affamati che non hanno neppure un po' di minestra di riso annacquata per placare la fame. E voi siete qui seduti e ridete. Come potete comportarvi così? È come ridere di quelli che soffrono la fame. Figli, pensate a loro. Fate in modo che la vostra mente sia piena di compassione e d'amore per loro. Allora non riderete. Dovreste preoccuparvi sinceramente della loro sorte ed essere capaci di condividere la loro sofferenza. Quando avrete abbastanza spirito di rinuncia per riuscirvi? Figli, il cibo è Dio: abbiatene il dovuto rispetto".

La Madre fece una pausa. Dopo qualche istante, si volse verso i devoti che le stavano vicini e disse loro: "Questi figli non hanno mai dovuto affrontare le difficoltà della vita. Non sanno cosa sia la vita reale. A casa erano come in un bozzolo. Si comportavano come dei signori: non dovevano far altro che comandare. Non hanno mai imparato ad ubbidire. Adesso hanno bisogno di un buon addestramento per diventare dei perfetti servitori del mondo e per far loro capire la gravità della vita Amma si mostra in collera".

La Madre si alzò e andò in cucina. Tornò con in mano alcune radici di tapioca cotta e imboccò ogni presente con un pezzetto di radice. Ora il suo umore era diverso: aveva scelto un'altra maschera, l'incantevole maschera di una madre che si prende cura dei suoi figli e li ama.

Le parole di Amma sulle lacrime versate pensando ai poveri e agli affamati ricordano un fatto che accadde all'inizio del 1980. Un giorno, la Madre si rifiutò di mangiare. Tutte le preghiere furono inutili: non mangiava. Non c'era alcuna ragione apparente per questo digiuno e nessuno sapeva perché non stesse mangiando. Non bevve nemmeno un bicchiere d'acqua e non rispondeva a chi la interrogava. Sembrava profondamente assorta nei suoi pensieri e a volte piangeva mentre sedeva da sola sulla riva delle *backwater*. Verso le dieci di sera accettò finalmente di mangiare qualcosa.

Rivelando il motivo del suo digiuno, Amma disse che alcune famiglie del vicinato soffrivano la fame, che non avevano nulla da mangiare e che quel giorno non avevano pescato nessun pesce. Venuta a sapere della loro sofferenza, Amma non desiderava mangiare. Le sarebbe piaciuto inviare loro del cibo, ma queste famiglie non avevano simpatia per l'ashram, anzi gli erano decisamente ostili. Alcuni anni prima, quando gli stessi residenti dell'ashram avevano a malapena da mangiare, la Madre aveva inviato delle verdure e del riso a queste persone, che però li avevano rifiutati. Perciò ora Amma disse: "Pur conoscendo il loro atteggiamento verso l'ashram, Amma vorrebbe inviare loro del cibo, ma sa che non sarebbe accettato. Rifiutare tale offerta creerebbe karma negativo e Amma non vuole che questo accada. Qualunque atteggiamento abbiano verso l'ashram, anche loro sono figli di Amma, non è vero? Dunque, lei deve avere la pazienza di sopportare il loro comportamento. Chi altri porterà pazienza, se non la Madre? Cerchiamo quindi di non provare rancore né collera verso di loro, ma preghiamo Dio per la loro crescita spirituale. Ad ogni modo, adesso hanno da mangiare ed è per questo che anche Amma ha mangiato qualcosa, per condividere la loro contentezza".

Alle tre del pomeriggio la Madre si stava preparando per andare a Kollam e fare visita alla casa di un devoto. Alcuni devoti l'avrebbero accompagnata, ma questa volta la Madre non chiese a Gayatri di unirsi a loro, anche se la giovane andava con lei ovunque si recasse. Nessuno sapeva il perché e Amma non diede spiegazioni. Gayatri si sentì profondamente ferita. Con il cuore spezzato, rimase sulla riva, vicinissima all'acqua, mentre la barca traghettava Amma e i devoti dall'altra parte della laguna. Giunta sulla riva, la Madre stava per salire in macchina quando improvvisamente disse a uno dei devoti: "Vai a prendere Gayatri. È disperata. Che tristezza! Questa Madre crudele non l'ha chiamata! Come potrebbe una madre amorevole dimenticare una figlia che piange? Il suo dolore è anche il dolore di Amma. Non partiremo senza di lei". Il cuore della Madre traboccava d'amore e di compassione per sua figlia. Gayatri arrivò dopo pochi minuti, felicissima. Stava ancora piangendo, ma adesso le sue lacrime non erano di dolore bensì di gioia, pensando a quanto velocemente la Madre avesse risposto alla preghiera del suo cuore gonfio di dolore.

Amma arrivò a Kollam alle quattro. I membri della famiglia erano al colmo della gioia nel vedere Amma nella loro casa. Pazzi d'amore per lei, dimenticarono il rituale di accoglienza di un *Mahatma*[18] e rimasero immobili a guardarla. I bambini abbracciarono Amma e lei li accarezzò e affettuosamente chiese loro

---

[18] In India, quando una Grande Anima giunge sulla soglia di una casa, è consuetudine esprimere il dovuto rispetto con l'abluzione dei Suoi piedi, ponendoLe una ghirlanda intorno al collo e facendo oscillare davanti a Lei una fiamma ottenuta bruciando della canfora.

come andassero gli studi e altre cose. Conversò con ogni membro della famiglia, con i loro vicini ed amici presenti. Accarezzando affettuosamente la schiena di una persona, strofinando il petto di un'altra o parlando con cordialità con un'altra ancora, rese tutti contenti.

I membri della famiglia, i loro amici, i vicini e anche gli abitanti della zona parteciparono ai *bhajan*. Accogliendo la richiesta di una devota, la Madre cantò *Amme Bhagavati Nitya Kanye Devi*.

Amme Bhagavati Nitya Kanye Devi

O Madre Divina, Vergine eterna,
io m'inchino a Te affinché posi su di me
il Tuo sguardo compassionevole.
O Dea dell'universo,
creare il mondo, salvarlo e distruggerlo
non è che un Tuo gioco.

A Te, la cui natura è come l'ombra del Reale,
Causa della vita, Tu che sei il potere di Maya,
a Te mi prostro.

Mentre la Madre cantava rapita, la giovane donna che aveva richiesto il canto scoppiò in lacrime, incapace di controllare l'immenso amore che provava.

Dopo cena, verso le dieci e mezza, i membri della famiglia desiderarono che Amma guardasse un video in cui si narravano le storie di grandi devoti della Madre Divina e le loro esperienze. Per soddisfare il loro desiderio, Amma acconsentì. Durante la proiezione, le fu impossibile contenere l'Amore divino che la inebriava. Una delle storie raccontava la vita di un pescatore che nutriva un amore puro e innocente per la Madre Divina. Sebbene analfabeta, l'uomo aveva l'intenso desiderio di vedere Devi in carne ed ossa. L'atteggiamento (*bhava*) della Madre cambiò completamente: si alzò di scatto dalla sedia e cominciò a danzare e a cantare. I suoni che emetteva erano diversi; impossibile descriverli con le parole. Scoppiando in una risata estatica, abbracciò e baciò alcune ragazze e signore anziane vicino a lei mentre riprendeva il suo posto.

Dopo aver guardato ancora un po' il video, Amma si alzò e si diresse verso la sua stanza, sempre in questo stato esaltato. Sembrava aver deciso di non continuare a guardare il film che avrebbe potuto trasportarla in uno stato di estasi incontrollabile.

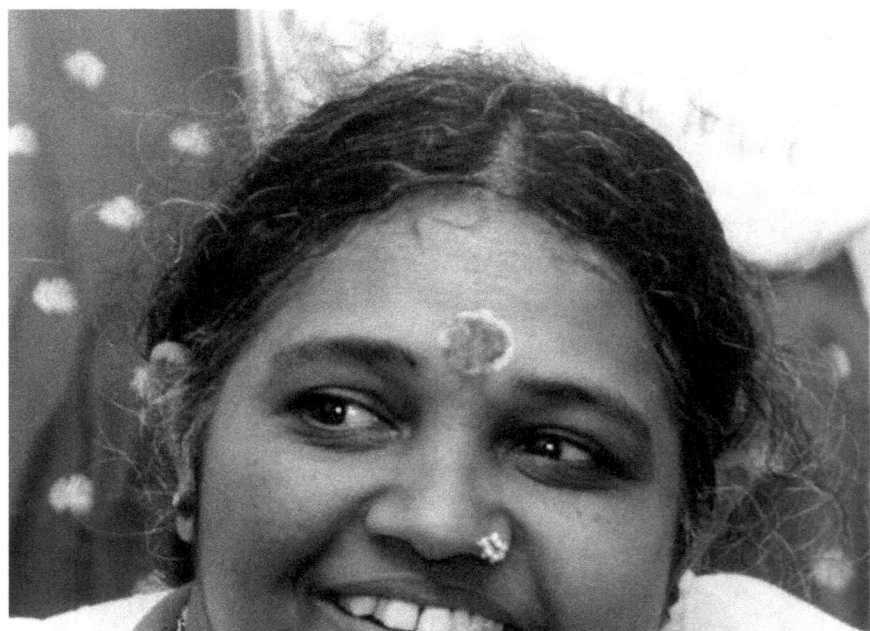

Capitolo 15

Un miracolo in tribunale

27 giugno 1984

Era quasi mezzogiorno quando un gentiluomo di mezza età si avvicinò al tempio. Brahmachari Balu lo salutò e l'uomo, il signor V., gli confidò: "Sono già venuto qui due volte. Dopo le prime due visite c'è stata una lunga assenza, ma la mia devozione per Amma non è diminuita. Infatti, senza la sua grazia e il suo aiuto, adesso sarei dietro le sbarre". Fece una pausa. Brahmachari Balu gli chiese se poteva portargli qualcosa da bere. "Un po' d'acqua", rispose. Quando Balu arrivò con il bicchiere d'acqua, lo trovò seduto nella veranda a sud del tempio.

Dopo averla bevuta, il signor V. continuò: "Stavo attraversando un periodo difficile quando venni per il darshan di Amma la prima volta. In realtà, ero venuto da lei per pregarla di guidarmi e di benedirmi tirandomi fuori dal serio problema in cui mi dibattevo".

L'uomo raccontò la sua storia. A quanto pare, un suo parente l'aveva ingiustamente denunciato per frode. Poiché la famiglia di questo parente era molto influente, era riuscita a fabbricare le prove necessarie per questa accusa. Il signor V. sapeva che, se fosse stato giudicato colpevole, la sua vita sarebbe stata rovinata. Aveva una moglie e tre figlie e anche le loro vite sarebbero state disonorate. Una volta rovinata la loro reputazione, era convinto che nessun uomo al mondo avrebbe avuto il coraggio di sposare una delle sue figlie. Per lui si trattava di una questione di vita o di morte perché sentiva che, se avesse perso la causa, non gli rimaneva che togliersi la vita. Se l'avesse fatto, la moglie e le figlie avrebbero seguito il suo esempio non vedendo nessun futuro davanti a loro. Il signor V. non rivelò alcun dettaglio della questione, ma Balu capì da come parlava che sarebbe stato un assoluto disastro per lui e la sua famiglia.

Il signor V. disse che la gente sapeva che era innocente e che i suoi avversari, spinti da interessi personali, stavano deliberatamente cercando di annientare lui e la sua famiglia. Tuttavia, la prova fabbricata contro di lui era talmente schiacciante e convincente che non aveva modo di confutarla né di difendersi. Non c'era nessuna azione legale che potesse intraprendere per svelare queste macchinazioni. "Non avevo dunque alcuna risorsa a cui aggrapparmi per salvare me stesso e la mia famiglia dall'imminente catastrofe. Tuttavia, la mia fede in Dio e nella Madre Kali era forte", confidò a Balu.

"Un giorno", continuò, "uno dei miei amici mi parlò di Amma. Mi raccontò persino alcune sue esperienze con lei e questo infuse fede e fiducia nel mio cuore, straziato e gonfio di dolore. La mia convinzione e la mia fede che Amma fosse davvero la divina madre Kali, mi ridiedero forza e coraggio. Questo è ciò che mi portò da Amma la prima volta. Lei conquistò completamente il mio cuore e mi assicurò che avrei vinto la causa. Sono convinto che Amma sia Kali e lei me l'ha chiaramente dimostrato attraverso le esperienze che ho avuto dopo averla incontrata". L'uomo s'interruppe.

"I suoi problemi sono stati risolti?", chiese Balu.

Il signor V. raccontò di come pregasse continuamente anche se ad ogni udienza in tribunale era sempre più difficile per il suo avvocato contestare i punti dell'accusa presentata contro di lui. Tutti erano convinti che sarebbe stato condannato. Presto, la fiducia e il coraggio cominciarono a vacillare. L'uomo iniziò a chiedersi: "Ma le parole di Amma si avvereranno davvero? Mi ha forse abbandonato?". Ciò nonostante, la sua fede in Amma rimase imperturbata. Continuava a pregarla e a supplicarla ogni giorno mentre si sentiva bruciare come in una fornace, ignorando quello che gli avversari avrebbero inventato contro di lui. Quando infine fu emessa la sentenza, scoprì di avere vinto.

Disse: "Sapevo che avrei vinto perché chi avrebbe potuto confutare l'argomento di Amma, quella frase fondamentale, la chiave che serrò le porte al tragico destino che mi attendeva?". La voce soffocata, il signor V. piangeva. Con grande difficoltà riuscì a controllare le lacrime e si asciugò il viso. Balu stava seduto e aspettava, interrogandosi sul significato della sua affermazione sulla frase fondamentale.

Dopo aver riacquistato il controllo di sé, il signor V. si schiarì la voce e disse: "So che ti stai domandando come sia potuto accedere. È stato solo per grazia di Amma". E riprese a raccontare cos'era successo una notte nel suo soggiorno mentre lui e la sua famiglia erano disperati.

"Mi addormentai seduto sulla poltrona. Poco dopo fui svegliato da una luce intensa e da una fragranza divina che pervadeva l'intera stanza. Le mie figlie e mia moglie dormivano sdraiate sul pavimento di nudo cemento e non sembravano essersi accorte di quello che stava avvenendo. Avrei voluto svegliarle ma non riuscivo né a parlare né a muovermi. Mentre guardavo la luce con sorpresa e sacro timore, essa prese la forma di Amma in carne ed ossa! Avvicinandosi a me, Amma mi accarezzò affettuosamente, mi sorrise e dolcemente pronunciò due frasi. La prima era un fatto segreto e nuovo che riguardava il processo, ciò che chiamo la 'frase fondamentale'. Poi mi disse: 'Vai subito a riferirlo al tuo avvocato non appena me ne andrò'. Mi diede della cenere sacra come *prasad* e scomparve senza aggiungere altro".

Mentre ritornava a uno stato di coscienza normale, il signor V. vide che era sempre seduto sulla poltrona e che la sua famiglia stava ancora dormendo sul pavimento. Gli occorse qualche istante per riprendersi del tutto. Si accorse allora che stava tenendo in mano la cenere sacra: quella era una prova della sua visione. Svegliò la moglie e le figlie, gli raccontò la visione e mostrò loro la cenere. Il profumo divino che ricordava quello del gelsomino aleggiava ancora nella stanza ed era chiaramente percepibile. L'uomo guardò il suo orologio: erano le due e mezza di notte.

"Presi la moto", raccontò il signor V. a Balu, "e mi diressi verso la casa del mio avvocato, a cinque chilometri di distanza. Quando gli rivelai il fatto segreto e nuovo di cui mi aveva parlato Amma nella visione, il suo viso s'illuminò. Gli dissi dell'apparizione di Amma e lui ci credette completamente perché anche lui credeva in Dio. L'indomani, in tribunale, il mio avvocato discusse il caso sulla base di questo nuovo fatto che mi scagionò".

Poiché era quasi l'una del pomeriggio, Balu invitò il signor V. nel salone per pranzare. Rifiutando gentilmente, l'uomo rispose: "No, non adesso. Come posso mangiare prima di aver ricevuto il darshan di Amma?". E andò a sedersi nella capanna del darshan ad aspettarla.

La Madre arrivò verso le due e mezza. Il signor V. fu il primo a ricevere il darshan. Amma lo accolse esclamando: "Figlio, Amma sapeva che saresti venuto oggi. Hai vinto la causa non è vero? Amma è felice". Il signor V. cadde ai suoi piedi singhiozzando. Abbracciò e baciò i piedi della Madre posandoli poi sulla sua testa. Li lavò letteralmente con le sue lacrime. Come un bambino che piange invocando la mamma, il signor V. continuava a gridare: "Amma… Amma… Mia cara Amma! O Amma, tu hai salvato questo poveretto dall'inferno!".

Questa scena colpì profondamente tutti i presenti, che trovarono difficile trattenere le lacrime, anche se non sapevano cosa aveva passato quell'uomo negli ultimi anni. Chinandosi, Amma lo sollevò dolcemente e gli fece posare la testa sulle sue ginocchia dove lo tenne per lungo tempo. Lentamente, il signor

V. si ricompose e la Madre lo fece sedere accanto a lei. L'uomo rimase in meditazione per il resto del darshan.

Mentre Amma riceveva i suoi figli per il darshan, i *brahmachari* cantavano *Samsara Dukha Samanam*.

Samsara Dukha Samanam

O Madre del mondo che dissipi
il dolore della trasmigrazione,
le Tue mani sante sono
il nostro unico rifugio.

Sei il rifugio delle anime cieche e smarrite.
Ricordare i Tuoi piedi di loto ci protegge da ogni pericolo.

Chi è nell'illusione e brancola nelle tenebre
non ha altro modo di uscire da questa triste sorte
se non meditare sul Tuo nome e sulla Tua forma.

Lanciami uno sguardo con i Tuoi bellissimi occhi splendenti.
O Madre, senza la Tua grazia,
è impossibile giungere ai Tuoi piedi di loto.

Poi la santa Madre intonò il canto *Govardhanana Giri Kutayakki*.

Govardhanana Giri Kutayakki

O giovane mandriano
che hai trasformato la collina Govardhana
in un ombrello
e hai reso Radha la Tua cara amica.
Krishna, hai trasformato il mio cuore
in Gokulam (il luogo dei lila di Krishna).

O incantevole suonatore di flauto,
la Tua musica divina trasforma le ombre
nella luce argentea della luna.

Il Tuo dolce nome, o Giridhara,
riempie la mente di buoni auspici.

O Madhava, i Tuoi diversi stati d'animo
trasformano le pene del cuore in nettare,
la Tua forma bella e leggiadra
ricolma la vita d'amore.

A metà del canto, la Madre entrò in estasi. Gli occhi chiusi, la testa leggermente inclinata verso destra, Amma dimorava immobile. La donna che riposava sulle sue ginocchia alzò la testa per vedere il suo viso. Vedendo la trance spirituale in cui si trovava Amma, fece qualche passo indietro e si sedette con le mani giunte, reverente.

Anche se i *brahmachari* e i devoti sono spesso testimoni delle estasi di Amma durante i *bhajan*, mentre lei canta il Nome divino o dà il darshan, ogni volta è un'esperienza nuova. Essi sedevano in meditazione o la contemplavano, vedendo il lei la loro *Ishta Devata*.

Amma rimase in questo stato per un po' di tempo. Ritornata al normale stato di coscienza, riprese a dare il darshan.

Una domanda sul tantra

Durante il darshan, uno dei devoti fece questa domanda: "Amma, le persone che seguono la via del tantra pensano che possa portare a rapidi risultati. Ritengono inoltre che, poiché tutto è divino, non c'è nulla a cui dover rinunciare. Non condannano il corpo come fanno i *vedantini*[19]. Per loro, il corpo è la dimora di *Tripura Sundari* (un aspetto della Madre Divina) e quindi lo considerano puro. Amma, per favore, dicci qualcosa a questo proposito".

---

[19] La *sadhana* tantrica è la via che porta allo stato di unione tra Shiva e Shakti accettando tutto come divino. I *vedantini* che seguono la via della non dualità, la filosofia dell'Unità o *Vedanta*, si distinguono per l'importanza che accordano alla rinuncia come mezzo per negare la dualità.

La Madre rispose: "Qualsiasi cammino spirituale, qualunque esso sia, implica la rinuncia. Senza praticare la rinuncia non si può ottenere il beneficio desiderato. Amma non crede che un Maestro perfetto che guida i *sadhak* sul sentiero del tantra permetta loro di fare con il proprio corpo ciò che vogliono. Anche se considerano il corpo puro, questa non è una scusa per abbandonarsi a degli eccessi sfrenati, senza discernimento.

Tutti i cammini spirituali possono portare rapidamente allo scopo se praticati correttamente e sinceramente con *lakshya bodha*, non solo il cammino del *tantra*. I risultati veloci non giungono in seguito alla padronanza di tecniche complesse. Il cammino della devozione è la via più semplice. Ad ogni modo, tutte le vie conducono allo stesso obiettivo, e tutte quante considerano la devozione e l'amore come un aspetto essenziale della pratica. Persino nel tantra, l'amore gioca un ruolo determinante. Come si può progredire senza l'amore?

Ora, per quanto riguarda la condanna del corpo, nessuna via condanna il corpo né il mondo. Nella *sadhana* vedantica non si condanna il corpo. Dopotutto, se non ci fosse non si potrebbero svolgere le pratiche spirituali. È ridicolo pensare che il corpo non sia importante. Non si tratta di torturarlo, ma di allenarlo e domarlo. Un principiante non può semplicemente dire: 'Tutto è divino, anche il corpo, e quindi perché non godere e abbandonarmi agli eccessi'. In questo modo non raggiungerà l'obiettivo. Un certo grado di autocontrollo è indispensabile, altrimenti qual è la differenza tra un *sadhak* e una persona dedita ai piaceri dei sensi? Non si giunge alla Realizzazione senza impegnarsi.

La si consegue solo se si riesce a concentrarsi totalmente sul proprio Sé, dimenticando tutto il resto e senza lasciarsi distrarre da alcun pensiero. Persino per ottenere un fisico muscoloso occorrono anni di allenamento costante. Quanti sforzi sono richiesti per diventare un bravo maestro di karate o di lotta libera?

E per diventare un bravo musicista? Nessuno ha mai raggiunto qualcosa in questo mondo senza compiere sacrifici, senza rinuncia né sforzi assidui. Tutte le nostre attività sono disciplinate da qualche regola e norma. Perché quindi le persone sostengono che la rinuncia è superflua quando si tratta dello scopo supremo che è la Realizzazione del Sé? Amma non condivide questa loro affermazione. Esse potrebbero dire che sono il Sé e che Dio è dentro di loro, oppure affermare: 'Tu sei Quello. Tu sei il Divino', e altre dichiarazioni simili. Possono continuare a sostenerlo per secoli e secoli senza alcun risultato.

Per quanto grande possa essere il numero delle persone che vi sostengono ed acclamano dicendo che siete *Brahman*, il loro appoggio non vi aiuterà a realizzare il Sé. Rimarrete sempre gli stessi. Guardate chi ha realizzato il Sé e riflettete sulla vita dei grandi santi e saggi. Tutti quanti hanno incarnato la rinuncia, hanno intrapreso *tapas* e si sono impegnati duramente per giungere allo stato di Realizzazione. Coloro che l'hanno conseguito tacciono, non vanno in giro proclamando: 'Ho raggiunto lo scopo. Sono *Brahman*'. Non dicono neppure: 'Non è necessaria alcuna rinuncia. Voi siete già Quello. Quello è dentro di voi'. Chi parla così è superficiale. Le persone superficiali amano parlare. Non hanno sperimentato la profondità, poiché dove c'è profondità non ci sono parole. Esiste solo il silenzio. Se ad ogni modo un Essere Realizzato parla, il suo discorso tocca il cuore, purifica e trasforma l'ascoltatore. Le sue parole vanno dritte al cuore. Le parole di chi invece ripete che Dio è in loro restano per un po' in superficie, nell'intelletto di chi ascolta, e poi svaniscono finché non le si ascolta di nuovo.

Amma intende dire che la *sadhana* tantrica è uno dei cammini più fraintesi e travisati. In nome del tantra, le persone si danno all'alcol, al sesso e ad altri comportamenti irresponsabili e licenziosi. Sostengono di farlo come offerta alla Madre Divina, ma finiscono per essere travolti dai piaceri dei sensi. La loro ignoranza su una vera *sadhana* diventa sempre più densa e li porta a difendere il loro comportamento ritenendolo corretto.

L'adorazione tantrica è un'offerta. In realtà, ciò che va offerto è il principio che sta dietro l'adorazione e tale offerta non è esteriore ma interiore. Si offre la propria individualità, il proprio ego, al Divino. Inoltre, i riferimenti all'unione sessuale nel culto non vanno interpretati come qualcosa che si svolge tra una persona di genere femminile e una di genere maschile perché si sta parlando dell'unione ultima, l'unione del *jivatman* (il sé individuale) con il *Paramatman* (il Sé supremo). Questa unione è simbolica, rappresenta l'unione o l'integrazione delle qualità femminili e maschili, l'unione di *Purusha* e *Prakriti*, la fusione della mente nella Realtà suprema, il raggiungimento di un equilibrio perfetto tra la natura interiore ed esteriore del *sadhak*. Significa fare l'esperienza dell'Onnipervadenza, frutto dell'unione tra Shiva e Shakti, e prendervi dimora.

In questo stato, il *sadhak* trascende tutto e si fonde nel Principio supremo. Questa Unità suprema è il senso dell'unione sessuale nella *puja* tantrica. L'unione del maschile e del femminile avviene dentro di voi, non è esteriore. L'unione di Shiva (la Coscienza suprema) con Shakti (l'Energia primordiale) avviene quando il seme del *sadhak*, purificato e trasformato in *ojas* (pura energia vitale), raggiunge la sommità del capo dove si trova il loto dai mille petali. Nel tantra, l'uso della metafora sessuale come simbolo ha lo scopo di descrivere e di illustrare in modo figurato questa trasformazione interiore. L'unione sessuale è il simbolo più adeguato per il concetto di unione eterna tra Shiva e Shakti. Entrambi gli aspetti, la Coscienza suprema e l'Energia primordiale, sono dentro di noi.

Tutti gli esseri umani sono sessuati e dunque l'aspirazione a unirsi con il sesso opposto è loro familiare. I saggi hanno utilizzato i termini e i simboli dell'unione sessuale, comprensibili a tutti, per esprimere la qualità essenziale e il processo dell'unione eterna, per cercare di darci un'idea di come si svolge l'unione interiore. Ma le menti umane sono così grezze e grossolane che le persone hanno frainteso il tutto abbassandolo a un livello volgare. Se ne sono così serviti impropriamente o come giustificazione per un comportamento licenzioso ed azioni illecite che nuocciono sia agli altri che a loro stesse. La *sadhana* tantrica non deve mai essere praticata senza la guida di un Maestro perfetto".

Verso le quattro e mezza del pomeriggio, la Madre salì nella sua stanza e scese un'ora più tardi per andare a meditare sulla spiaggia. Meditare sulla spiaggia in compagnia di Amma è sempre un'esperienza gioiosa. Tutti i residenti e i visitatori seguirono le sue orme sulla sabbia, formando una lunga processione. La Madre sedette immobile di fronte all'oceano e tutti si riunirono intorno a lei preparandosi a meditare. Dopo aver attraversato la volta del cielo, il sole stava per compiere la sua immersione quotidiana nell'oceano. Le onde lambivano dolcemente la riva prima di ritornare lentamente nel mare canticchiando costantemente una ninnananna. Era difficile dire se la Madre fosse concentrata sull'oceano, sulle onde, sul sole che tramontava, sull'orizzonte infinito o se fosse immersa nel suo Sé. Dallo sguardo calmo e sereno sul suo viso, si poteva supporre che stesse viaggiando nel mondo della sua solitudine interiore, sconosciuto agli altri.

Tutti sedettero in profonda meditazione. La Madre non chiuse mai gli occhi, che rimasero spalancati senza neanche un battito di ciglia; sedeva perfettamente immobile, con le mani che riposavano sulle cosce. Un sorriso di beatitudine illuminava il suo viso.

Come sempre, i bambini dei pescatori del villaggio si radunarono intorno a lei, guardandola a rispettosa distanza. Aspettavano, contemplando la Madre e i suoi figli in assoluto silenzio. Era strano vedere questi bambini, di solito rumorosi e vivaci, che amavano correre e gridare mentre giocavano con la sabbia e le onde, rimanere tranquilli ogni volta che la Madre veniva a meditare. Naturalmente Amma non dimenticava mai di dar loro qualche dolcetto prima di lasciare la spiaggia, e anche in questa occasione li rese felici distribuendone alcuni. Uno ad uno, i bambini andarono dalla Madre per ricevere una caramella. A volte un bambino era un po' timido o riluttante e lei gli rivolgeva un sorriso caloroso e luminoso, invitandolo ad avvicinarsi. Ogni volta, il bambino superava la sua timidezza e accettava con gioia la caramella.

Poiché erano quasi le sei e mezza, l'ora dei *bhajan* serali, la Madre e il gruppo rientrarono nell'ashram. Lungo la via del ritorno, Amma si fermò in un punto in cui riceveva i devoti durante i suoi primi Krishna Bhava. Il luogo era contrassegnato da un tempietto di fronde di cocco intrecciate e ancora oggi gli abitanti del villaggio lo illuminano con lampade ad olio. Su un lato del tempietto vi era un piccolo baniano e su uno dei suoi rami sottili la Madre assumeva la posa *Anantasayana* (la famosa postura del Signore Vishnu che riposa sul serpente Ananta) durante il Krishna Bhava. Dentro il minuscolo tempio erano state installate immagini di Kali e di Krishna. La Madre si chinò e guardò all'interno mentre dava qualche spiegazione sul tempietto ai devoti.

Riprendendo il cammino verso l'ashram, Amma incontrò la moglie di un pescatore che ritornava dal mercato situato dall'altra parte della laguna. Ne seguì una breve conversazione, con la Madre che parlava come una comune ragazza del villaggio avrebbe parlato a un'altra. Era interessante vedere come usasse gli stessi termini e gesticolasse come questa donna.

Poi, forse per chiarire i dubbi che sarebbero potuti nascere nella mente dei devoti stupefatti dai modi che aveva temporaneamente adottato, la Madre spiegò: "Gli abitanti del villaggio non si sentono a loro agio se parliamo loro dal nostro livello. Non comprendono il comportamento di un *sadhak*. Se Amma fosse passata senza degnarla di uno sguardo, questa donna avrebbe potuto pensare che Amma fosse altezzosa o troppo orgogliosa per parlare con lei. Ad Amma non importa se lei lo pensa, ma la gente del posto è felice e contenta quando Amma parla con loro. Bisogna farlo utilizzando il loro linguaggio perché diversamente sarebbe inutile parlare. Dovremmo essere capaci di scendere al loro livello per renderli felici. Sono ignoranti. Se filosofeggiamo, cercando d'imporre loro le nostre idee spirituali, presentando l'argomento in un linguaggio raffinato e parlando in modo erudito, non ne saranno affatto impressionati. Parlate la loro lingua, comportatevi come fanno loro, ed essi lo apprezzeranno".

Aveva appena terminato il suo discorso sugli abitanti del villaggio e percorso pochi metri quando sentirono la donna del villaggio dire a voce alta a un'altra donna che aveva incontrato lungo il cammino: "Amma è sempre molto amorevole. La sua natura non è cambiata".

Sentendo queste parole, tutti nel gruppo sorrisero scambiandosi uno sguardo complice: sembrava che la Madre stesse dimostrando la veracità delle sue parole.

Amma cominciò i *bhajan* serali cantando *Sri Lalitambike Sarvashakte*.

Sri Lalitambike Sarvashakte

O Madre onnisciente Lalita,
questo umile figlio si prostra ai Tuoi sacri piedi,
fonte di buon auspicio.
Vittoria alla Madre, l'incarnazione della Bellezza,
inseparabile parte del Signore Shiva.

Vittoria, vittoria alla Madre che è invero
l'assoluto Brahman personificato.
Vittoria, Vittoria a Lei,
molto cara al Signore Vishnu.

Ti rendo omaggio, Madre, Madre di tutta la creazione.
O Madre, questo Tuo figlio
non conosce nessuna tecnica di meditazione.
Non mi vedi mentre vago nell'oscurità?

O Madre Ambike, vieni e dimora per sempre
nel loto del mio cuore.
Non lasciarmi, nemmeno per un battito di ciglia.

Questa nascita umana mi è stata concessa
dopo centinaia e migliaia di altre nascite.
O Madre, lascia che io offra
questo raro dono che è la forma umana
sull'altare dei Tuoi piedi di loto.

O Madre, ho commesso numerosi errori
e forse sono il peggiore dei Tuoi figli.
Perfino allora, o Madre, poiché Tu sei
l'incarnazione della compassione e dell'amore,
perdona, Ti prego, i miei errori e difetti,
guarisci le mie debolezze mentali.

La meditazione con la Madre sulla spiaggia, seguita dai canti devozionali, aveva spinto tutti a cantare e a danzare sulle ali del puro amore. Amma dice: "Per ricordare Dio, bisogna dimenticare il mondo. Ricordare non è altro che dimenticare". Questo è quello che accade ai devoti e ai discepoli quando Amma canta: dimentichi di tutte le loro preoccupazioni e dei loro problemi, bevono l'ambrosia del Nome divino.

Mente e assenza della mente

Al termine dei *bhajan* e dell'*arati*, la Madre rimase seduta di fronte al tempio circondata dai residenti e da alcuni visitatori devoti. Aveva sulle ginocchia un bambino piccolo, figlio di una devota, che sedeva tranquillo mentre sua madre piangeva e rideva di gioia allo stesso tempo, esclamando: "Com'è fortunato mio figlio a sedere sulle ginocchia di Amma, ad essere toccato e accarezzato dal Divino". La santa Madre porse al bambino un pezzo di banana. Dopo averlo mangiato, il piccolo continuò a leccare e a mordicchiare il dito di Amma. A questo punto, sua madre fece questo commento: "Questo bambino vuole mangiarti, Amma".

"Amma vuole mangiarlo" ribatté lei, che si mise a parlare dei bambini e della loro innocenza: "I bambini non sono toccati da *maya*. La loro innocenza conquista il cuore e l'anima di tutti. Chi può fare a meno di amare un bambino? Persino la persona con un cuore di pietra lo ama. È l'innocenza del bambino che suscita questo sentimento d'amore". Amma restituì il piccolo alla madre.

"Guardate un bambino negli occhi: vedrete Dio. Potete vedere il vostro Krishna o Gesù o Buddha negli occhi di un bambino, ma una volta che le *vasana* dormienti iniziano a manifestarsi, l'innocenza scompare. Le *vasana* non sono completamente assenti in un bambino, sono presenti come seme. Se non sono manifeste, un giorno o l'altro si dovranno manifestare. Questa è la differenza tra un bambino e uno yogi. Malgrado la sua innocenza, un bambino possiede ancora *vasana* che aspettano il momento giusto per emergere. Attraverso la pratica spirituale, uno yogi le sradica completamente. Diventa puro e innocente, senza nessuna *vasana* che possa affiorare perché ne ha distrutto la sorgente. Avendone tagliato la radice, non possono più spuntare. Pulito e puro, lo yogi fluisce come un fiume che scorre placido senza incontrare ostacoli attraverso ogni cosa senza alcuna differenza.

La mente deve dissolversi. Dovete diventare una 'non-mente'. Una persona che risiede nello stato di 'non-mente' può anche dimorare nel mondo della pluralità, ma in realtà è in Dio. Potreste vederla agire o parlare, ma in effetti non fa né l'una né l'altra cosa. Non compie nulla e tace, costantemente nella quiete e nel silenzio in ogni circostanza. Tuttavia la vostra mente imporrà un corpo, delle parole e delle azioni su di lei. Essendo voi stessi divisi, cercherete di fare lo stesso con lei. Tuttavia potete sforzarvi per tutta la vita, investire tutta la vostra energia e chiamare il mondo intero in aiuto, ma non riuscirete a dividerla. Esausti, crollerete senza essere riusciti a realizzare qualcosa che è impossibile.

Le persone tutte d'un pezzo sono sempre straniere in questo mondo. La gente comune non permette loro di vivere annunciando liberamente la verità e cerca di legarle o d'incatenarle. Ma non ci riuscirà mai. Il mondo non può comprendere i Grandi Maestri. Le persone desiderano distruggere quello che non capiscono. Ciò che è oltre la portata del loro intelletto gli pare strano, irragionevole e illogico; il loro ego non lo tollera. Ignorando completamente cosa signifnchi uno stato privo di ego, vogliono sbarazzarsi di tali figure. Hanno paura e temono che questi Grandi Esseri distruggano il loro ego e rendano gli altri simili a loro. Se tutto il mondo diventasse senza ego, i grandi ego gonfiati non potrebbero più esistere. Essi vogliono che l'ego e il mondo durino per sempre perché se non ci fossero non potrebbero possedere, acquisire, divertirsi né abbandonarsi agli eccessi. Sono convinti che la vita serva a questo, non a sbarazzarsi dell'ego. Sappiate che i *Mahatma* non sono qui per distruggere, ma per creare: creare un atteggiamento positivo, salutare e intelligente verso la vita. Non vi proibiscono di vivere e di gioire, ma vi insegnano come vivere e godere la vita.

La gente comune desidera la celebrità e la gloria e quindi osteggia i santi che non hanno ego e sono puri e innocenti. Ecco perché alcuni fra coloro che hanno realizzato il Sé scelgono di restare in un corpo e creano un ego con cui controbattere. Questo tipo di ego è però solo un'ombra, il miraggio di un ego. Sebbene sembri che esista, in realtà non c'è nessun ego. Se guardate attentamente, vedete che ne sono privi. Ciò nonostante queste

Grandi Anime mostrano un ego fittizio per spaventare e intimorire i grandi ego gonfiati.

Krishna, in particolare, si comportò in questo modo: fino alla fine esibì un ego illusorio per poter vivere tra i vagabondi e i malvagi. Quando occorreva, Krishna lo usava come arma per colpire. Come avrebbe potuto altrimenti compiere la Sua missione, ristabilire il *dharma* in declino? Perfino i Suoi sforzi per portare la pace fallirono a causa degli ego granitici del re cieco e dei suoi figli, che cercarono addirittura d'incatenarLo. Questo loro gesto costrinse Krishna a reagire servendosi del Suo ego universale, la Mente Cosmica. In quella circostanza manifestò la Sua forma universale per trasmettere loro questo messaggio: 'Non giocate con Me. Io sono Tutto: sono il fuoco, Io sono l'universo intero. State attenti. Se continuate questo vostro gioco, non vi risparmierò'.

Perché potesse manifestare la Sua forma Cosmica, occorreva un ego, il più grande di tutti, il sostrato di tutte le menti, espresso nell'affermazione: 'Io sono Tutto. Io sono la mente universale'. Krishna fu costretto a rivelarlo per avvertirli, minacciarli e disarmarli. Se non l'avesse fatto, gli avrebbero impedito di operare e proseguire nella Sua missione che era ripristinare il *dharma*. Lo scopo stesso per il quale si era incarnato sarebbe stato invalidato.

Quindi, per insegnare al mondo, disciplinare le persone e mettere le cose al loro posto, i Grandi Maestri devono creare un ego illusorio sebbene l'abbiano di gran lunga trasceso. Nel profondo, nulla li turba: sono puri, innocenti e in silenzio".

La Madre tacque. Tutti stavano bevendo la saggezza che scorreva dalle sue labbra. Il piccolo che Amma aveva cullato dormiva profondamente in grembo alla sua mamma. Amma lo guardò teneramente con un bellissimo sorriso sul volto. Tese la mano e amorevolmente gli accarezzò il viso. Immediatamente il bambino sorrise innocentemente nel sonno. Vedendolo sorridere,

Amma disse: "Sorride. Forse sta facendo un bel sogno". La madre del bambino commentò: "Questo bel sogno sei tu, Amma".

Glossario

Acchan: padre.

Agama: Scritture.

Advaita Vedanta: filosofia della non dualità.

Amma bhrant: follia per Amma.

Ammachi: la Madre. *Chi* è un suffisso che indica rispetto.

Anantasayana: l'immagine del Signore Vishnu disteso sul serpente Ananta che rappresenta il tempo infinito.

Anoraniyan Mahatomahiyan: "Più sottile del più sottile, più grande del più grande", una descrizione sanscrita di *Brahman*, la realtà suprema.

Aparigrahyam: "Incomprensibile", un attributo di *Brahman*.

Arati: rituale in cui della canfora ardente, che non lascia residuo, viene fatta ondeggiare accompagnata dal suono di una campanella alla fine della *puja* (adorazione) in segno di totale distruzione dell'ego.

Archana: atto di culto che consiste nel ripetere cento, trecento o mille nomi di Dio.

Arjuna: il terzo fratello Pandava, un brillante arciere.

Ashramam: eremo o dimora di un saggio.

Ashwamedha Yagña: elaborato rituale vedico che utilizza un cavallo come offerta.

Atma(n): il Sé.

Avadhut(a): un'anima realizzata che ha trasceso tutte le convenzioni sociali.

Avatar: incarnazione del Divino in un corpo umano.

Balavat: chi ha la natura di un bambino, alludendo alla natura di un'anima realizzata.

Bhadrakali: *Vedi* Kali.

Bhagavad Gita: gli insegnamenti che il Signore Krishna diede ad Arjuna all'inizio della guerra del Mahabharata. Si tratta di una guida pratica per la vita quotidiana rivolta all'uomo comune ed è l'essenza della saggezza vedica. *Bhagavad* significa 'del Signore' e *Gita* 'canto' e anche consiglio.

Bhagavata(m): testo sacro che narra la vita delle incarnazioni del Signore Vishnu, in particolare quella di Krishna, e afferma la supremazia della via della devozione.

Bhagavati: la dea dalle sei virtù: prosperità, valore, buon auspicio, conoscenza, distacco, sovranità.

Bhajan: canto devozionale strutturato con una voce leader che guida ed il coro che segue.

Bhakti: devozione.

Bhava: stato d'animo, attitudine.

Bhava Darshan: evento in cui Amma riceve i devoti nello stato elevato della Madre dell'universo.

Bhava Roga: il malessere insito nel nascere e nel morire.

Bhrantavat: colui che ha la natura di un folle, riferendosi alla natura o all'apparenza di alcune anime realizzate.

Biksha: elemosina.

Brahman: l'Assoluto, il Tutto.

Brahmachari: uno studente che, sotto la guida di un Guru, si dedica allo studio delle Scritture e pratica una disciplina spirituale osservando la castità.

Brahmacharya: castità, controllo dei sensi.

Brahmatvam: lo stato di *Brahman*, lo stato di unione con l'Assoluto.

Chara: spia.

Darshan: udienza o visione della Divinità o di un santo.

Deva(ta): semidio, essere celestiale.

Devi: la Dea.

Devi Mahatmyam: un inno sacro in lode alla Dea.

Dharma: rettitudine, giustizia, la virtù, codice di azione che genera o mantiene l'ordine cosmico.

Dhyana(m): meditazione.

Gita: *vedi* Bhagavad Gita.

Gopa: giovani mandriani, compagni di gioco di Krishna.

Gopi: pastorelle note per la loro suprema devozione a Sri Krishna.

Grihasta: padre di famiglia.

Grihastashrami: padre di famiglia che conduce una vita virtuosa.

Guna: buone qualità, ma anche le tre qualità della natura: *Sattva* (chiarezza), *Rajas* (attività) e *Tamas* (torpore).

Guru: maestro spirituale/guida.

Gurukula(m): scuola residenziale e anche dimora di un Guru.

Hanuman: grande devoto e servitore del Signore Rama che attraversò il mare con un salto grazie al potere del ricordo costante del nome di Rama.

Hari Bol: "Lode a Dio".

Hatha Yoga: posizioni ed esercizi fisici per preparare il corpo, l'energia e la mente alla meditazione.

Ishta Devata: la Divinità prediletta.

Japa: ripetizione di un mantra.

Jivanmukta: anima liberata mentre è ancora nel corpo.

Jivanmukti: liberazione.

Jiva(n): forza vitale.

Jivatma(n): anima individuale.

Jñana: saggezza spirituale o divina.

Kalari: tempio; anche un campo di allenamento per le arti marziali.

Kali: la Madre divina. Viene rappresentata sotto numerose forme; la forma propizia è chiamata *Bhadra Kali*.

Kali Yuga: l'era oscura in cui viviamo dominata dal materialismo.

Kalli: ladra.

Kama: desiderio o brama.

Kanji: minestra di riso.

Kanyakumari: la punta meridionale del subcontinente indiano in cui si trova un tempio dedicato alla Madre divina sotto l'aspetto di Vergine Eterna.

Karma: azione.

Karma Phala(m): i frutti dell'azione.

Karma Yoga: la via spirituale dell'azione compiuta con animo distaccato, dedicando il frutto delle proprie azioni a Dio.

Katala: ceci.

Kaurava: i malvagi 100 figli di Dhritarashtra che nella guerra del Mahabharata combatterono contro i virtuosi Pandava.

Kenopanishad: una delle maggiori *Upanishad*.

Kirtan: canto devozionale eseguito in coro.

Krishna: principale incarnazione del Signore Vishnu.

Kundalini: energia spirituale rappresentata sotto forma di un serpente attorcigliato alla base della spina dorsale. Quando si risveglia attraverso le pratiche spirituali, questa energia sale lungo la colonna vertebrale risvegliando centri di energia e giunge sino al capo, al chakra del loto dai mille petali, conducendo alla liberazione.

Lakh: centomila.

Lakshmana: fratello del Signore Rama.

Lakshmi: sposa del Signore Vishnu e dea della ricchezza.

Lakshya Bodha: consapevolezza costante e determinazione verso la meta.

Lalita Sahasranama: i mille nomi della Madre dell'universo nella forma di Lalitambika.

Lila: gioco divino.

Loka(m): mondo.

Mahabharata: grande epopea scritta dal saggio Vyasa.

Maha Kali: una delle forme della Madre dell'universo.

Mahatma: Grande Anima.

Manaso Manah: "Mente della mente". Espressione sanscrita che indica la Coscienza testimone o *Brahman*.

Mantra: formula sacra la cui ripetizione è in grado di risvegliare le energie spirituali e portare i risultati desiderati.

Marga: la Via.

Mauna(m): voto di silenzio.

Maya: il mondo dell'illusione.

Maya Rupam: forma illusoria.

Mol(e): figlia. Mole è il vocativo.

Mon(e): figlio. Mone è il vocativo.

Mudra: gesto sacro che indica verità mistiche spirituali.

Mukta: il Liberato.

Namah Shivaya: il Panchakshara Mantra che significa: "Saluti a Colui che accorda tutto ciò che è di buon auspicio (Shiva)".

Namavali: canti il cui testo è una litania dei nomi di Dio.

Narayana: il Signore Vishnu.

Narayaneeyam: inno devozionale che magnifica le incarnazioni del Signore Vishnu; una sintesi del poema *Srimad Bhagavata*.

Nishkama Karma: azione in cui si abbandonano i risultati al Signore e quindi è compiuta senza aspettative.

Ojas: energia sessuale trasformata in energia spirituale attraverso la pratica spirituale.

Pada Puja: rituale in cui vengono adorati i piedi del Guru. Come i piedi sostengono il corpo, così la Verità suprema sostiene il principio del Guru. Quindi, i piedi del Maestro sono una rappresentazione simbolica di quella verità.

Palum Vellam: latte diluito con acqua.

Pandava: i cinque figli del re Pandu, gli eroi dell'epopea Mahabharata.

Parabrahman(m): l'Assoluto supremo.

Paramatma(n): il Sé supremo.

Prakriti: Madre Natura, la natura primordiale.

Pranayama: tecnica che mira a controllare la mente attraverso esercizi respiratori.

Prarabdha: responsabilità o pesi, o anche parte delle azioni passate accumulate che fruttificano nella vita presente.

Prasad(am): offerte consacrate distribuite dopo la *puja*.

Pravrittika: colui che agisce.

Prema: amore profondo.

Puja: adorazione.

Pandit: studioso, erudito. Pandit-mon è il modo affettuoso della Madre di rivolgersi a uno studioso devoto, letteralmente "figlio erudito".

Purana: testi sacri del Sanatana Dharma.

Purusha: il Sé supremo. Il termine significa anche "maschio".

Puttu: composto di farina di riso e di cocco cotto al vapore in un cilindro di metallo.

Raja Yoga: il cammino regale dell'unione con il Supremo.

Rama: eroe dell'epopea Ramayana. Incarnazione di Vishnu, l'ideale della giustizia.

Ramayana(m): epopea scritta dal Saggio Valmiki che celebra le gesta del Signore Rama.

Ravana: il malvagio del Ramayana.

Rishi: Grande saggio o profeta.

Sada: sempre.

Sadachara Pravrittikayai Namah: un nome della Madre divina che significa "Colei che fa rispettare la buona condotta".

Sadhak(an): chi è profondamente impegnato a raggiungere la meta spirituale e pratica la *sadhana* (disciplina spirituale).

Sadhana: pratiche spirituali.

Sadhu: mendicante.

Sahasranama: recita dei mille nomi del Signore.

Samadhi: stato di assorbimento nel Sé.

Samsara: il mondo della pluralità, il ciclo di nascita e morte.

Samskara: tendenze mentali accumulate attraverso le azioni passate.

Sankalpa: decisione creativa e integrale che si manifesta come pensiero, sentimento e azione. Il *sankalpa* di una persona comune non sempre porta il frutto desiderato, mentre quello di un saggio porta sempre il risultato voluto.

Sannyasi(n): asceta che ha rinunciato ad avere legami terreni.

Saptaswara: le sette note della scala musicale indiana.

Saranagati: l'abbandono di sé a Dio.

Sari: vestito tradizionale delle donne indiane costituito da un lungo pezzo di stoffa.

Satguru: Maestro spirituale realizzato.

Satchidananda: gli attributi di *Brahman*, l'assoluto: Esistenza, Coscienza, Beatitudine.

Satsang: la compagnia di saggi e virtuosi. Significa anche discorso spirituale di un saggio o di uno studioso.

Sattvic: puro, onesto.

Shakti: l'aspetto dinamico di *Brahman* come Madre universale.

Shiva: l'aspetto statico di *Brahman* come principio maschile.

Sita: sposa di Rama.

Sloka: verso sanscrito.

Soundarya Lahari: inno devozionale composto da Shankaracharya, dedicato alla Madre divina.

Sraddha: fede. Amma usa questo termine mettendo in evidenza l'aspetto di attenzione e cura amorevole nel lavoro che si svolge.

Sri Guru Paduka Panchaka: inno composto da cinque versi che glorifica i sandali del Guru.

Sri Rama: vedi *Rama*. *Sree*, oppure *Sri*, è un segno di rispetto.

Srimad Bhagavatam: vedi *Bhagavatam*. *Srimad* significa 'di buon auspicio'.

Tantra: sistema filosofico indiano che insegna a guardare a ogni cosa creata come manifestazione del Divino.

Tantra Sadhana: pratica delle discipline tantriche.

Tantric Puja: adorazione condotta secondo i principi tantrici.

Tapas: letteralmente: "calore". La pratica delle austerità spirituali.

Tapasvi: chi intraprende pratiche ascetiche, austerità spirituali.

Tapovan(am): eremo; luogo favorevole alla meditazione e al tapas.

Tattva: principio.

Tattvartha Svarupini: un nome della Dea che significa "Colei che incarna tutti i principi spirituali e i loro significati".

Tattvattile Bhakti: devozione basata sulla pratica del discernere tra l'eterno e l'effimero.

Trimurti: triade formata da Brahma il creatore, Vishnu il protettore e Shiva il distruttore.

Tripura Sundari: un nome della divinità che significa "la bella delle tre città" (le tre qualità della natura).

Tyagi: rinunciante.

Upanishad: parte conclusiva dei *Veda* che tratta la filosofia del non-dualismo.

Upasana Murti: la forma del Divino che si adora o su cui si medita.

Vairagya(m): distacco, non attaccamento.

Vanaprasta: la terza fase della vita caratterizzata da austerità e da una vita in solitudine.

Vasana: tendenze latenti.

Veda: letteralmente 'conoscenza'. Le Scritture autorevoli degli indù.

Veda Vyasa: vedi Vyasa. Avendo diviso i *Veda* in quattro parti, Vyasa è anche conosciuto con il nome di Veda Vyasa.

Vedanta(m): la filosofia delle Upanishad che afferma che la Verità ultima è l'Uno senza un secondo.

Vedantin: seguace della filosofia *Vedanta*.

Vedic Dharma: norme prescritte dai *Veda* che stabiliscono il retto modo di vivere.

Vishnu: Colui che tutto pervade, il Signore che sostiene la creazione.

Vyasa: il saggio che divise il *Veda* in quattro parti, compose 18 *Purana*, il *Mahabharata* e il *Bhagavatam*.

Yagña: riti sacrificali e rituali.

Yoga: unione con l'Essere Supremo. Termine comunemente usato per indicare una serie di esercizi volti a rendere il corpo e la mente idonei alle pratiche spirituali.